用户之友

一切基于创造客户价值

用友网络科技股份有限公司 ◎ 编著

中信出版集团 | 北京

图书在版编目（CIP）数据

用户之友 / 用友网络科技股份有限公司编著 . --
北京 : 中信出版社 , 2024.3
ISBN 978-7-5217-6252-5

Ⅰ.①用… Ⅱ.①用… Ⅲ.①软件开发－电子计算机
工业－工业企业管理－经验－中国 Ⅳ.① F426.67

中国国家版本馆 CIP 数据核字（2023）第 241789 号

用户之友
编著：　　用友网络科技股份有限公司
出版发行 : 中信出版集团股份有限公司
　　　　　（北京市朝阳区东三环北路 27 号嘉铭中心　邮编　100020）
承印者：　嘉业印刷（天津）有限公司

开本 : 787mm×1092mm　1/16　　　印张 : 26　　　　　字数 : 380 千字
版次 : 2024 年 3 月第 1 版　　　　印次 : 2024 年 3 月第 1 次印刷
书号 : ISBN 978–7–5217–6252–5
定价 : 99.00 元

编委会

序　言

一

技术一直影响和改变着商业。从远古到当代，技术对商业的驱动作用越来越大。

当代最具代表并对商业产生巨大和普遍影响的技术是信息技术。信息技术在企业的应用从 20 世纪 50 年代开始，已经走过了电脑化、信息化阶段，并进入数智化（数字化、智能化）新阶段。信息技术应用对企业的价值也从电脑化阶段的提高效率，信息化阶段的优化流程和资源计划，升级到数智化阶段的使能企业商业创新（包括产品与业务创新、组织和管理变革）的新维度。

用友从 1988 年创立以来，一直专注于信息技术在企业应用领域，35 年来先后通过财务软件、ERP（企业管理软件）、BIP（商业创新平台），服务了众多中国企业的电脑化、信息化和数智化建设，并见证和参与推进了中国企业信息技术应用从电脑化阶段落后于发达国家，信息化时期追赶发达国家，到现在越来越多中国领先企业的数智化开始领先于全球同行的变迁过程。

高质量发展是今天中国企业的核心方向，敏捷经营、精细管理和 ESG

（环境、社会和治理）是三个关键课题，数智化连同绿色化和现代化是实现高质量发展的三个重要途径。

数智化转型已在各行各业的企业中推进，客户导向、生态共荣、员工能动、实时感知、数据驱动和智能运营的"数智企业"已成为数智时代企业的新范式。要成功推进企业数智化，需要经过"云化连接""数据驱动""智能运营"三个进阶，越来越多的企业开始进入第二个进阶，少数领先企业已经进入"智能运营"层级。可以预见，中国企业的数智化连同中国企业的商业创新、管理创新将引领全球。

二

用友的字号是我在公司创立前夕确定的。"用友"就是"用户之友"。在用友的早期发展阶段，我们对公司经营理念的诠释就是："与用户真诚合作，做用户的可靠朋友。"

在用友后来确立的三个核心价值观——"用户之友、持续创新、专业奋斗"中，"用户之友"始终是公司价值观之首，并已深深地融入用友的基因里。

"用创想与技术推动商业和社会进步！"是用友的使命。用友的使命一直牵引着用友企业的发展，用友的价值观也一直指引着用友人的行为。

用户之友的核心内涵"为客户创造价值"，就是要通过创新领先的产品，聚合规模的生态，提供专业的服务，服务企业的电脑化、信息化和今天的数智化，成就企业增长收入、降低成本、改进质量、提高效率、控制风险，继而实现高质量可持续发展！

对应中国企业信息技术应用水平的发展，在数智化新阶段，中国本土企业软件厂商可以结合中国企业在数智化创新中越来越领先的实践和中国先进的数智商业环境，在产品创新和产业发展上进入全球企业软件行业的领先行列。

面对客户数智化、产品信创化和市场全球化的三重机遇，用友从 2017 年开始战略投入，规模研发了面向企业数智化的全新一代产品——用友 BIP（用友商业创新平台）。用友 BIP 通过七年的持续打造，已在产品技术、应用架构、功能特性、生态规模等方面达到全球领先水平，成为中国及海外众多领先企业数智化建设的首选平台，被重要央媒誉为企业数智化的"大国重器"。到目前为止，用友 BIP 已服务了 4 万家大型和中型企业，60 多万家小微企业的数智化建设和运营。随着用友 BIP 的普及，我们将与生态伙伴一起服务更多的中国企业和全球企业。

在领先、专业和高客户价值的产品与服务基础上，成为客户信赖的长期合作伙伴是用友一直的追求。全体用友人非常荣幸在过去的 35 年中能够服务这么多优秀的中国企业和全球企业，并与众多的客户朋友一起合作创新、共赢发展、共促进步。

我相信在数智化的新时代，用友将服务、合作和见证更多的中国企业、全球其他国家和地区企业的数智创新和成功发展！

用友网络董事长兼 CEO

2023 年 11 月 25 日

目 录

V

第二篇　价值

普及用友BIP，让数智化在更多的企业和公共组织成功

第三篇　创新

持续创新，厚积薄发，铸就企业数智化的"大国重器"

目 录

第四篇 专业

专注企业服务 35 年，持续引领企业服务产业发展

第五篇 使命

用创想与技术推动商业和社会进步

第一篇

初　心

"用户之友"就是要与用户真诚合作，做用户的可靠朋友。这是用友创立与发展之基，公司核心价值观之首。践行"用户之友"，就必须倾听客户、赢得信赖、成就客户。

在用友35年的发展历程中，"用户之友"有着不同的内涵，但是核心价值观始终未变，这正是用友坚守的"初心"。在从优秀到卓越的持续进化中，用友不断地践行、丰富并提升"用户之友"这一核心价值观。

01 鞍钢集团：

挺起"数智"脊梁，共和国钢铁"长子"的使命与担当

【编者按】

　　鞍钢集团与用友共度七年春秋，致力于建设一个全面的数智化、共享化管理与运营平台，整合 AI（人工智能）技术在智能财务、智慧采购、数字商旅、废钢智能判级等领域进行数智化探索与实践。该平台拥有统一核算、财务共享和中央数据仓储三大核心功能，极大地提高了财务核算的效率，树立了大型央企集团数智化转型的创新标杆。

　　双方以共赢之愿景，镌刻共创之初心，推动更多传统钢铁企业数智化升级，书写产业创新的崭新篇章，践行"双碳"与"数字中国"战略。

"共和国钢铁工业的长子""新中国钢铁工业的摇篮""雷锋同志奋斗过的企业"……提到鞍钢集团有限公司（以下简称"鞍钢集团"），人们总能想到它身上一连串沉甸甸的荣誉称号。

作为国务院国有资产监督管理委员会（以下简称"国资委"）直管的大型国有企业，鞍钢集团是中华人民共和国成立后第一个恢复建设的大型钢铁联合企业，也是最早建成的钢铁生产基地。中华人民共和国成立初期，鞍钢集团的钢材产量一度占据全国总产量的 2/3 左右，创造了钢铁工业无数个"第一"：新中国第一炉钢水、第一根钢轨、第一根无缝钢管，为国家经济建设和钢铁事业发展做出了巨大贡献。

近年来，面对风起云涌的数字产业，鞍钢集团将"数智化"视为新一轮钢铁工业革命的核心竞争力，充分发挥了海量数据和丰富应用场景的优势，持续推进数字化、智能化建设。

自 2017 年起，用友不仅是鞍钢集团财务数智化转型的策略伙伴，更是亲历者和价值共创者，深度参与到集团财务共享中心的规划与建设中。在取得显著成效后，用友又进一步深度参与了鞍钢智能商旅平台、废钢判级、采购数智化转型等关键项目，共同见证了鞍钢集团在数智化道路上的每一个里程碑和飞跃。

为如此规模的钢铁"巨擘"提供数智服务，用友面临的压力与责任无疑是巨大的。然而，用友勇于迎接挑战，凭着出色的产品质量、创新实力及卓越的服务，展示了不凡的价值，赢得了鞍钢集团的深厚信任。

鞍钢集团携手用友积极推进"数实融合"，为钢铁"智"造和传统冶金行业的高质量发展创造了诸多领先实践。作为全球领先的企业数智化软件与服务提供商，用友在加速推进产业升级和攻坚"世界一流"钢铁企业的进程中，全力以赴助力鞍钢集团树立"数智"钢铁脊梁，再展共和国"长子"的使命与担当！

"1+N"板块的财务创新实践

通过共享平台建设，鞍钢集团实现了会计核算由电算化到信息化的全面升级。该平台已覆盖23万人、300多家法人单位，线上审批220万次，人效提升了150小时/月，票据流转效率提高了5天，资金收益率增加了10%，全年线上处理单据量达到82万笔。

——鞍钢集团财务共享中心副主任郑良文

2010年5月，鞍山钢铁集团和攀钢集团联合重组，"鞍钢集团"正式挂牌营业。

重组后的鞍钢集团以战略发展为导向，全面启动组织机构改革工作。鞍钢集团整合了矿业资源、不锈钢、工程技术、综合实业、信息产业、国际贸易、金融等板块，全新构建了"区域＋板块"的战略管控型组织架构，以及"2+8"的战略管控模式。

随着钢铁冶金行业竞争的日益激烈，建立集团财务共享中心已成为大型集团企业财务转型的必由之路。这也是自"十三五"以来，国资委、财政部对大型中央企业的一致要求。在此背景下，鞍钢集团于2016年6月1日成立财务共享服务中心，开始了财务共享平台建设。

结合鞍钢集团提出的"2+8"战略管控模式，经过长达五个月的论证和考察，确定了财务共享平台建设的"四个方面"：明确未来财务管理体系建设方向、优化财务资源配置、强化集团财务管控、有效提升财务管理效率。从而实现核算流程标准化、操作平台统一化、会计制度规范化、财务管理价值化。

在"四个方面"中，每一项都有具体的工作分解。比如，针对强化集团财务管控，就是要全面完善业务流程操作规范、管理制度、组织架构保障等，降低一线信息传递失真率，提升财务管控能力，有效降低运营风险；针对有效提升财务管理效率，就是要打造流程、平台的规范化、标准化、统一化，推动集团财务管理由传统的"集分权"混合管理模式，升级为追求企业价值最大化的成熟价值管理模式。

在企业服务领域，用友无疑是最符合鞍钢集团需求的选择。

用友自 1988 年创立以来，始终专注于信息技术在企业与公共组织方面的应用。用友在发展的 1.0 时期，通过普及财务软件，服务超过 40 万家企事业单位的会计电算化，成为中国最大的财务软件公司；在 2.0 时期通过普及 ERP，服务超过 200 万家企业的信息化，成为亚太地区最大、全球排名前十的 ERP 软件提供商。

随着云计算与人工智能时代的到来，用友全面升级进入 3.0 阶段，致力于通过普及全球领先的数智商业创新平台——用友 BIP，服务超过千万家企业的数智化，并成为全球领先的企业云服务与软件提供商。

财务领域不仅是用友初创时期的核心关注点，也是其成立 35 年来持续深耕的专业领域。这是用友拥有最广泛客户基础、最丰富知识和经验积累的地方，也是用友 BIP 核心涵盖的关键领域之一。

用友 BIP 财务云采用"云、大、物、移、智"的技术，基于事项法会计理论，以业务事项为基础，以事项会计、智能财务、精准税务、敏捷财资为核心理念，构建财务会计、管理会计、税务服务、费控服务、全球司库、企业绩效、电子档案服务、共享服务的全新一代财务体系，打造具备实时、智能、精细、多维、可视、生态的全球领先企业数智化财务云服务平台，助力企业财务数智化转型。

就此，鞍钢集团与用友共同开创了"财务共享平台"，为企业发展揭开了崭新的篇章。

鞍钢集团的财务共享平台经历了四个关键发展阶段。

第一个阶段：2017 年，双方基于用友 BIP 财务云，搭建了鞍钢集团统一的核算系统，完成了集团非集成业务单位的核算系统全面替换。

第二个阶段：2018—2019 年，这是财务共享中心的核心建设期，推进了集团非集成业务单位报账核算业务平台化处理。

第三个阶段：2020 年，完成了中央账务仓和合并报表模块建设，打造了鞍钢集团"一本账"，通过一个平台实现全集团合并报表。

第四个阶段：2021 年，对集团旗下上市公司鞍钢股份的 SAP（企业管理解决方案软件）核算系统进行了全面替换。

在每一个发展阶段，鞍钢集团都面临着诸多任务，而用友则始终如一地提供深度服务和全程支持。这并不足为奇，因为用友一直秉持"用户之友、持续创新、专业奋斗"的核心价值观。在用友看来，客户愿望 / 深度需求是技术和产品发展的根源，是企业制定战略发展方向的不二法门。

虽然从合作开始，就面临着鞍钢集团规模大、产业链条全、涉及行业多、地区分散、信息化程度参差不齐、多行业 ERP 系统共存等复杂局面，但用友持续发挥了自己在财务数智化领域无可比拟的优势，为鞍钢集团不断输出高质量的产品和服务。

在流程和规则梳理阶段，用友的专家团队帮助鞍钢集团梳理了全集团业务审批流程 1 421 个，其中集团级流程 511 个、组织级流程 910 个，让流程固化、透明、简捷，明确审批责任、审批权限。

在系统规划阶段，用友顾问团队为财务共享平台专属定制了多种能力，如全流程精细化的资金计划管理、现金流量预算控制、资金平衡和放行、合同控制、银企直连、电子档案等。

在系统建设阶段，用友的实施团队帮助鞍钢集团打造了多个系统平台：首先，打造了统一的核算系统，实现了集团会计核算工作的统一、规范，帮助企业快速适应机构改革和产业扩张，保障成员单位会计核算与改革发展相适应；

其次，打造了财务共享平台，帮助鞍钢集团构建了全业务单据处理体系、业务编码体系、审批流程体系、工作流程体系、自动化会计账务处理规则等，实现了会计核算业务的统一、规范、高效处理；最后，建设了中央账务仓，打通了集团七套核算系统，实现了全集团财务核算数据汇聚集中。

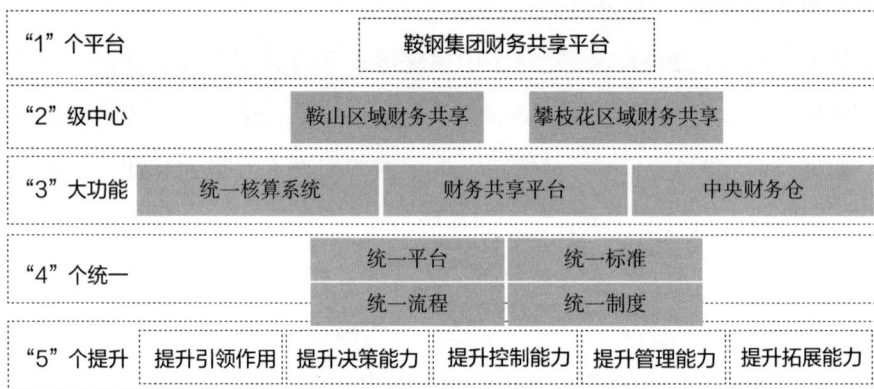

"1"个平台	鞍钢集团财务共享平台		
"2"级中心	鞍山区域财务共享	攀枝花区域财务共享	
"3"大功能	统一核算系统	财务共享平台	中央财务仓
"4"个统一	统一平台　统一标准 统一流程　统一制度		
"5"个提升	提升引领作用　提升决策能力　提升控制能力　提升管理能力　提升拓展能力		

图1.1　鞍钢集团一体化财务共享服务体系

除功能外，用友利用财务共享平台的建设契机，推动鞍钢集团多个业务系统与核算系统的深度集成，包括八个集团级业务系统、四个异构核算系统、矿业公司三个业务系统、鞍钢股份 SAP 系统和物流系统等。

目前，此项目已进入后期运维阶段。据统计，鞍钢集团财务共享平台上线后，费用成本降低了6%，并为营业利润提供了20%的增长动力；核算效率明显提升、人员优化效果逐步显现，各单位财务核算岗位共减少152人，减少比例为7%；原需用3～5天时间编制的各类会计报表，现可在10分钟内完成全部70张报表；此外，审批流程也由原来的12级审批优化为最多5级审批，工作效率得到了显著提升。

数智化战斗中的"长明灯"

建立了统一的核算体系以后，企业财务数据的精细化、标准化和规范化程度都得到了很大提升，在强化管控、防范风险等方面也取得了一定成效。

——鞍钢集团财务共享平台系统创新部长高歌

在"数字中国"建设的时代背景下，鞍钢集团与用友进行了财务共享数字化建设的有益探索实践。在总结前期合作的基础上，双方还将继续开展与集团层面管理系统和子企业业务系统的集成工作，加快财务数智化整体升级。

回溯过往，这趟数智化旅程可谓风云变幻。用友专家与鞍钢集团携手并肩，如同风中的勇士，以坚定的意志在数智化之旅上砥砺前行，最终赢得了项目的辉煌胜利。

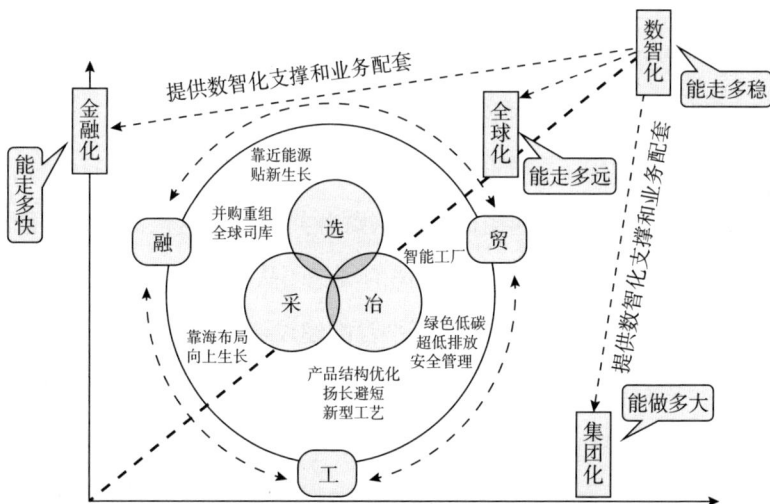

图1.2 用友BIP钢铁冶金行业解决方案全景

鞍钢集团认为，与用友的财务信息化建设合作，推动鞍钢集团建成了新型的集成化、标准化、流程化的财务核算体系，实现了财务信息的公开、透明和共享，推动了财务管理转型升级。尤其是财务共享中心的建立，将财务职能大大前移，一方面为前端业务提供了更有针对性的服务与支持，在经营环节进行风险控制，另一方面也为后台的财务决策提供了更有价值的报告。财务共享中心建设为鞍钢集团的发展提供了重要支撑。

用友则表示，作为国有大型钢铁企业集团，鞍钢集团具有全组织、全业务、多行业、多异构核算系统、高度集成的特点，而财务共享平台的成功建设，标志着鞍钢集团财务信息化体系初见规模，为国企财务共享及数智化转型树立了标杆。

更加难能可贵的是，在项目建设过程中，双方以共赢之愿景，镌刻共创之初心，将"共创共赢"理念深刻融入项目建设，构建了产业创新的新格局。

由于鞍钢是第一个在集团层面实现全核算业务上线共享平台的中央企业，在标准化产品基础上，用友进行了很多个性化开发，以适应客户的财务核算要求。为打造标杆项目，用友实施团队承受着巨大压力，一方面在总账业务共享、资金计划管控、合同付款控制、多系统集成、中央账务仓等业务领域开展共创，满足了鞍钢集团的实际业务需求；另一方面也借此机会，完善了用友财务共享产品的功能和场景，加速促进产品成熟度规模化提升。

用友项目专家顾问王颖新仍然清晰地记得那段共同奋斗的日子。当时，用友成立了一个由 60 余名顾问组成的鞍钢财务共享项目组，其中仅集团的开发人员和专家就超过十人。再加上分公司的实施团队和技术工程师，集结成为一个超级阵容，共同推进鞍钢财务共享平台的建设。"当时，最大的困难就是实现用友 BIP 与原有的 SAP 系统的深度集成。这项工作不仅开发难度大，而且需要大量复杂的联调测试，这使得我们与客户都面临着巨大的挑战。"王颖新直言。

实际上，这个功能听起来简单，即将鞍钢集团旗下矿业公司的 SAP 系统与集团财务共享平台进行无缝对接，实现全方位的数据整合，目标是在集团层面进行操作，而分公司的系统能够自动响应，但要真正落实到位，其难度却是不小的。"最大的实施难点不在于技术，而是业务逻辑的差异。比如，原有 SAP 系统的核销对应着用友 BIP 的清账，但两者的设计逻辑完全不同。在集成的过程中，从设计方案、开发、测试到最终的部署，前前后后用了至少半年，项目组克服了多重困难，最终实现了异构核算系统单位的共享业务上线应用。"

王颖新说。

随着困难一一被攻克，就意味着鞍钢集团的财务共享平台建设实现了质的飞跃。为此，鞍钢集团财务共享服务中心特意发来了感谢信，并多次赞扬了用友对该项目的支持与付出。

鞍钢集团的一名项目团队成员在回忆那三年的经历时表示，用友在财务核算信息化建设领域具有非常强的专业技术能力，从而保证了双方合作项目的高质量交付。这也是双方能够持续携手合作的根本原因。

用友实施团队成员几乎每天加班到深夜。财务共享中心的灯永远是最晚熄灭的。特别是几位骨干业务专家，更是放弃了很多节假日和休息时间，与共享中心业务人员一同加班奋战，保障项目的顺利实施。

"用友即用户之友，这次合作充分体现了这种精神。感谢的话太多太多，但仍不能表达我们对用友公司和钢铁冶金事业部领导的认可之情。在项目建设过程中，项目组长时间驻守在一线，兢兢业业，无私付出，没有一句怨言。他们对鞍钢财务共享项目的关注与支持，以及远程支持专家的辛勤付出，是项目得以成功的最大保障。"鞍钢集团项目团队成员感慨道。

客户的认可，既是鼓舞，也是前进的推力。这使得用友团队更加坚定信心，对完成未来的任务充满了激情和期待。

让每一块废钢都能"变废为宝"

我们之所以选择用友BIP，是因为用友有着最先进的算法技术和丰富的钢厂成功案例，可以快速部署。

——鞍钢废钢资源（鞍山）有限公司技术总监孙野

都知道鞍钢集团是"共和国钢铁工业的长子"，但其实它的荣誉还不止于此。它是中国首批"创新型企业"之一，以及中国首家具有成套技术输出能力的钢铁企业。鞍钢集团对于创新孜孜不倦的追求，不仅体现在产品和核心技术攻关层面，也体现在场景和应用创新层面。

鞍钢废钢资源（鞍山）有限公司（以下简称"鞍钢废钢"）是以废钢回收、加工、销售为主业的混合所有制造企业。与其他废钢企业一样，鞍钢废钢同样希望借助数智化的力量升级集团经营与管理模式。"鞍钢废钢已被正式列入集团'第三极'产业，重点打造、重点发展。因为鞍钢废钢的持续建设，能够保障鞍钢主业废钢资源安全，落实价格压舱石、质量稳定器、资源掌控力三大功能。"孙野说。

从国家视角来看，废钢是实现"双碳"目标重要的节能环保材料，因此被上升至战略资源高度，成为钢铁产业中的新兴行业。借助数智化进行废钢智能判级被看作绿色创收的抓手，也被鞍钢废钢列为"智慧废钢"建设中的重要一环。

图1.3　用友 BIP 废钢智能判级系统场景

废钢判级的智能化，与其他场景的数智化转型如出一辙，即从主观转向客观，实现数据判定；打通各系统间的信息孤岛，实现数据驱动；让机器代替人工，提高人身安全。

为了实现这个目标，2021年8月，鞍钢废钢开启了"智慧废钢"建设的第一步，即通过深入调研，引入废钢智能判级服务商，共同打造废钢全产业链智能数字化平台。

用友作为全球领先的企业数智化软件与服务提供商，服务了数以百万计企业的数智化转型，其中65%是制造企业。为了解决废钢判级问题，助力钢铁企业更好地满足生产需求，提升废钢比，减少碳排放，用友基于丰富的经验积累和先进的智能化技术，于2021年推出了用友BIP废钢智能判级产品，在判级准确性、产品成熟性和场景多样性方面都达到行业领先水平。

没有悬念，鞍钢集团选择了用友BIP废钢智能判级系统。继财务共享平台之后，双方继续深化合作。孙野表示，之所以与老朋友再次携手，是因为用友在废钢判级领域的领先性。这体现在以下三个方面。

第一，用友BIP废钢智能判级系统具备行业领先的单体实例分割算法。

第二，用友具备丰富的成功案例，可实现计量、判级、结算全面一体化上线。

第三，用友BIP废钢智能判级系统可以快速部署。

就这样，得益于用友专业的产品与服务，以及丰富的"中重废"废钢智能判级成功案例，鞍钢废钢在短短两个月里便实现了系统建设，并在鞍钢废钢朝阳分公司上线。

随后，经过半年的深入合作，该系统在鞍山基地成功上线。令人赞叹的是，项目组再度展现出卓越的实力，仅用23天时间快速攻坚，鞍钢废钢的首个卫星基地——沈阳城市资源循环利用科技有限公司正式上线验收。这一创举实现了对废钢卸料以及打包压块的全链条智能化管控。而后，大连基地、哈尔滨基地陆续跟进，这些项目在效率、成本、溯源以及安全等方面都为"智慧废钢"的建设带来了新的活力。

在技术层面，由AI赋能的废钢智能判级系统使每块废钢都能发挥其应有的价值。而从实际应用看，用友精心为鞍钢废钢设计了两大关键场景：中重型与轻薄料的废钢智能分级，以及打包压块废钢的智能分级。这两大场景在整体流程中都扮演着不可或缺的角色。

在第一个应用场景中，鞍钢废钢的废钢智能判级系统可实现对中重型、轻薄料的料型、厚度和细类进行精确识别，对每个单体实现像素级分割，自动计算出每种料型的重量百分比，已累计判级 6 000 余辆车次。与此同时，废钢智能判级系统已实现对灭火器、气包、厚壁封闭物、煤气罐、氧气瓶、法兰阀门等 26 大类危险物的精准识别，累计识别各类危险物 6 万多个，识别准确率达 92% 以上。

"自 2021 年 10 月一期项目上线以来，鞍钢废钢的废钢智能判级已走在了行业前列。在干净整洁的废钢智能判级大厅，一个人可以同时实现对多个点的卸料判级，实现对废钢判级业务流程的重塑，不仅提升了企业管理的规范化和先进性水平，大幅改善了员工的工作环境，而且取得了肉眼可见的效果。"一位废钢验质人员发自内心地说。

在第二个应用场景中，打包压块内部掺杂、掺假一直是行业智能验质的一大难题。为了解决钢铁企业采购废钢打包压块面临的痛点，提高钢厂优质废钢打包块的保产保供能力，鞍钢废钢向用友提出从源头解决打包压块质量的需求。双方基于机器视觉技术，结合图像采集、自动拍照、深度学习等多种先进技术，采用基于卷积神经网络的深度学习算法，构建了精准压块识别模型，开发了基于机器视觉的废钢智能打包系统。

目前，用友 BIP 废钢智能判级系统已获得发明专利，并在鞍钢废钢完成了上线。数据显示，引入用友 BIP 废钢智能判级系统后，鞍钢废钢对废钢中的报警物的识别准确率已超过 90%，累计实现对 5 000 余个压块的智能判级。在项目推进的过程中，项目团队在大连、沈阳、长春、哈尔滨等轻薄料富集区域的 14 家卫星基地成功实现了技术输出。

如今，鞍钢废钢已完成了"智慧废钢"数智化项目的核心建设，打造了废钢从采购订单、供应商配货预报、计量无人值守，到智能判级、智能打包验质、结算全面的数据线上一体化流程，打破了原有的信息壁垒，实现了废钢业务全面线上化和智能化，大幅度提升了服务客户的能力。

更重要的是，鞍钢废钢携手用友 BIP 共同建设废钢智能判级、验质及预警系统，实现了废钢验质判级的智能化，精准判定废钢料型，实现科学扣杂及封闭物预警，做到了废钢检验公平公正、精准高效、上下游互联互通，打造了阳光验质平台，规避了经营安全和廉洁风险。

未来，鞍钢废钢将依托用友 BIP 废钢智能判级系统，以鞍山本部数智化建设为基础，规模化复制项目成果，并充分利用已申报的国家发明专利，与用友展开深度战略合作，确保这一技术得到广泛输出。

共同逐梦"世界一流"

随着新一代信息技术的飞速发展，鞍钢集团在推进自动化、信息化、数字化、智能化建设方面按下了"快进键"，将"数字鞍钢"建设作为加快推动高质量发展的全新引擎。

2023 年是鞍钢集团加快建设世界一流企业的起步之年。鞍钢集团把"数字鞍钢"建设作为核心策略，坚定不移地走好数智化转型之路，加快推进建设成果移植共享，确保取得更大的实效。

过去，用友与鞍钢集团共同见证了财务共享中心建设和废钢判级等众多项目，双方的合作不仅是技术与产业的结合，更是在深度挖掘行业痛点、优化生产流程和提高管理效率上的共同努力。这种合作不仅为鞍钢集团带来了明显的经济效益，也为整个钢铁冶金行业树立了数字化转型的典范。

未来，双方将继续沿数智化转型之路，以提高效率和降低成本为核心目标，深度探索各业务场景的应用潜力，不断加快数字技术与生产经营的相互融合，持续深化数智化建设和发展。

有一种合作叫共同进步，有一种信念是同舟共济。携手鞍钢集团，用友将持续引领企业数智化服务产业，做企业值得信赖的长期合作伙伴，助力鞍钢集团构建数字经济时代的核心竞争力，并与之一起逐梦"世界一流"！

02 南光集团：

数智赋能中企出海，共赢全球机遇

【编者按】

南光集团是唯——家总部设在澳门的国务院国资委直属中央企业，成立于 1949 年 8 月，是澳门最早的中资机构。通过用友 BIP 数据中台，打造一个"多组织、多业态、多级次"的大数据平台，落地"一中心二库三统一"模式，实现了数据"采存管用营"的一体化管理，为集团的数智化转型奠定了基础。

南光集团携手用友超过 20 年，以"数字企业、智慧南光"为目标，全面推进数字化运营、在线化管理、可视化监控、智能化服务，创新"数字监管"模式，打造中央企业首个跨境一体化多币种结算中心资金池，围绕澳门智慧城市建设成果显著，推动产业转型和产业数字化升级。

每当《七子之歌》的旋律响起，人们心中总是会涌起深深的感动。1999年 12 月 20 日，澳门回归祖国怀抱，翻开了历史的崭新篇章。

作为建设澳门的先驱者与参与者，众多中央企业凭借其在资金、人才、管理和技术等领域的综合优势，为澳门的经济和社会繁荣提供了坚强的后盾，共同见证了澳门辉煌的发展之路。

成立于 1949 年的南光（集团）有限公司（以下简称"南光集团"）与祖国同龄，是土生土长的澳门企业，也是国资委监管的央企中唯一一家总部在澳门的公司。公司创办初期条件艰苦，仅七八个人、两三张办公桌，从此便开启了南光集团不凡的成长岁月。

中华人民共和国成立前，南光集团曾屡屡接下特殊任务。创始团队不辱使命，成功完成了国家的重托。正因如此，"南光"的名号在澳门逐步打开，树立了良好的企业形象。

中华人民共和国成立后，随着社会政治经济形势的变化，秉承根植澳门、建设澳门的发展思路，老一辈"南光人"切实推动澳门当地工商业发展，不断扩展业务领域，丰富了市民生活，也大大提高了南光集团的影响力。

随着澳门回归祖国，南光集团迎来了新的发展机遇。公司大力拓展能源、电力、公共交通、会展文创、生鲜冻品供应、特色金融等业务，如今已发展成为拥有多家分、子公司，业务可延伸至美国、欧洲、韩国、东南亚等几十个国家和地区的大型集团企业。

南光集团传承红色基因，以民生业务为旗帜，与澳门水乳交融，一方面承担了央企的使命、责任和担当；另一方面，身为实体企业，如何在不断变化的市场环境下，逐浪数字经济，以数智化提升企业运营效能、降低成本，从而走向高质量发展，成为企业面临的一大挑战。

穿越历史的长河，秉持坚定不移的初心，这一次南光集团又将如何应对挑战？

一个成功的起点，更是一个任重道远的开始

推动以业务拓展和财务监管为重点的信息化建设是南光集团实施新发展战略的需要，也是实现国资委对南光集团信息化建设的基本要求。

——南光集团总会计师彭晋鸿

在南光集团信息化、数智化的发展史上，有一个不可或缺的合作伙伴——用友。

图2.1 南光集团与用友启动企业信息化建设战略合作

早在 1995 年，南光集团就开始与用友合作，引入用友 U8 为其提供基础的财务管理解决方案。而到了 2009 年，随着南光集团的业务扩展和不断升级的需求，双方的合作呈现出全新的局面。

当时，加快信息化建设成为南光集团落实发展战略规划的一项重要工作，也是实施集团管控体系调整的重要举措。为此，南光集团推出了信息化建设"登高计划"。按照初步规划，南光集团力争用三年时间基本建成覆盖全集团的信息化管控体系。到 2013 年，集团在国资委央企信息化水平评级中达到 B 级。

这是一项光荣而又艰巨的任务，也是南光集团管理史上的一项重大工程。为了寻找"同行人"，在选型过程中，南光集团对市面上的所有产品进行了多维度对比。不仅有对专业能力的考量，还针对服务商的发展目标、双方理念契合度等进行了匹配。最后，能符合南光集团选型标准的企业服务提供商，就只有当时亚太地区最大的 ERP 提供商——用友了。

为了更深入地服务南光集团，时任用友澳门分公司董事兼总经理刘美祥表示，用友在澳门设立分公司的初衷，正是全力支持和满足南光集团的信息化需求。"这些年，从践行'用户之友'的初心，到后来一步步服务澳门超过 150 家企业，在用友推动澳门企业实现从信息化到数智化，从 ERP 到 BIP 转变的背后，南光集团发挥了助推器的作用。"

在推进集团信息化建设的过程中，南光集团旨在建立一套完善的一体化财务管控系统，作为其转型和发展的关键支撑。为了更好地应对从经营型向战略型管控转变，南光集团也强调了人力资源管理系统的重要性。这套系统的核心价值在于，当各分、子公司获得更多的人力资源管理权限时，可以确保将关键数据上报总部，为总部提供宏观决策的关键信息。

2009 年 9 月，南光集团与用友双方董事长亲自会晤，在项目启动会前签署了信息化建设战略合作协议。南光集团总会计师彭晋鸿表示，那次启动会是南光集团信息化建设的一个重要里程碑，标志着南光集团与用友的合作进入了一个全新的阶段。

为确保项目的顺利实施，南光集团向用友提出了三大关键要求：一是以保证质量为前提做好项目的建设工作；二是认真贯彻管理创新和流程再造的原则；三是明确分工、责任到人。

面对这些看似简单的项目要求，用友项目团队不敢有丝毫大意。他们深知，每一个细节都关乎整个项目的成功与否。为了确保项目的顺利进行，团队频繁地召开会议，讨论每一步的执行策略，并与南光集团的相关部门紧密沟通，确保双方的需求和期望都能够得到满足。在项目实施的过程中，每一次挑战都成为团队进步的动力，他们以卓越的执行力和敬业的工作态度，逐渐赢得了南光集团的信赖和认可。

一位项目组成员回忆说："作为一个多元化经营的大型企业，南光集团拥有复杂的组织架构和管理层次，想要创建一个能随时应对变化、支持多层级应用的管控平台，在当时无疑是一个硬核挑战。"按照具体的工作计划，要率先实施财务系统，预计年底上线并计划在次年一月完成验收。

作为彼时亚太地区最大的 ERP 提供商，用友始终坚守"用户之友"的初衷，倾听客户的需求，全心全意服务企业发展，因此无论面临多大的挑战，都始终勇往直前。在这样的精神号召和南光集团的大力支持下，用友的专业服务团队利用用友 NC 平台成功搭建了财务会计、供应链管理、人力资源管理及资本管理等多个系统。这让南光集团不仅做到了将业务和财务合为一体，还实现了资金、物流和信息的完美融合，同时大大提高了管理效率和风险控制能力。更值得一提的是，经过这一系列的业务流程重组，南光集团在信息化创新运营的道路上迈出了坚实的步伐。

首战告捷，无疑为双方注入了强大的动力和信心，进而推动士气和战斗力都达到了新的高度！

数"治"企业，智慧南光

数据伴随着每时每刻的业务操作不断产生，以数据中台的建设拉动集团数智化转型已刻不容缓。

——南光集团信息中心副总经理张海军

由于首次成功合作的经验，南光集团与用友之间的信赖关系得到了深化和加强。2022 年 8 月，南光集团数据中台的第一阶段项目在澳门隆重启动。

近年来，随着澳门居民对更高品质生活的追求与期望，南光集团形成了"七个最大""五个唯一""四个专营"的业务格局。在这样一个庞大的业务体系中，如何巧妙地实施数智化并迅速取得成果？这一问题曾是信息中心的一大挑战。

在解决复杂问题时，我们需要先分步骤去解决。在南光集团信息中心副总经理张海军看来，这里面有两个核心问题：一是要满足央企作为数智化转型"排头兵"的政策驱动，二是要满足客户的需求，也就是来自澳门人民的需求。

早在 2017 年，当澳门特区政府提出"建设澳门智慧城市"的发展战略时，南光集团就已明确将"数智企业"的建设作为其主要发展任务，并制定了"16335"策略蓝图。

"16335"不仅是南光集团数智化转型的具体框架，更是数智化道路上的里程碑。南光集团成功构建了"1"个数智化平台；"6"即六大能力，被看作赋能具体业务的数字服务能力，包括数据开发能力、在线风控能力、运营优化能力、安全保障能力、业务创新能力、用户服务能力；第一个"3"即三大平台，包括国资在线监管与综合管控平台、数字化生产运营平台、智能化客户服务平台，这是支撑业务运营的核心平台；第二个"3"即三个中心，是数智化转型的底层基础保障，包括信息技术共享服务中心、大数据云计算中心、网络安全运营中心；"5"即五大体系，包括数字化管理、数据治理、软件研发、网络安全、IT（信息技术）运维。借助这些技术能力与平台的建设，南光集团成功构建了一个数智化平台，朝着"数字企业、智慧南光"的目标迈进。

在明确的策略指引下，根据对现有资源的准确评估及对企业长远发展的深入思索，张海军坚信，南光集团要走向数智化的运营决策之路，数据无疑是基石。随着业务的不断运行，数据源源不断地产生，推动集团以数据中台为核心的数智化转型势在必行。

张海军认为，南光集团各板块的业务增长迅猛，得益于信息化系统，公司已经建立了稳固且准确的数据基础，并确保能实时更新。借助数据中台，南光集团有望构建一家以数据为驱动的企业，使业务数据化，并将数据商业化。此外，我们还可以充分发挥南光集团的海量数据和多样化应用场景的独特优势，推动数字技术与业务的深度融合，加速实现数智化转型。

然而，与众多大企业一样，南光集团在数据领域面临着一系列挑战。随着业务的持续扩张，南光集团形成了日用消费品贸易、酒店旅游、房地产开发经营、综合物流服务等多个核心业务板块，因此，无论是在所属行业还是在下属公司中，都表现出极其丰富的多样性。以往信息化建设各自运作，服务商也十分繁杂，导致数据共享与业务互动变得复杂且成本增加。而数据散布在各个系统中，未能充分利用其潜在价值。

此外，南光集团的发展势头迅猛，一些下属公司经常发生变动，从而导致相应系统的大幅调整。在这种情况下，数据可能受损，这对整体的数智化进程造成了不利影响。

为了彻底解决这些问题，南光集团希望借助用友 iuap 数据中台，以及用友在企业数智化转型方面的丰富经验、技术能力和领先实践，打造世界一流的大数据平台，充分释放数据价值，以支持业务增长和商业创新。

在这一愿景的推动下，南光集团寄予用友极高的期望。项目实施前，为确保风险管控、有的放矢和可持续发展，双方进行了深入的研究，并确定了"总体规划、分步实施"的原则策略，一期项目主要以"南光集团总部＋南光澳巴"的数据应用需求为基础，实现数据资产梳理、指标体系建设、数据看板开发，后续逐步建立起具有南光集团特色的数据中台，全面达成既定目标。

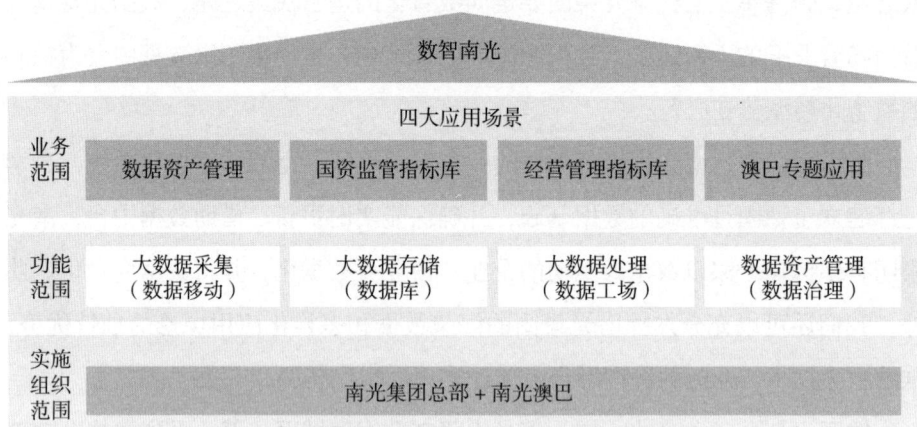

图 2.2　基于用友 iuap 平台打造的南光集团数据中台

在经过南光集团与用友服务团队多轮商讨后，双方创造了一种全新的模式，称为"一中心二库三统一"。

"一中心"是南光集团高层对管理的重要诉求，旨在以安全生产、业务运营、运营监控为核心，构建面向业务的安全运营监控中心，实现穿透式的业务管理。

张海军指出："这一策略的核心在于打造监控指挥一张网，实现协同调度一体化。比如，一线业务到底发生了什么，销售数字为什么一直往下掉，安全生产为何事故频发等，这些都是管理者最关心的问题。我们要做到的就是基于数据中台，提供统一的数据指标供领导层在决策时作为参考。"

"二库"则来自上级指导部门的要求，打造经营管控指标和国资监管指标库。为此，项目组从集团、板块、部门、岗位四个层级考量，搭建指标体系框架，将核心经营管控指标、国资监管指标纳入数据指标标准库，并基于指标库构建数据应用，实现指标标准的贯标和落地。

"三统一"是数智化的基础保障，即统一数据资产、统一数据湖、统一数据治理体系。

与其他任务相比，构建统一数据治理体系是首要且最具挑战性的工作。项目组从数据策略、治理组织、数据架构和流程等多个维度出发，进行了详尽的梳理。这一过程相对漫长，且需持续优化和完善。这正是南光集团与用友深入合作和钻研的方向。

在统一数据湖层面，项目组制定了数据的统一入湖标准，并对南光集团及其下属企业的各个业务系统数据进行了统一入湖、统一管理。据统计，现已完成 35 套业务系统和 428 张关键数据表的入湖。

在统一数据资产层面，通过对南光集团及二级单位数据资产进行盘点，南光集团成功构建了数据资产目录。在这其中，实体表类数据资产共有 428 项，指标类数据资产达到 1 481 项，而模型类数据资产为 54 项。

就这样，数据中台的建设犹如一场战役在南光集团内部如火如荼地开展。对于南光集团和用友来说，与其说是甲乙方在完成一个合同的履约，不如说它们正以数据中台为依托，通过联合共创，共同打造行业数据中台的领先实践。为了探索用友 iuap 数据中台在南光集团的实现路径，在项目的初期阶段，双方经过不断的磨合与深度讨论，通过持续的思想碰撞以寻求信息技术和业务的充分融合。

尽管过程中充满挑战，但最终的成果是令人欣慰的。如今，南光集团已经做到了数据的可视化管理，进一步为其商业创新铺设了道路。不论是公司的管理层还是员工，均可实时了解酒店的客房入住率、公交车是否客满，以及加油站的剩余油量等重要数据，确保这些与民众生活息息相关的信息始终在掌握之中。

在这样的背景下，双方以应用为核心，共同建立了一个类似于"中央厨房"的数据工厂，收集来自不同业务系统的"原料"，并加工为可供即时使用的"成品"或"半成品"。它就像一个点餐服务，无论是管理层还是业务团队都可随需获取、敏捷自助。

在"成品"方面，项目组推出了领导综合看板，展示集团在各个业务部门的运营、财务、资金和人力资源等方面的情况。此外，南光集团还推出了巴士运营 OD 分析看板，该工具可以从全域、区域、路线和站点等多个角度进行深入的公交客流分析，为公交线路的优化和调度提供了有力的数据支持。

在"半成品"方面，项目组打造了数据应用"自助餐"，使得业务人员可以轻松创建和自定义图表，这大大降低了数据应用的使用门槛，便于他们挖掘数据的深层价值。

如此一来，用友 iuap 数据中台为南光集团创造的数"治"价值显而易见。正如张海军所说："没有用友 iuap 数据中台的支撑，很多数据应用场景将无法实现。"

全球现金管理率先领跑

用友银企联为南光集团创造的价值是巨大的。通过一套系统建立两个资金管理中心，根据境内境外不同账户、不同币种设立多个资金池，完整地实现了资金归集和集中结算。这让南光集团所有人民币、外币业务均实现了线上资金流转，及时有效地监控了资金安全。

——南光集团信息中心副总经理张海军

在百年未有之大变局下，"出海潮"风起云涌。在"出海"过程中，中央企业不仅要注重跨文化能力的培养、技术管理的创新、品牌国际化的输出，而且要具备全球资金管理的能力，这一度成为企业热议的话题。

资金管理是集团财务管理的核心，是企业可持续发展的重要保障。为了积极响应国家政策要求，应对海外资产规模的迅速扩张，众多中资企业正不断提升全球现金管理的意识和水平。

南光集团作为澳门早期的中资企业之一，在发展内地与澳门的经贸关系、推动祖国的对外经济贸易事业方面做出了重要贡献，这也对企业的全球现金管理提出了新要求。

如何使企业资金运转顺畅、迅速、安全，如何提高资金的使用效率，成为南光集团极为关注的问题。以往，南光集团的资金管理有一套成熟的体系，从资金制度、管理模式、业务流程到相关单据、资金报表等，已运行了很多年，取得了不错的经济效益和管理价值。

尽管信息化系统相对完善，但是内部资金系统与银行直连的通道尚未打通，与下属企业 ERP 的整合也未实现。这导致所有业务操作都必须通过纸质单据传递，增加了相关人员的工作负担，降低了效率，加大了出错概率，并且管理流程缺乏细致度。

例如，下属企业每周提交资金计划，但这仅是为了让结算中心下拨资金，并不能有效控制其日常支付，也难以对计划进行持续追踪分析；又如，南光集团无法实时掌握结算中心在银行的资金状况，而下属企业也不能实时获取自己在银行账户及结算中心内部账户的资金信息；再如，南光集团对下属企业的银行授信没有进行统一监管。所有的融资台账及成本分析都需手动完成，过程复杂且难以提前预警。

面对这些挑战，南光集团与用友银企联建立战略合作关系，通过接入两家国有银行澳门分行，破除南光集团与银行之间的壁垒，使南光集团在 ERP 系统上直接管理所有的企业对公账户，实现资金下拨、内部结算、对外支付、余额查询以及交易查看等功能。

与此同时，南光集团不仅成功实现了银行直连，可实时监控集团结算中心和下属企业所有账户的资金流动和资金存量，确保了集团资金的透明化，还利用资金系统全面升级，让下属企业能够实时查看自己在结算中心的所有内部账户详情以及各种存单、借贷台账，实现资金的全视角管理。

此外，双方合作成功实现了资金系统与下属企业 ERP 的深度集成，现在所有业务都由下属企业直接发起。这确保了业务来源的一致性，一旦审批完成，信息就可以直接传递给银行，避免了手工填写或套印支票，也无须在网银进行二次输入。同时，银行能够实时反馈支付情况，一旦支付成功，系统将自动创建财务凭证，大大减少了人为错误和相关风险。

通过资金系统与业务系统的集成，南光集团实现了业务在线审批和支付，简化了线下审批流程，并链接 OA（办公自动化）系统和法务系统，可在线调用所有的合同档案，也可实现在 OA 系统中进行移动审批，不改变业务领导的审批习惯。

通过强化资金计划功能，南光集团实现了结算中心对资金头寸的预测和资金下拨，同时实现了下属企业日常业务的资金管控及分析，增强了资金的调配能力，实现了资金价值最大化。

最后，双方合作还加强了融资管控，实现了融资业务预警、融资台账和融资财务核算一体化，减少了手工凭证。

独行快，众行远

秉持"用户之友"的初心，用友坚持以客户为中心的服务理念，始终站在客户的角度思考问题，用心倾听客户的需求，以专业的技术实力和一流的服务质量，赢得客户的信任与支持。

几年前，随着各种企业应用系统的增多，特别是在用友 NC 系统正式启用之后，南光集团分公司反映，在进行跨境系统访问时速度缓慢，这给提高工作效率和成果带来了不少障碍。

尽管南光集团已在珠海设立了 IDC（互联网数据中心），但跨境、跨运营商的线路环境还是给系统使用带来了问题。南光集团决定通过部署跨境专线来提升访问速度，可价格却非常高昂。

针对这种情况，用友并没有置身事外，而是积极响应客户需求，与南光集团信息部门一起进行了深入分析，结合服务商提供的解决方案，找到了相对成本与使用之间的平衡点，从根本上解决了速度与投入的两难问题。

在此次事件中，用友并未直接参与其中，但其以系统应用的专业视角，结合过往的经验给予建议，积极帮助客户解决问题，让南光集团感受到了"用户之友"的内涵——做用户可靠的朋友。

南光集团与用友紧密合作近 30 年,双方齐心协力,成功应对了无数挑战,创造了卓越的商业和管理价值。回首过往,南光集团走过了一段坎坷却充满希望的旅程。面对日益复杂的外部环境,南光集团始终坚守信念,成功履行了国家交付的任务,被称作"澳门之光"。

展望未来,南光集团将以改革为动力,以管理为基础,以市场为导向,以客户为中心,大胆创新,勇于实践,加快战略转型步伐,通过数智化转型实现由传统贸易型企业向现代服务型企业的跨越。

03 中国一重：

"大国重器"让中国"智造"问鼎全球

【编者按】

中国一重携手用友共同建设数智化运营管控平台，全面整合国资监管、营销、财务、资金、采购、进出口等业务，实现全流程数智化业务闭环管理与数据贯通，凭证自动生成率提升至90%、业务处理效率提升30%，成为大型装备制造集团数智化标杆。

用友积极推进装备制造行业拥抱数智变革，推动企业向智能化、绿色化、高端化发展，助力企业从"制造"向"智造"升级，在建设具有全球竞争力的世界一流产业集团的进程中，与中国一重共同擘画企业高质量发展和产业转型升级的新蓝图。

作为现代经济的核心力量和工业创新的动力源泉，高端装备制造业始终代表着整体制造业的竞争力与水平，是体现整个制造业综合竞争实力的战略性新兴产业。大力培育和发展该行业，是抢占未来经济和科技发展制高点的战略选择，对加快转变经济发展方式，实现由"制造大国"向"制造强国"转变具有重要战略意义。

近年来，数智化转型是我国高端装备制造业的核心战略。用友凭借深厚的行业积累和领先实践，持续引领企业服务产业发展，为产业转型升级注入强劲动力。随着备受瞩目的"大国重器"——用友BIP的盛大发布，基于平台研发的装备制造业解决方案无疑在技术实力和价值贡献上都实现了质的飞跃。通过整合企业数智化的关键脉络，以人工智能赋予高价值场景应用，以数智贯通产业链协同，以项目为主线优化成本，以设计制造融合快速响应市场，以项目型制造驱动各业务链条，全面增强企业整体运营能力，也是差异化竞争优势所在。

在用友的装备制造业客户群体中，有一家企业无疑是产业龙头。在近70年的发展历程中，它见证了我国高端制造业的发展，并全程参与了国家由站起来、富起来到强起来的伟大飞跃。历代党和国家领导人都高度重视和关心它的建设和改革创新。

它就是中国一重集团有限公司（以下简称"中国一重"）。

为了抓住数字化、网络化、智能化融合发展的契机，着力应用互联网、大数据、人工智能等先进技术，加快数智化转型升级，中国一重携手用友，在建设具有全球竞争力的世界一流产业集团的进程中，共同擘画了企业高质量发展和产业转型升级的新蓝图。

从市场化改制到数智化赋能

中国一重加速营销数智化转型升级，通过建设数字营销管理平台，提高项目赢单率、合同回款率，成为大型装备制造集团市场化、数智化转型的标杆！

——中国一重信息中心技术总监孙琳

中国一重前身为第一重型机器厂，始建于 1954 年，是中央管理的涉及国家安全和国民经济命脉的国有重要骨干企业之一，是国家创新型试点企业、国家高新技术企业，拥有国家级企业技术中心、重型技术装备国家工程研究中心、国家能源重大装备材料研发中心，填补了国内工业产品技术空白 475 项。

目前，中国一重主要为钢铁、有色、电力、能源、汽车、矿山、石油、化工、交通运输等行业，以及国防军工提供重大成套技术装备、高新技术产品和服务，并开展相关的国际贸易。它既是国家创新型试点企业、国家高新技术企业，也拥有国家级企业技术中心、重型技术装备国家工程研究中心等。

一直以来，中国一重坚持以自主化、国产化为己任，带动了我国重型机械制造水平的整体提升，为我国工业体系的建设奠定了坚实的基础。然而，在企业营销领域，随着企业规模的持续扩张，一系列问题和挑战逐渐凸显。

中国一重营销业务的特点，不仅表现为产品制造和交付复杂、项目单产金额高、决策周期长等，也表现为过程控制的多样性和对售后服务的高要求。这导致中国一重每个业务环节都紧密相连：在售前阶段，如果对商机的了解不够或过程管理不到位，成功签单的概率和合同金额就会受限；在售中阶段，如果关键的合同回款环节控制得不好，可能会导致交货期不稳定和款项难以收回，进而影响公司的现金流；在售后阶段，如果交付计划管理不当或工单处理效率低下，将会大大降低客户的满意度，这可能会进一步影响款项的回收和服务的运营。

图 3.1　中国一重资产管理系统项目启动会

新时期，面对"做大做强一重"的历史使命，中国一重打造能够全力开拓市场、高效履行合同、强化服务经营的数智化营销管理平台就显得至关重要。通过周密的市场调研与考察，中国一重与用友基于用友 BIP 营销云，在国企改革的大潮中扬帆远航。

孙琳认为，该营销平台将实现与现有系统的集成，以数智化营销体系提升业务管理与营销能力，实现从线索、营销行为、商机过程到合同、执行、回款以及服务的在线化管理、运营与协同。同时，它将实现用户资产统一管理，发展营销大数据能力，帮助进行业务预测、预警与决策。

用友与中国一重围绕着售前、售中、售后的全生命周期管理，进行了平台的整体建设，实现了每一阶段的业务目标。

在售前阶段，双方主要建立了以商机为核心的高效赢单体系，通过对商机信息的全程记录及过程指导、赢单能力指数的分析、签约前各类风险的评审把控，以及基于商机360视图的项目复盘分析，确保销售人员可及时跟进商机，强化销售过程管理，有效提升项目赢单率，从而赋能营销团队合同额持续增长。

在售中阶段，双方主要建立了以合同为核心的执行跟踪体系，包括合同结算执行、合同业务执行、现场施工执行计划的跟踪等，助力业务人员实现合同的全程跟踪，及时协调资源，确保项目交期和及时回款，完成收入的快速确认。

在售后阶段，双方主要建立了以产品使用者为中心的高效服务支持及服务经营体系，通过及时收集客户的服务申请、对工单高效处理等，帮助企业及时掌控服务效率和质量，在提升客户满意度的同时，提升产品品质。

在最后的综合管理阶段，通过完善的系统架构，构建以经营目标为中心的绩效评估体系，确保全业务流程的实时监控与可视化管理。

在坚定的目标追求和双方不懈的努力下，中国一重的营销管理平台终于展翅腾飞。其核心价值可被"24字诀"完美概括：增合同、壮规模、保交期、促回款、快交付、赢口碑、高绩效、可持续。

客户管理全面	作业要领明确	服务计划制订	客户经营透视
商机过程完整	合同过程管控	服务过程可视	经营过程透视
人员行为规范	执行跟踪有序	服务问题统计	经营结果透视

图3.2 中国一重营销管理平台核心应用

让资金管理搭上"数智列车"

近年来，国资委曾多次要求中央企业加快推动财务管理数智化转型升级，以适应新时代经济发展的需求。这一举措旨在提高企业的财务管理水平，增强企业的竞争力和创新能力。在此背景下，国企纷纷以数据驱动和技术驱动为引擎，加强财务管理体系化建设，大力推动业财信息数字化、经营决策智能化。

中国一重自发展初期便开始了在财务领域的信息化建设，并随着公司业务的扩展而持续优化升级。然而，随着业务规模的逐渐扩大，集团的内部组织结构逐渐变得复杂，资金分散成为突出的问题，这为公司的持续发展带来了挑战。

针对这一问题，中国一重结合自身的发展需求，决定全面强化资金的集团管理，计划构建一个高效的资金管理平台和完善的现代企业资金管理体系。这不仅能够提高资金的集中管理水平和运作效率，还能促进企业资源的合理分配，实现资产集约化、效益最大化。

这一次，中国一重再度与用友深度合作，基于用友 BIP 的强大技术优势与优秀实践经验，共同打造了一款全球领先的资金管理平台。按照双方制订的具体项目计划：第一，通过搭建资金集中监控系统，实行资金预算计划管理，成立资金结算中心，将资源集中管控，提升资金使用的安全性、收益性和效率性；第二，通过完成与采购、销售、报销、人力系统的对接，实现数据"不落地"处理；第三，通过应用银企直联，实现线上交易结算；第四，通过应用票据管理服务，实现票据台账数字化；第五，实现与国资委大额监控系统的对接上报；第六，实现综合资金数据提取和分析，为资金决策提供支撑。

国有企业的高质量发展，离不开对资金的有效管控。这是确保企业走上健康与良性发展之路的关键。

通过携手用友打造资金管理平台，中国一重的资金管控能力大幅提升。资金集中管理后，利用资金规模优势争取优惠利率，协定存款利率比原来上升

36%；通过票据管理，及时掌握整体信息，盘活沉淀票据4 000万元；利用准财务公司方式的结算中心开展内部结算业务，2019年节省在途货币资金57.3亿元；直联结算上线后，现金存量降低67%；与各个业务系统打通后，数据贯穿全流程，提高了整体流程效率，同时结合资金计划和三算合一，更好地满足了集团管控的各项要求。

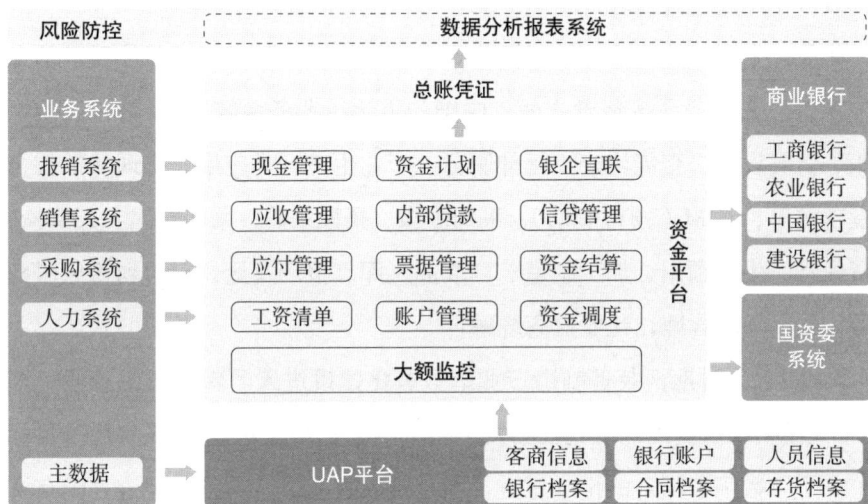

图3.3 中国一重资金平台整体架构

国有资产"数智增值"

只有建设"数字一重、智造一重"，才能使组织机构变革、业务流程优化、运作效率提升，让公司管控决策、研发设计、生产制造、客户服务等更加敏捷、高效、精准，为公司运营管理和产业转型升级注入新动力。

——中国一重信息中心技术总监孙琳

当前，随着我国制造业的转型和升级，全球产业链的重构已成为焦点议题。科技创新能够从根本上提升产业链竞争力，为打造现代化的产业体系提供坚实的支撑。

作为我国制造业的领军企业，中国一重在共和国发展中战功显赫。国家要发展，制造业要升级，装备制造自然是重中之重。近 70 年来，中国一重始终秉承"发展壮大民族装备工业，维护国家国防安全、科技安全、产业安全和经济安全，代表国家参与全球竞争"的初心和使命，深耕实体经济，致力科技创新和数智化建设，做强装备制造产业。

此前，中国一重成功打造了两化融合管理体系、数据标准化体系、信息安全体系等。在业务系统建设方面，中国一重运行业务系统 30 多套，涵盖运营决策、仿真设计、智能生产、延伸服务、产业生态五类应用，实现从销售合同到设备清单、BOM（物料清单）、采购需求、招标采购、采购合同、入库检验、物资保管、生产领用、加工制造、产成品入库、报产发运，最后到售后服务全业务流程的闭环管理，让业财高度融合。

"十四五"时期，装备制造产业的数智化建设进入了新的历史阶段。根据《中华人民共和国国民经济和社会发展第十四个五年规划和 2035 年远景目标纲要》关于"数字中国"的指导意见，结合国家宏观经济政策下促进"国有资产保值增值"等相关政策文件的指导思想，中国一重与用友 BIP 资产云合作，在整合现有信息资源的基础上，提高资产盘点和设备运维管控效率，帮助资产管理系统实现资产从建卡到最终报废处置的全生命周期过程管理，全面深化和拓展中国一重资产管理的数智化应用。

用友 BIP 资产云为中国一重提供了多种应用场景，涵盖了项目资产一体化、采购资产一体化、资产动态管理、全员资产管理、业财一体化、维修维护管理、标准知识库管理、经营性资产管理、闲置资产共享平台、IoT（物联网）物联融合、线性资产可视化管理和全栈移动应用等领域。

此前，用友 BIP 资产云已成功服务了全球 1 600 多家企业，包括制造、城市投资地产、公用事业、交通和金融等行业在内的《财富》世界 500 强企业。根据这些企业自身的目标和需求，用友构建了适合其特点的数智化平台，提升了管理效率和投资效益。

这次合作，中国一重与用友共同打造中国第一重型机械股份公司资产管理系统。双方以业务流程规范为核心，动态业务管控为主线，风险管理为重点，建立了统一资产档案管理体系，包含但不限于资产分类、规范的资产卡片、资产状态管理等，推动集团建设资产管理系统，实现公司内部管控的最优化，创造企业经营的最大效益，降本增效，促进国有资产保值增值。

一是为满足中国一重的资产管理需求，建立统一的资产档案管理体系，其中包括资产分类、标准化的资产卡片和资产状态等。为进一步确保资产在其生命周期内的高效使用，双方打造了资产闭环管理体系，涉及资产安装调试、资产变动、资产调拨、资产处理、资产盘点等，旨在准确、及时且全面地追踪资产在整个生命周期使用过程中的状态变化。同时，建立完善的资产维修和维护体系，实现维修和维护的信息化、数智化，规范相关作业流程，并积累丰富的知识库，旨在延长设备的使用寿命并不断提高产品质量。二是为提升中国一重的决策效率，提供高效的资产决策分析，统筹考虑分析模型和数据采集的颗粒度和频度，实现深度的统计分析功能。

在数智化资产管理新时代，用友 BIP 资产云已经超越了简单的"物品、数量、估值和负责人"的管理范畴。它将资产管理推向了新的高度，实现了资金、资产、资源和资本的无缝衔接，为中国一重的长期可持续发展打下了坚实的基础。

以一为重，永争第一

在新一轮科技革命和产业变革中，制造业要想获得可持续发展的竞争优势，就必须依靠新技术实现协同的设计、供应链、生产与产品服务，应用最新的数智化平台和技术实现转型升级；进而推动企业从依赖人力、资源等传统要素驱动的发展方式，转变为创新驱动的新发展方式。

当前，用友助力装备制造行业企业积极拥抱数智变革，以数智化引领创新发展，推动企业向智能化、绿色化、高端化迅速演进，助力装备制造行业从"制造"向"智造"升级。对中国一重而言，用友将持续以客户为中心，以高质量的服务和产品帮助中国一重完成全业务、跨越式的提升，并持续创造客户价值，将中国一重打造成重型装备制造业数智化转型示范样板企业。

而在这个过程中，中国一重也将遵循"数字一重、智造一重"的战略部署，按照"十四五"数字化转型规划，统筹设计、分步实施、全面推进，以第一重地的使命、涅槃重生的毅力、力争一流的勇气，解决好数智化转型痛点和难点问题，开启"数字一重"建设新篇章，推动企业加快实现高质量发展。

在迈向构建国际一流产业集团的宏伟征途中，中国一重与用友持续深度合作，历经20载风雨，始终忠于"大国重器"的使命，将中国"智造"推向全球领先地位，共同助推大国崛起！

04 飞鹤:

数智化重塑乳业价值链"腾飞"之道

【编者按】

五年前,飞鹤与用友携手,从最初的财务管理延伸至今日的营销中台建设,在消费品行业日趋激烈的市场竞争中不断进化。双方在信息化、数智化方面的探索也层层深入,已从单一的财务管理延伸至全链路业务端。

在"3+2+2"的全新数智化转型战略下,飞鹤基于用友BIP将从产奶到运输、分销、门店等一整条业务价值链贯穿起来,使底层数据融会贯通,形成了完整梳理的全链路。同时,在营销端,以营销中台为抓手,形成了从前端到后端的整体联动,真正做到数据驱动。

民以食为天。食品饮料是人们每日的必需品，事关人们的健康与民族的未来。作为国民经济支柱和保障民生的基础产业，食品饮料行业的高质量发展，关系社会和谐稳定，牵系民生福祉。

在中国乳业，黑龙江飞鹤乳业有限公司（以下简称"飞鹤"）是一股不折不扣的清流。

早些年，当大多数乳企大力铺设营销渠道、开拓市场时，飞鹤把资金全部投在了工厂和牧场的建设上，即在北纬47度黄金奶源带上布局产业集群，自己种植牧草，养牛产奶，严格管控奶源质量。这一前瞻性的举措让飞鹤远离了2008年的"三聚氰胺"事件，反而在国产奶粉集体失信的市场中，迎来了转机。

2017年前后，整个乳业市场充斥着恶性竞争，很多企业被迫跳入耗尽现金流的"血海"，打起了毫无底线的价格战。但飞鹤又一次独辟蹊径。

飞鹤梳理了企业差异化竞争的优势，重新确立了品牌定位——做"更适合中国宝宝体质"奶粉的企业。在这一独特的价值输出，以及产品、品牌、管理等因素的助力下，飞鹤很快取得了质的飞跃：2018年首次突破百亿元大关，成为名副其实的中国乳业巨头；2019年底，飞鹤成功在港股上市，并以绝对的市场占有率成为国产婴幼儿奶粉第一品牌。

虽然飞鹤取得了阶段性的胜利，但在飞鹤董事长冷友斌看来，这一切都只是开始。

要想续写国内奶粉行业的神话，在不断变化的商战中恒久立于不败之地，飞鹤不仅要面对当下，还要科学擘画未来，谋划更大的转型。

这一回，"国民奶爸"坚定地踏上了数智化转型与升级的征程。

以"3+2+2"直面未来

我们需要思考在这种新消费趋势下，如何借助数智化的力量让业务更柔顺、更便捷地适应市场的变化。刚好，用友能满足我们的设想，借助用友 BIP 的平台能力，让飞鹤的 IT 战略落地。

——飞鹤 CIO（信息主管）冯海龙

在数智化的世界里，企业每天都在进行乘法运算，因为"数智化转型 = 数智化战略 × 数智化能力"。之所以是乘号，是因为缺少任何一个要素，转型的结果都将是零。

图 4.1　飞鹤全自动化生产线

围绕企业"更新鲜、更适合"的定位，2018 年，飞鹤提出了一个符合自身跨越式发展的数智化战略规划。

仅凭战略是不够的，还需要积累深厚的数智化实力，确保策略得以完美实施。然而，企业的数智化转型涉及众多复杂环节，尤其在竞争日趋激烈的市场中。为了提升企业数智化核心竞争力，最直接而高效的途径便是携手技术领先、专业可靠且值得信赖的企业服务提供商，从而避免企业自身探索走弯路。

综观当时的企业数智化软件与服务商，用友 35 年来专注信息技术在企业与公共组织领域的应用，并持续引领行业的发展。用友针对快消品行业打造专业的数智化解决方案，覆盖饮料、食品、盐、乳制品等十个细分领域。其中，全球领先的食品饮料巨头如可口可乐、伊利、中粮、星巴克、统一等超过 300 家企业都已选择用友 BIP 来实现企业数智化转型与发展。

凭借丰富的行业实践经验、领先的技术产品、成熟的服务保障体系，用友成为飞鹤在数智化转型升级道路上的首选。

那几年，快消品行业经历了巨大的变革，线上线下同时布局成为不少企业的发力点。通过全业务、全流程、全触点的数智化系统建设，构建数据驱动与技术底座，是企业实现产业链能力提升、价值链再造、数据可视、风险可控、经营可测的关键。

此前，飞鹤就前瞻性地进行数智化探索，提出以 ERP 为核心的全链路业务系统、智能制造、数据与技术中台是快消品企业数智化转型的三个最重要板块。2018 年，飞鹤确立了"3+2+2"的数智化升级战略，全面切入服务端、供应链、生产端，掀起了一场传统制造业的数智化变革。其中，"3"代表以 ERP 为核心的数智化业务平台，包括消费者资产运营、集团管控、财务共享三大具体应用，涵盖制造执行、质量管理、精益生产的智能制造，以及智能协同办公；第一个"2"代表数据中台和业务中台，在它们的支撑下，飞鹤将完成对新零售和新供给领域的探索，打造智慧营销和智慧供应链两大业务能力，即第二个"2"。飞鹤 CIO 冯海龙认为，"3+2+2"的精髓在于围绕着两大业务目标进行规划，并不是"空中楼阁"难以落地。

为支撑"3+2+2"数智化升级战略落地，飞鹤携手用友构建 PaaS（平台即服务）平台，包含主要的业务中台和技术中台，并在这些基础能力之上打造了六大业务应用——数字营销、协同制造、敏捷供应链、柔性采购、卓越运营和大数据。同时，从数据驱动的角度出发，飞鹤基于现有平台打造了三大数据应用，即数据资产化、数据共享化、决策智慧化。通过"3+2+2"的系统建设，飞鹤得以掌握前所未有的新能力，进而打造智慧营销和智慧供应链。

用友 iuap 平台作为用友 BIP 的 PaaS 平台，以多项业界首创的技术突破、社会化的商业架构突破及场景化的数智应用突破，重新定义 PaaS 平台，为企业数智化转型提供技术平台、业务中台、数据中台、智能中台、连接集成、低代码开发、大模型等服务与解决方案，同时基于统一的平台和公共服务，整体提高领域、行业产品开发的效率和质量，帮助企业客户打造强健、敏捷及柔性的企业数智化底座，正好符合飞鹤构建全链路业务系统、智能制造、数据与技术中台的数智化战略需求。

未来，有两类企业会更加重视数智化建设：行业龙头企业，以及立志成为行业龙头的企业。显然，飞鹤属于前者。有许多追求转型为"数智企业"的公司仅仅关注当前的需求，并解决眼前的问题，也有部分公司能够超前预见未来的发展趋势和挑战，从而进行前瞻性的规划和布局，飞鹤恰恰做到了这一点，它既注重当下，又展望未来。

从与用友建立合作关系的那一刻起，飞鹤就在传统的快消品行业引发了一场数智化革新浪潮。

从牧场到工厂的全自动化

在飞鹤自有牧场里，每一头小牛从出生起，都会有一个专属的耳牌。这个耳牌背后的数字化系统会记录小牛的族源信息、出生日期、防疫情况等，通过这种数字化的管理手段，奶牛都会有一个健康的体魄，确保产出健康好奶。

当母牛达到产奶条件后，就会进行"工业化"产奶。飞鹤拥有两个80位的挤奶机，可实现160头奶牛转盘挤奶，这样便可以提高原奶的品质和产量。当产奶结束，鲜奶会被快速运输到工厂，完成配料等工序，最终在加工车间雾化成粉。有了这些自动化的设备，在硕大的奶粉车间，一个人就可以完成现场巡检工作。巡检员既不需要手工记录，也不需要逐个检查产品质量，在线检测会帮他解决所有问题。

进入分装环节，从装罐到封盖可以做到一气呵成，这样可以减少奶粉与空气的接触，减少氧化。而这一系列操作完成后，工业机械手会把成品奶粉装箱，自动码垛，并送往指定位置。

掌握了先进的自动化设备后，每一个生产环节都实现了数字化、智能化管理，这使得刚挤下的鲜奶在十分钟内被降至4℃暂存，通过低温安全运输车，在两小时内可送抵工厂加工。这就是飞鹤打造的"两小时生态圈"。

如今，一辆辆飞鹤鲜奶直通车在碧草蓝天下描绘出一道美丽的风景线。

图4.2　飞鹤实验室

从"制造"到"智造"的智能工厂

从 2016 年开始，飞鹤开始推进智能工厂建设。飞鹤的智能工厂包含四大系统，分别涉及生产计划、仓储、生产过程、实验室控制等多个流程。依托于数据中台，智能工厂的四大系统互相衔接、自主交互。

具体来说，系统会自动获取原奶信息、质检结果等，并在制订备料计划后开始生产。当生产完成后，系统自动接收完工数据，并实时出具生产报告。管理者可在第一时间收到实际产出的消耗报告，便于调整生产策略。

在这个过程中，数智化流程管理发挥了重要的作用。工厂的所有设备、人员、资产信息全部被导入系统，统一进行建模，用于智能化地分析原料入库、存储、生产、产成品检测、暂存、出库等流程的每一个细节，并依靠算法设计出最优的生产方案。

当生产计划系统做好排产后，数据会被自动传给生产控制系统，该系统先计算好原料需求，再进行后续的备料、投料。当然，这些数据也会被上传到数据中台，进行统一的汇总和分析，实现对生产过程全链路、无死角的监控。当某一工艺参数出现了规律性波动时，数据中台可以敏锐地发现，并及时向生产线反馈，分析波动原因。

在"智造"体系下，飞鹤做到了计划驱动产销协同与干线物流，订单驱动产品直配终端，这使得奶粉在 28 天内即可到达消费者手中，最大限度保证了产品的新鲜。现在，"两小时生态圈，28 天新鲜直达"已成为飞鹤的代名词，更成为行业的典范。

在业绩快速增长的时候，飞鹤"晴天修屋顶"进行数字化转型，飞鹤的办公平台、业务系统、工厂系统、营销中心、供应链、客服等企业运营核心链路都已经进行了数智化升级，企业效率大大提升。

"大胆尝试胜过平庸保守"，用科技创新突破行业壁垒将成为多数传统行业未来的发展趋势。飞鹤在奶粉产业链的深耕与沉淀，正引领传统奶粉企业从

"制造"向"智造"变迁。

从产品到品牌的全链路营销可视化

数智化不仅为企业重新塑造了上下游关系，还使其与消费者之间的距离更为贴近。对于飞鹤这一知名品牌而言，在如此广阔的市场中，要快速与消费者建立联系、真正触达并深入了解其需求，必须构建高效的数据通路，确保用户数据的畅通无阻。

数千万忠实用户的真正身份是什么？他们的购物喜好有哪些？在客户的整个生命周期中，在吸引、接触、转化和再次购买等关键节点上，飞鹤应该如何采取积极策略，而不是静待机会呢？

现在，一切都有了答案。在用友BIP营销云的助力下，飞鹤智慧营销系统能精准地绘制消费者画像，预测消费者在特定时间段的复购行为，乃至他们可能选择的产品系列和数量。当这些宝贵的信息传输到前端业务系统后，不仅能助力营销团队更高效地达成销售目标，还能为消费者提供卓越的购物体验。

通过与"星妈汇"、线下导购和电商平台等多个渠道的无缝对接，飞鹤成功构建了广泛的用户触点，从而拓展了其对用户的感知深度。凭借这一优势，飞鹤可以更深入、更客观地洞察消费者需求，并结合细致的分群策略，确保为不同的消费者群体提供定制化的服务。

同时，飞鹤进一步将这一数据驱动的能力赋予营销团队，实现其工作流程的数字化。例如，通过营销工作台，将店内导购的各项工作进行系统化、规范化、任务化和在线化管理。再配合全渠道、全触点的用户数据，经过智能分析，形成一个高效的数据模型供导购人员使用，旨在提升前线营销团队的工作效率，从而达到优化用户运营效果的目的。

从上游到下游的全域数据透明化

对于众多品牌而言，即使内部拥有强大的数智化能力，一旦涉足现有业务范围之外，尤其是接触到外部供应链环节，依然会面临诸多挑战。重新审视全产业链协作，让数据边界从内向外延伸，是飞鹤长期以来的思考。"只有实时获取到覆盖全域的数据，并让所有数据串联，才能真正为业务创造价值。"冯海龙说。

但是，从企业内到上游供应商、下游经销商、门店，再到终端消费者，环环相扣，每往外延伸一层，难度就会呈指数级增长。在这里，不仅要面对数据所有权的敏感问题，还需要考虑可能给合作伙伴带来的额外工作量。面对如此多的复杂问题，能否确保数据的顺利流通和整合，成为一个巨大的挑战。

飞鹤基于用友 BIP 供应链云完成数智化体系的建设，实现了与经销商之间的交易协同、实时对账、费用结算等。通过用友 BIP 供应链云，飞鹤直联经销商，实现渠道订货、订单审批、仓储分配和物流调度的自动协同，更为关键的是，该系统能够依据经销商的信誉度自动匹配订单，确保交易的顺利进行，大大提高了业务效率和合作信赖度。

用友 BIP 供应链云将采购、生产、销售、库存、服务等活动紧密衔接在一起，提供了完整的供应链服务，帮助飞鹤实现了内部产供销、业财税一体化，同时通过社会化协同，将上游与下游企业涉及的供应商、生产商、分销商等企业间的商流、物流、信息流、资金流形成一体化运作，助力企业提高供应链管理水平，实现敏捷供应、高效协同。

通过一系列数智化的渠道建设，飞鹤成功地对经销商进行了智能化管理和运营，显著提高了渠道的运营效益和工作效率。

从粗放到精细的营销费用管控

在营销全链路数智化建设中，有一个后端环节不能忽视，那就是营销费用管理。保证营销费用不失控，建立费用防控线是品牌商需要彻底解决的问题。尤其是传统的快消品、零售行业，企业往往采用典型的多级分销模式，要管控整个环节更是难上加难。

一些企业在面对众多不同类型的营销费用时，统计和管理都显得格外困难。它们在这方面花费了大量的时间和精力，但得到的反馈常常是滞后的，预算控制也难以做到位。由于营销活动涉及的费用种类繁多，细分到各个项目和部门时，不仅导致报销周期拉长，也使得经销商经常需要先行垫付大笔资金，给其带来了很大的经济压力。此外，由于这些费用难以准确计算，并分摊给了经销商、客户或是其他销售渠道，报表分析往往会被延迟，使得企业难以及时评估费用的投入效果。而且，由于缺少专业的营销数据管理工具，营销费用的额度调整和更新变得尤为困难，这无疑增加了企业的运营风险和成本。这些问题都直接或间接影响了企业的营销效益和竞争力。

公开财报数据显示，2018—2020 年，飞鹤的营销费用逐年攀升，2020 年高达 52.63 亿元。随着营销活动逐渐增多，投入的费用项目变得更加详细，给管理带来了诸多挑战。

在营销管理上，如果没有全流程精细化的闭环管理策略，就很难确保每一笔营销费用都能发挥出其最大价值。这导致了很多问题，例如不清楚每一笔营销费用是否真正被使用，这些费用是否真正投入在经销商或消费者身上，以及相关的营销活动是否得到有效执行。

为了彻底解决这个问题，飞鹤历经四年时间反复调研、论证，将这个庞大的问题分解为若干个小目标，并努力逐一实现，以确保营销策略的精细化和高效化。

最初，飞鹤打造了"赠品权益线上化"产品，保证赠品发放可以对应到每一笔订单、每一个消费者。随着业务的进一步发展，企业一方面梳理营销费用精细化管理的建设思路，健全管理制度；另一方面找到与业务相匹配的管理模式，最终通过系统固化下来，实现了从营销费用申请到最终全面兑付的全链条贯通。现在，管理者可以很轻松地将每一笔营销费用和产出结果关联起来，看

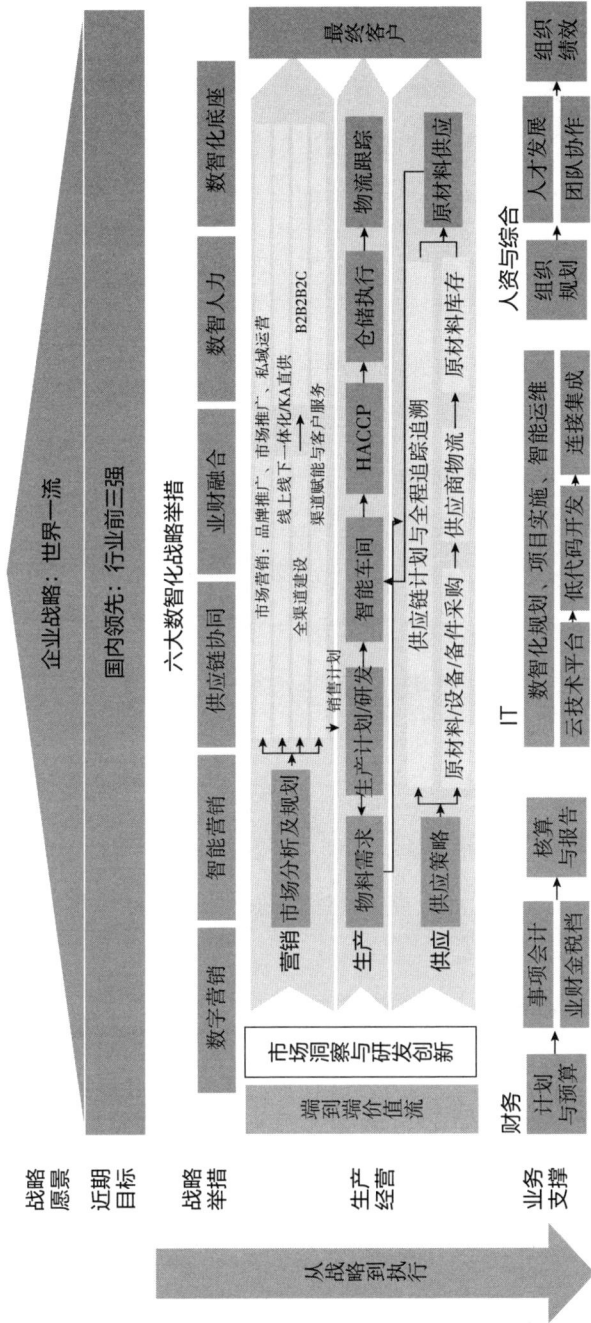

图 4.3　用友 BIP 食品饮料行业解决方案全景

清楚实际的投资回报率。

在数智化平台落地的过程中，飞鹤选择了用友作为联合共创的伙伴。双方结合乳业的业务特点，通过用友 BIP 进行全新的产品研发，并基于实际应用场景完成客户验证，最终共同打造了基于用友 BIP 的营销费用管理原型产品。如今，业界领先的用友 BIP 营销费用管理产品，能够协助企业市场部和销售部的业务人员，在营销预算范围内策划营销方案或活动计划、申请营销活动、跟踪活动执行过程，并依据活动执行结果结算费用，进而帮助企业不断完善、改进营销费用的闭环管理，进而实现营销精细化管理。毫无疑问，这样的共创共赢为行业的整体发展带来了创新性改变。

尽管飞鹤在整体营销费用和平台建设上面临诸多挑战，但其创造的价值却是不可估量的。在战略层面，飞鹤逐步实现了费用由"放"到"收"的过程，而且费用投放更加精准、有效；在管控层面，飞鹤的营销预算管控有据可依，管控的颗粒度可细至客户、门店和产品；在执行层面，飞鹤的营销活动执行过程更加灵活敏捷、更具实效，而且结案比以前要精确得多，资金兑付速度更快。

现在，飞鹤经销商的结案周期从 45 天缩短至 15 天，营销成本逐年降低，特别是在多品牌和多渠道的活动中，重复性投放的费用从 7% 显著下降到了 3.76%。这一切都凸显了营销费用管控的精准性和明显成效。

以自身变革带动产业链、价值链攀升

通过数智化升级，飞鹤实现了"业务＋技术"的双重转型。这也是今天企业数智化的核心。

——飞鹤CIO 冯海龙

想要成为一家真正的数智化企业，就需要搭建以产品创新和工艺质量为核心的协同生产体系，以财税和人力服务为核心的集团化运营管理体系，以服务终端客户为核心的全渠道数字销售体系，以优化协同为核心的供应链物流保障体系。

如今，飞鹤的设想全都做到了。

飞鹤携手用友共同打造了覆盖采购、生产、仓储、物流、经销商、终端渠道的全链路数智化体系，塑造了一套完备的数字资产。这一系统不仅优化了管理决策，还引入了"智慧供应链＋智慧销售"的双重保障模式，为经营者提供了预警信息、战略参考，并能够对市场趋势进行预测，实现了对生产计划的及时调整。这一系列措施显著提高了供应链的运转效率，为企业盈利提供了坚实的保障。

在飞鹤不断自我革新的过程中可以看到，其依托数智化创造的价值远远超出了企业本身，服务于整个乳制品行业链。这促进了新商业模式和新场景的孕育，推动了产业链和价值链向更高端的演变。

作为产业变革中不可或缺的重要力量，用友与飞鹤共同实现企业数智化重塑乳业新价值，确保"让中国人的饭碗任何时候都要牢牢端在自己手中"！

05 北京稻香村：

守正创新，中华老字号焕发品牌新活力

【编者按】

北京稻香村一直牢记老掌柜的话：产品用料绝不能打折扣。作为百年老店的北京稻香村牢记传承，严控质量，向管理要效益。从传统财务管理到现代化工厂制造，再到全面的供应链管理，实现了跨越式的发展。

北京稻香村与用友合作已跨越20余个春秋，始终坚持数智化转型之路，深度应用用友 YonSuite、用友 U8+ 等产品与服务，构建智慧供应链体系，智能化电子秤实时采集全域销售数据，实现千家经销网点次日送、快消节令产品零库存……让创新科技重新定义百年老字号，成为传统与现代融合的典范。

"未来的北京稻香村，只有比现在实实在在得好，才能面对更加残酷的市场竞争，否则就会消亡。"

与北京稻香村第六代掌门人毕国才初次见面，他就打开了话匣子。现任北京稻香村食品有限责任公司（以下简称"北京稻香村"）董事长兼总经理的他虽已步入古稀之年，但讲起稻香村的故事依然侃侃而谈。

俗话说，一块招牌就是一段传奇，每一个老字号品牌的背后，都有一段不同寻常的历史。北京稻香村作为我们耳熟能详的糕点老字号，历经了 100 多年的发展，其间有过诸多辉煌时刻，也曾经历发展瓶颈。

但是，在百转千回间，有一种精神从未改变，那就是"顾客至上"的初心。

一场半个世纪后的"再相遇"

1895 年甲午战争战败，清政府签订了丧权辱国的《马关条约》。这一年，金陵（今南京）人郭玉生在前门外大栅栏西街开了一家南货食品店——北京稻香村。

那个年代信息闭塞，物流远不如当今畅通。即使是天子脚下，官员和老百姓也极少能吃到正宗南方口味的食品。这让郭玉生的小店很快在京城立足，并迅速发展。

然而，天有不测风云，1900 年八国联军攻入北京城，昔日繁华的街道瞬间陷入了腥风血雨。随着清政府的倒台，老百姓在外有列强、内有军阀的割据局面下朝不保夕，其中自然也涉及郭玉生和他的小店。食品店被迫停业，但当时谁也没料到，这段停业居然长达57年。

1983年底，在时任北京市东城区工商联副主任刘振英的积极筹划下，北京稻香村重新开门营业。次年春节，虽寒风凛冽，但京城街头巷尾重新飘起的久违的糕点香气，让百姓排起了长长的队伍。

凭着复业团队艰苦奋斗的精神，一年后，北京稻香村不仅开设了两个门市部，还改建了办公区。那一年，企业销售利润达24万元，这在当时是一个非常出色的成绩。

作为第六代掌门人的毕国才于1985年进入北京稻香村。不论是最初的"小伙计"，还是而今的董事长、总经理，他都在老师傅的谆谆教诲下虚心学习，勤于思考。这种敬业精神最终感动了老掌柜，放心地把接力棒传递到他的手上。

图5.1 北京稻香村现代化生产线

30 多年来，毕国才致力于对老字号传统糕点技艺的传承与创新，组织技术人员恢复数十种已失传的京式糕点，并研发出一系列新品种，带领北京稻香村弘扬了中式糕点文化，成为中国传统食品行业的龙头企业。

目前，北京稻香村已拥有 200 余家连锁店，1 000 多个终端销售网点，一个物流配送中心，并建成了全国传统食品行业内厂房最大、装备最先进的生产基地，生产糕点、肉食、速冻食品、月饼、元宵、粽子等各种节令食品共 700 余种，年销售额近 80 亿元。

如今，每逢大小节日，北京稻香村各个门店前顾客大都会排起蜿蜒的"长龙"，这已成为京城一景。而能受到新老顾客的一致认可，不仅在于北京稻香村不忘初心，将传承、匠心、品质深深烙印在每一个员工的心里，更重要的是，他们早已把创新融入企业基因。

那么，北京稻香村是如何立足当下，以创新践行初心使命，依托数智化提升企业经营与管理，保障企业行稳致远的呢？

第一次主动"尝鲜"

老字号要守正，更要创新。守正是要把顾客放在第一位，创新就是要积极拥抱新事物。

——北京稻香村董事长兼总经理毕国才

故事要从一辆面包车开始。

2002 年的一天，北京稻香村食品厂内，多家经销商前来取货，车辆排起了长龙。正当大家井然有序地核对商品、打包搬运货物时，一辆面包车却停在了远处的路边，不敢上前。这引起了厂内员工的注意。经过仔细盘问，车内所谓的经销商拿货员露出了马脚。不用说，这又是一出"吃里扒外"的老戏码。

"1983 年复业后，北京稻香村采用的仍是作坊式的管理方法。因为当时生产规模较小，几个老师傅带领着徒弟一起做，产能基本上就够了。"北京稻香村副总经理杨华说。

但是，到了2002年，随着组织规模、生产规模的不断扩大，传统管理方式已严重跟不上企业的发展速度。由于管理手段落后，一切都是手工记录、计算，那段时间，食品厂的"跑冒滴漏"现象严重。如何升级企业管理成为他们亟待解决的问题。

据北京稻香村老员工回忆，当时的库房管理靠手工记录，库管员甚至用出库量认定入库量，这显然是不科学的。直到有一天，一辆伪装成正常拉货的面包车停在仓库门外，准备私运一车月饼后，他们当机立断，决定必须采用进销存系统！

为了快速解决痛点，北京稻香村采买了当时市场上的明星产品——用友U8，很快将仓库管理了起来，短时间内的问题算是解决了。这是北京稻香村第一次尝到信息化的甜头，虽然系统上线有些仓促，但是应用效果十分明显，北京稻香村决定继续走下去。

北京稻香村可生产700多种产品，其背后拥有庞大的生产班组，专业分工十分复杂，因此食品厂生产管理难度巨大。杨华说："我们的生产原材料多是面粉、鸡蛋、豆沙、生肉等非标商品，种类繁多。借鉴传统经验，每个班组的组长每天都要估算原材料的使用量，然后到库房领料。但是，这些原材料是否用到生产过程中，用了多少，有没有短缺或盈余，都没有统计过。"

为了精细化管控这个环节，北京稻香村又上线了用友U8+的生产制造模块。通过BOM系统，可以轻松完成生产环节的用料实时统计、配方管理、领料控制。而且，有了精准的用料统计，采购端就可以结合需求采买，一举实现从原材料采购到生产再到产成品入库、物流配送过程的清晰可见。同时，在生产环节上，食品厂还优化了生产计划排程，这让整个后端的生产可以有条不紊地运行，有效实现了降本增效。

至此，北京稻香村信息化发展的第一个历程基本结束。实践证明，这是一个正确的信息化建设路径。三年内，该公司在用友的协助下，以财务和供应链模块为抓手，先后实现了财务管理、供应链管理、生产制造管理、人力资源管理等，让这家老字号企业真真正正地打开了信息化的大门。

杨华认为，这是一个积极的信号，也是一个重要的里程碑。北京稻香村一改此前作坊式的管理方式，基于用友 U8+ 引入了全新的管理理念和方法，让老字号焕发了新活力！

第二次为了"保鲜"

北京稻香村从 2002 年的 30 多个经销网点发展到后来的千余个，如果没有用友分销系统的支撑，业务人员的工作量是无法想象的！

——北京稻香村副总经理杨华

从 2006 年开始，北京稻香村的信息化建设进入加速发展阶段，并在后期逐步完成了从信息化到数字化的跨越。十年间，企业正式组建了信息化中心，构建了核心的经营管理平台，完成了产供销全链条的在线化管理。通过高效的系统运营，北京稻香村将订货准确率提高至 99.8%。

在取得如此显著的成绩背后，究竟是哪些关键要素成为北京稻香村成功的抓手？

传承经营中式糕点与熟食的艺术，质量始终是至高无上的追求。不仅在精选食材上追求卓越，确保每一口的新鲜口感也至关重要。北京稻香村不遗余力，通过全国范围内的销售网点与电商平台实行"天天订货，次日送达"的严格标准，以保证食品的新鲜度。但是，这样一来，北京稻香村就面临着一个挑战。

那时候，每家门店都需要通过传真向中心食品工厂发送日常采购订单，其中包含了繁复的商品种类和需求数量。随后，工厂的销售人员会手动整理这些订单，汇总后交付生产部门规划制作。产品生产完毕后进行配货，并手动制作发货单。这个过程不仅效率低，还容易出现统计失误的情况，而且门店、物流、车队之间的纠纷也屡见不鲜。

北京稻香村为了优化这一流程，引入了基于用友 U8+ 的先进分销管理方案。如今，无论是直营店、加盟店还是经销商，均可通过该系统直接提交采购订单。系统自动处理后，将订单转换为生产指令，待生产部门完成任务并入库，再将这些信息转换为销售发货单，并为各个店铺与经销商生成对应的采购入库单。通过这样的自动化处理方式，整个流通过程不再需要人工干预，大幅提高了效率和准确性，同时也解决了互相推诿的问题。最为显著的变化是，食品厂的自制产品库存得以大幅缩减，几乎达到了零库存的理想状态。

第三次"质"的飞跃

过往的合作经历告诉我，用友与我们价值趋同，具备相同的创新基因，把这个任务交给他们，我们心里有底气，放心。

——北京稻香村副总经理杨华

2017 年，北京稻香村迎来了 IT 建设的第三个里程碑——数智化转型稳固优化与成果展现。在这一阶段，北京稻香村携手用友 YonSuite 新零售系统，不仅统一管理了全国连锁门店的销售数据，而且开发出了国内烘焙业首个基于新零售系统的智能化电子秤。

这一创新在业内尚属首次。一个表面普通的计量工具，却助力北京稻香村攻克行业难题，建立起从采购、生产、物流配送到零售环节的全面一体化平台，实现了业务流程的全面集成与优化。

在新冠肺炎疫情席卷而来时，北京稻香村通过用友电子发票系统，进一步对智能电子秤进行了升级，使其更贴合当下的技术发展潮流。

北京稻香村向来以其散装销售的产品为人熟知，顾客习惯了按斤计价的购买方式。为了提高顾客的购物体验，北京稻香村采纳了一种个性化服务方式——一对一的收银模式。在这种模式下，从挑选商品到结账，都由一位店员全程服务，旨在为顾客提供更加流畅和个性化的购物体验。

此种收银模式与超市有着天壤之别。一般情况下，北京稻香村的门店会设有多组销售人员和若干台电子秤，以便快速服务顾客。虽然这种售货、收款的流程为顾客提供了便利，但它也对产品销售的精确统计和库存管理提出了更高要求，增加了操作的复杂性。北京稻香村的服务方式在优化顾客体验的同时，亦充满了对后台管理系统精细化要求的挑战。

"当时，我们采用的仍旧是售价法核算。这样做并不能清晰地统计每个货品的售卖情况，最好的结果就是闭店后做盘点，得到一个总销售额。为此，我们尝试过多种方式，但效果都不太明显。"杨华说。

2018年，北京稻香村在新零售潮流的推动下，决定引入革命性的新零售系统，并将其整合至电子秤设备中。这一决定并非一时兴起，而是经过内部多轮深入讨论，基于长期战略考虑做出的。目标是通过智能化的终端设备来根除销售环节的长期痛点。

对杨华来说，这是一条充满挑战的道路。寻找与北京稻香村需求相匹配的系统方案是十分艰巨的任务。他们进行了长达三个月的市场调研，细致比对了国内各大新零售系统供应商的产品，却一直未能找到完全符合期望的解决方案。最终，他们决定再次选择用友，这一决策基于深厚的信任，用友"持续创新"的精神与北京稻香村坚持"守正创新"的理念不谋而合。因此，作为用友YonSuite在新零售系统领域的首批应用案例，北京稻香村和用友携手面对新的挑战。

在那段攻坚的日子里，将电子秤转变为销售数据实时采集的媒介，成为一项双方必须共同克服的巨大挑战。只有通过这种方式，才能够获得真实、准确的库存信息。尽管将新零售系统融入电子秤在业界尚属首创，但双方都充满了创新的勇气。

面对这项艰巨的任务，双方发挥合力，既分头行动又协同作战。北京稻香村一方面与用友 YonSuite 紧密合作，共同完善其新零售系统；另一方面与电子秤制造商密切交流，定制独特的智能化电子秤。与此同时，要确保数据从起点到终端的畅通无阻，其中一个关键环节是将电子秤的 POS 系统与银行系统接轨，这无疑是一项精力密集的工作。

随着产品研发进入后期测试阶段，项目组的每位成员都感受到了沉甸甸的压力，脑海中不断警觉着一切可能的潜在问题。毕竟，任何环节出现失误，后果都不堪设想：从门店销售的拥堵到顾客的不满，从小范围的混乱到影响团队士气，甚至会给北京稻香村的数智化转型道路蒙上一层阴影。

为了规避最不利的结果，双方团队展开了提前规划和缜密部署，决定以单一门店为试点，逐项解决出现的问题。北京稻香村凭借丰富的经验，建议将首家门店的测试安排在元旦前夕，这不仅可以最大限度地降低风险，同时也为春节期间的销售高峰做好充分的演练和准备。

杨华说："从产品选型到方案制定，再到产品研发、测试、部署、模拟演练、正式试点，这是一场长达 180 天的战役。那段时间，我们真切体会了用友'以客户为中心'的服务内涵。尤其是在系统上线阶段，用友的实施人员，不论是管理者还是一线研发人员，吃睡都在稻香村，夜以继日地调试。到了春节期间，项目组的每一个成员都随时待命。我们甚至拿出了备选计划，要求门店把原始电子秤放在台面下准备好，万一出现问题可以及时应对。好在双方的努力没有白费，这样的情况最终没有发生。"

如今，装配了用友 YonSuite 新零售系统的电子秤能够即时将每一份销售数据传输至企业的用友 U8+ 后端，完成数据的即时采集。在此基础上，系统自动构建动态商品数据库，实现了进销存管理的精确动态化。同时，这一系统还能够对商品的有效期和批次进行精准管理，自动执行预警、调剂和调拨工作，在大幅降低成品库存的同时，显著提升了销售周转率。

这次合作，双方共同打了一场卓越的胜仗！如此创新不仅推动了北京稻香村的智能化发展，也引领了整个行业的升级浪潮。目前，许多企业已纷纷采用智能化电子秤，确保了账目的精确无误。

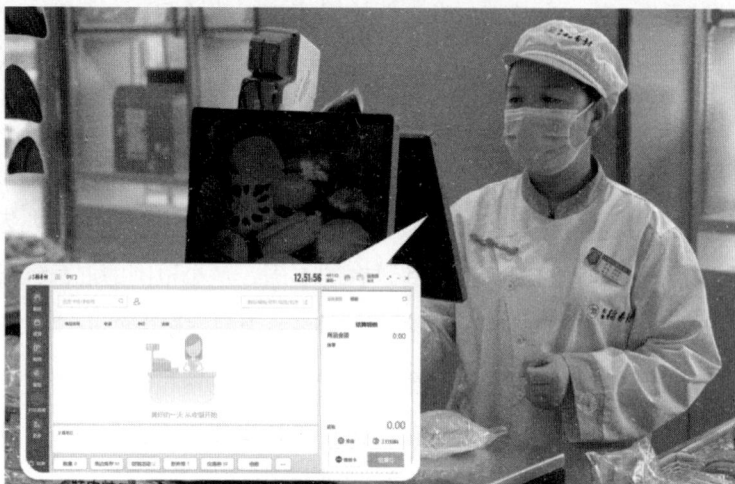

图 5.2　智慧电子秤 POS 系统提升消费者购物体验

对于用友来说，与北京稻香村的协同创新，不仅为产品带来了一次宝贵的升级机遇，确保其更加契合客户的应用场景，也再次验证了用友 YonSuite 云端整合的强大能力。通过与用友 U8+ 的整合，数据能够在复杂的"云 + 端"环境中实现无缝对接。尽管历经挑战，但最终让北京稻香村实现了日结清算、实时客单价统计、库存清晰可见，并且对食品工厂的生产流程起到了极大的推动作用。

毕国才给予此次数智化升级项目如此评价：这是一次质的飞跃，用友不仅在每个环节助力北京稻香村实现了精密管控，更实现了新零售场景下数字化全面覆盖的目标。

不忘初心，做受人尊重的"老字号"

我们要做永不倒的北京稻香村。但是要想不倒，就要一直做受人尊重的企业，就要在变革、创新上下真功夫。

——北京稻香村董事长兼总经理毕国才

在众多"老字号"企业中，北京稻香村在数智化建设方面无疑走在了前列。毕国才将这一成就归结于北京稻香村坚守"不忘初心"的发展理念，致力于将健康与欢乐带给顾客，建设受人尊敬的经典品牌。

对北京稻香村来说，数字经济时代更是步入了"老字号＋"的新纪元。作为一家领先的老字号，企业管理层坚持拥抱新技术、新零售，不断开辟创新道路。在坚守传统文化和工艺的同时，企业以专精主义为导向，不懈追求特色化、差异化，以增强企业的内生动力。

正如杨华所言，各种新技术和新业态正在改变人们的消费和生活方式，同样也在改变传统零售企业的经营管理模式。近年来，北京稻香村通过与用友建立紧密合作，逐步建立起了全渠道数智运营管理平台，极大地提升了公司的运营管理水平及渠道综合效率。虽然这需要巨额投入，但所带来的效益也是显而易见的。

北京稻香村内部有一个潜在的共识，即在自身的办公条件上尽可能节约，但在两个方面决不妥协：一是原材料的使用，决不因节约成本而牺牲产品质量；二是创新发展，坚持不懈地追随时代脚步，不惜成本。

杨华表示："北京稻香村没有'守业'，只有'创业'，我们一直在创业之路上不断前行。这一切源于我们'顾客至上'的初心。只有这样，我们才能与时代同行，永葆生机与活力！"

创新的本质是服务客户

在与用友携手并肩的20年间，北京稻香村体会到了这段合作的特殊意义。从起初的单一应用到目前全方位的开花结果，北京稻香村已将用友产品的潜力发挥到了极致。这不仅是一种说辞，更是杨华深切的感受。

杨华强调，北京稻香村已基本应用了用友 U8+ 的核心模块，并在向新零售模式转型的过程中，应用了用友 YonSuite 新零售产品及用友电子发票系统等数智化工具。更重要的是，借助用友 U8+，北京稻香村深入挖掘数智化业务场景，在智能电子秤领域进行了创新与实践。数智化发展无疑将助力北京稻香村不断适应时代的发展，不断提升客户的满意度。

除了产品本身，用友为客户提供的服务也频频感动着北京稻香村的管理者。信息中心的工作人员反映，用友总是能及时回应北京稻香村的需求，并且分享一些行业先进的做法。在诸如日常运维、节令高峰前的主动巡检等细节上，用友服务团队也经常能提前预见并满足北京稻香村的需求。

毕国才感慨道："这种客户至上的服务理念与我们北京稻香村的经营宗旨不谋而合。双方的真诚合作使北京稻香村在过去 20 年间搭上数智化转型的快车，实现了跨越式发展。每当见证用友推出新产品，我们不仅会发自内心地祝福，也会为北京稻香村的数智化转型之旅增添信心。"

未来，北京稻香村将继续在与用友建立的坚实合作基础上，坚定不移地迈出数智化转型的步伐，不断塑造领先的核心竞争力，使这家历经百年的老店在数字经济的大潮中乘风破浪，焕发出新的光彩！

06 日丰集团：

"小管道"通往"大世界"

【编者按】

在用友 YonSuite 的协助下，日丰集团以夯实基础、稳步推进、持续提升为原则，规划了"三步走"的上云路径，实现了多国业务的快速构建，从而确保了海外业务的有序推进，进而实现了集团海外经营从 0 到 1 的突破。

日丰集团携手用友正以领先的公有云服务建立标准化的业务流程、重塑运营管理，从而实现逆势海外扩张，从"中国制造"走向"中国品牌"，成为国货出海新标杆。

提起佛山，哪些元素最先涌进你的脑海？是一代宗师黄飞鸿、顺德美食，还是粤剧之乡？

作为中国制造业的腹地，佛山孕育了美的、格兰仕等优秀的民族企业，它们在走向世界的进程中擦亮了"佛山制造"这块金字招牌。

然而，有这样一家企业，它27年来始终专注于新型管道的研发和生产，已发展成集研发、生产、销售、服务于一体的大型国家高新技术企业；它视产品质量为企业的生命线，不仅将品控深入生产领域，更是涵盖研发、供应链、销售的每一个环节；它的产品不仅畅销全国，而且已遍布全球，为亿万家庭提供了全屋管道系统解决方案。

它就是日丰企业集团有限公司（以下简称"日丰集团"）。

日丰集团创立于1996年。当时，创始人许伟钊以敏锐的触觉和果敢的判断把握住了时代潮流，开创了国内首家铝塑复合管新型管道生产企业。

然而，对于已习惯使用金属管道的国内消费者而言，铝塑复合管这一新产品并不能被快速接纳。生产环境、进口设备操作技术等条件的限制也增加了不少阻力，甚至出现过几个月没有订单的情况。此时，在发展方式的抉择上，日丰集团选择脚踏实地，养精蓄锐。一边通过代理进行地毯式的摆摊地推，建立营销网络；一边对员工团队进行专业技能培训，使其掌握先进的生产技术；一边争取宣传资源的支持，筹划品牌建设。

正是基于长远的眼光、务实的作风，日丰集团逐渐在市场上站稳了脚跟。随着铝塑复合管逐步在国内普及，单一的管道产品已无法满足国内市场的多元化需求，随后，日丰集团踏上了新型管道研发之路，推动了行业变革。

地下管线俗称城市的"毛细血管"。如今的日丰集团，已为国家的基建、民生、市政贡献了卓越力量。尤其是近年来，日丰管的身影不仅频频出现在北京冬奥村、雄安高铁站等战略项目建设中，而且数次踊跃投身抗疫一线，助力国家纾困解难。

都说创新驱动发展，科技引领未来。在新一代信息技术、互联网架构席卷各行各业的今天，日丰集团身为中国管业的龙头企业，是依靠什么坚守初心、支撑野心、"丰"勇前行的呢？

乘"数"而上

在激烈的行业竞争格局和企业自身发展布局下，日丰集团紧握"数智化"这一利器，加快数智化转型，构建竞争新优势。

——日丰集团 IT 中心总监尹浪

走进日丰集团的生产车间，你会发现自动化设备整齐排开，机械臂忙碌地挥动着，PVC（聚氯乙烯）原材料从一楼投料间被抽上四楼的中央供料区，然后顺着管道被灌入挤出机，冷水器冒着腾腾热气，背后是"咚咚咚"的机械碰撞声。

在智慧生产看板上，你可以看到当日的生产信息，产品自动包装、自动装配的智能化生产线在工人的操作下有序而忙碌地运作着。由于企业自动化、数字化程度较高，极大地提高了生产效率，降低了人工成本。

作为中国给水管道升级、变革的重要推动者和引领者的日丰集团，自创立以来就将产品品质视为企业发展壮大的核心竞争力。"日丰管，管用 50 年"的品牌口碑，是日丰集团对产品品质的坚守和承诺。它把国标融入每一道工序、每一个细节，严格把控，精益求精。

为了坚守品质的"初心",日丰集团始终保持与时俱进,积极拥抱数智化浪潮。自 2016 年起,公司累计投资近 10 亿元推进数字化转型,引进、改造生产设备,搭建完善的数智化体系。

尹浪回忆,2013 年,公司已发展成具有多组织管理架构的企业,从那时起就逐渐暴露出新旧设备产能标准不一、订单交付周期长、人力成本高、信息流转不及时等问题。为了解决这些问题,自 2014 年起日丰集团将数智化转型提上日程,自上而下推行改革。

进入 2016 年,日丰集团开始真正落地数智化建设,搭建了包括 ERP、CRM(客户关系管理)、供应链管理系统、BI(商业智能)等在内的数智化系统,一举实现了从研发、采购、生产到市场、销售、服务各流程的精细化管理,成功帮助企业提质增效。

比如,在内部协作方面,日丰集团建立了核心业务移动端的基础底座,优化了企业上下游的相互连接,让在全国拥有 8 个生产基地、9 家分公司、32 个办事处以及上万个经销商的大型制造企业,在信息传递和跨部门横向协同方面更加高效,内部流程效率由 2017 年的 36 个小时提升为目前的 8 个小时。

在智能制造方面,日丰集团通过引入新的生产设备,实现原料、成型、包装全生产链条的自动化、智能化,而且对各生产线的生产配方及工艺温度实现 24 小时监控,还可根据条形码实现全流程的智能溯源,实现全产业链信息的采集与融合。

在服务方面,日丰集团借助数智化搭建起专业的服务网络,连接超过 5 000 位日丰服务工程师与全国近 200 万名水电工师傅。同时配备高科技 VR(虚拟现实)设备,精确记录产品验收、产品质量、产品口碑的每一个细节,为高品质家居生活护航。

正是这些努力,让日丰集团数智化转型成效颇丰。自 2021 年以来,公司产品交付率从逾 70% 提高到超 90%,准交率超过 80%,废品率下降了 50%,在集团人数不变的基础上,2017—2023 年销售额增加了一倍多。

出海就要"上云"

我们知道，如果我们想在全球范围内竞争，就必须调整我们的产品和战略，以满足不同国家客户的需求。同时，我们也知道，企业必须建立一套能够快速支持海外业务拓展的数智化平台，而用友 YonSuite 完全可以满足我们的诉求。

——日丰集团 IT 中心总监尹浪

随着数智化转型成果日益凸显，日丰集团步入高速成长阶段。在中国企业新一轮的"走出去"浪潮中，日丰集团的全球化雄心逐渐显露，先后布局了北美和东南亚两地的销售公司，正式进军全球市场。

国货出海是一个复杂而艰苦的过程，尤其是在管道行业。即使日丰集团在国内赫赫有名，但到了制定过饮用水标准和水管抗菌标准的国际市场，也经历了各种磨难。尤其是新冠肺炎疫情的暴发，为日丰集团的国际化进程蒙上了一层阴影。

但是，无数历史经验表明，危机往往是催生企业发展的大好时机。面对新冠肺炎疫情在全球的肆虐，日丰集团在海外开设分公司的脚步并没有停下。2021 年，日丰集团在非洲成立工厂，并在欧洲、非洲等地设立了区域销售公司，一举设立了全球 20 多家分、子公司，服务了百余个国家和地区。

然而，随着海外业务的激增，日丰集团开始面临业务协同运营和管理的现实问题。比如各地分支机构如何建立；全球一体化的运营体系如何搭建；如何在满足当地生产、财务等需求的同时，结合总部的管理要求实现组织和流程的优化；面对全球多地复杂的合规要求，如何降低数据管理和运营风险等。

日丰集团海外财务负责人梁烁曾表示，企业虽然出海，但只有实现了全球业务一张网、一个视角、一体化管理，才能实现全球化的商业创新。因此，构建数智化的管理体系和业务创新平台是企业出海的"前提"，也是敏捷响应各地需求的必要手段。

回顾日丰集团海外业务的管理诉求，可总结为流程规范、经营管理、语言差异、时差跨度和网络支持五大方面。"从 2018 年开始，我们在海外快速成立子公司。由于业务刚刚起步，许多流程规范还没有建立起来，所以急需标准化的产品帮助业务快速部署。而且，由于每个子公司的区域跨度都比较大，又涉及属地化员工，因此在系统建设上既要满足多语言、多时差、多时区的使用环境，又要及时进行经营数据共享，与国内财务管理工作联动起来。更重要的是，各国网络环境千差万别，尤其是非洲部分国家基础设施较落后，如果自建 IT，就很难保证系统的正常运行。"梁烁说。

为了应对技术、运营等一系列挑战，天然带有低成本、快交付、易调整特性的公有云 SaaS（软件即服务）成为出海企业的一致选择。它不仅可以帮助企业减少在 IT 上的投入，快速商业创新、快速试错，而且基于公有云免部署、拎包上线等特性，可以驱动出海企业快速渗透国际市场，一键式达成全球化业务的布局。

在这样的背景下，日丰集团经过多方选择，最终选择用友成长型企业商业创新平台 YonSuite，帮助企业梳理全球化业务，快速完成业务上线，以适配全球化发展的战略决策。

双方追忆中的"第一次"

用友 YonSuite 帮我们实现了在没有额外支出和独立部署的情况下，多国均顺畅使用系统的目标。从体验效果和业务上，都保持了管理的一致性，使我们在海外市场的业务拓展中能够快人一步。

——日丰集团 IT 中心总监尹浪

坦桑尼亚，古人类发源地之一，矿产及旅游资源丰富，但也是全球不发达国家之一。2020 年，当尹浪得到通知，集团要在那里设立海外销售公司时，一切压力都出现了。

日丰集团在海外成立的分、子公司有着独立的品牌，在管理、仓储、物流等方面也有着极为严格的要求，因此，这考验着公司的管理能力。选择合适的平台，支持业务快速开展成为首要目标。而且，这些分、子公司尽量采用当地员工，这对实施顾问有很高的语言要求。

"走 SaaS 技术路线是在一开始筹备过程中就选定的。当时，我们决定采用国外的产品，但考察下来发现，不仅实施周期很长，至少需要四个月时间，而且实施顾问费用极高，这对于创新业务来说，有很大的风险。"尹浪说。

因而，在选择服务商时，日丰集团把目光投向国内市场，与众多云服务商进行了深入的沟通。特别是在概念验证阶段，日丰集团的技术团队在全球多地登录网站，测试网络速度，并对所有用户界面进行了全面评估。最终，日丰集团得出的结论是用友 YonSuite 是最可靠的选择。

从长期成本来看，用友 YonSuite 的优势明显，而且开箱即用，平台较为灵活，服务响应也十分及时。一家子公司的实施时间只要 2~3 周，这对业务来说有很大的诱惑力。尹浪表示："但我们最初也有顾虑，担心用友 YonSuite 缺乏全球化落地的经验，难以处理好不同国家的法律法规，以及安全性等方面的问题。"

即使有顾虑，用友作为国内的大品牌，日丰集团还是对它充满了信任，于是双方正式开始了合作。但是，正如所有人预料的那样，SaaS 上线的过程并非一帆风顺。

一方面，双方设定了国内交付的原则，流程、项目组都在总部，这就导致成员与非洲的关键用户、实施人员远程沟通起来十分费力，不仅有时差问题，还有语言问题。

另一方面，通过这些年的数智化建设，日丰集团摸索出了十分科学的《项目实施方法论》，在项目管理方面也有独特之处。日丰集团非常注重交付的细节，每个环节都面面俱到。这本是好事，但却给用友的实施人员带来了无形的压力。

当时，用友 YonSuite 交付体系有待完善，项目组对国外公司的实施方式还不太熟悉，因此，在个性化需求实现方面总会周折一些。加之坦桑尼亚恶劣的基础办公环境，在与国内的协同过程中难免会出现磕磕绊绊。

为了迈向世界级 SaaS 服务商的愿景，这一次项目组决心不留任何遗憾。因此，用友与日丰集团共同制定了项目管理的要点，双方每周进行项目总结，同步项目进度，有些需求和问题在现场就直接拍板，敲定实施细节。在执行方式上，项目组夜以继日地赶进度，白天黑夜停人不停工，这样既可以照顾坦桑尼亚当地的时差，也能顾及国内的工作时间，可以说做到了随时待命的程度。

就这样磨合了两个月之后，项目组的流程、管理都逐渐稳定下来，后续的上线也就快了很多。特别是面对日丰集团海外销售策略的调整，很快就解决了改善管理流程、管理规则方面的问题。

有了这一次的实施经验，后来项目组一口气完成了近十家分、子公司的部署，而且它们分布在不同的国家，使属地化员工也能高效顺畅地完成工作。以梁烁负责的海外财务视角来看，用友 YonSuite 给日丰海外业务带来的价值远超客户的想象。现在每月 1 日就可以完成上月的月结，这样的速度在上云之前是完全不能想象的！

选择相信，才能创造价值

相信技术和创新是我们成功的关键。通过投资研发，我们能够创造新产品和技术，帮助我们在竞争中保持领先地位。通过使用数智化技术来简化我们的运营，可以更高效地响应客户需求和决策。

——日丰集团 IT 中心总监尹浪

用友为日丰集团海外业务提供的服务远不止于此。"业务上云"只是第一步，只有找到符合国际业务发展的上云路径，才能帮助客户行稳致远。在用友团队的协助下，日丰集团以夯实基础、稳步推进、持续提升为原则，打造了"三步走"的上云路径。

第一步，以构建业财一体化平台为目标，统一海外组织、人员、客户、仓库等基础数据，规范采购、销售、库存等供应链业务流程，并与国内总部统一现金、费控、总账、财务报表等财务核算规则。尹浪表示，基于用友YonSuite，日丰集团构建了以财务服务和供应链服务为核心的整体应用架构，帮助海外企业梳理了总体的业务流程。

在这样的架构下，销售人员可事先定义销售价格和客户信用，然后和客户签订合同，并根据合同执行销售订单。同时，库管人员根据销售单安排发货，财务人员根据开票情况确认收入和成本。

第二步，以系统对接为目标，实现业财深度融合。通过打通用友YonSuite与CRM系统，实现客户信息、订单数据共享；通过打通用友YonSuite与协同办公系统，实现审批流程的对接。同时，通过对接日丰集团总部财务系统，完成财务数据共享、集团合并报表等。

这在尹浪看来，是至关重要的一步。因为，这样做不仅可以实现对海外分公司的行为管控、经营风险把控、业务发展把控，同时通过与集团总部的数据对接，可将海外分公司的经营数据纳入整个企业的管理范畴，实现管理者的全球化掌控。

第三步，将以智能决策分析为目标，基于全球分公司的业务数据，完成多维度数据分析，为管理者决策提供数据支撑。

在"三步走"的指引下，日丰集团的海外业务已经步入正轨。总结开展海外业务的关键点，以及用友YonSuite为自身创造的价值，尹浪认为有以下四个方面。

1. 跨国性全球经营，第一个遇到的挑战就是语言沟通问题

日丰拥有多个海外分、子公司，这意味着需要应对不同语言、文化和时区

的挑战。这种影响出海经营效率的难题，必须快速解决。这对用友 YonSuite 来说，不算难事。多语设置和翻译工作台打破了语言壁垒，提高了协同效率。

2. 快速上线

在日丰集团，公司经营流程快、决策快，执行也快。管理，说到底就是要"快"。海外业务新系统的上线也要"快"！

从 IT 部署的角度，用友 YonSuite 交付团队以平均三周完成一家分、子公司系统上线的部署速度，帮助日丰集团实现了全球通用的系统，无须独立部署，在不同国家使用同样顺畅。在保持业务一致性的同时，有助于满足海外分、子公司的拓展规划。

3. 业务高效转动，一体化数据助力经营

出海企业在面对全球化管理的时候，需要面对各国市场财务、人力、税务、供应链管理等问题，如何才能做到运营数据统一呢？

日丰集团通过用友 YonSuite 实现海外销售数据与总部的信息连接，在业务发生的同时，使交易、订单、资金等信息同步至集团，完成数据记录及分析。

4. 管理决策风险降低 40%

既然选择了 SaaS 服务，日丰集团就选择了相信用友，相信 SaaS 的服务商。但同时也会关注数据的安全性，采取备份等措施。用友 YonSuite 平台通过对账务数据的监控，提高了销售业务数据公开的透明度，降低了决策风险。

日丰集团作为极具典型性的出海企业代表之一，在这场与用友 YonSuite 的直接对话中，正以领先的公有云服务建立标准化的业务流程，重塑运营管理，从而实现逆势海外扩张，支撑了企业站稳世界舞台的"雄心"。

为了同一个目标

企业的雄心是不断追求成长和进步的动力源泉，是保持竞争力和创新力的关键。它能够驱使企业不断创新、进步，超越自我。

正如用友，作为企业数智化的引领者，守护了日丰集团的雄心，确保了其在不断变化的全球市场中保持业务稳定和繁荣；守护了日丰集团的整体战略，致力于为其创造更加稳定和可持续的价值。

随着新基建如火如荼地开展，水管网大改造时代俨然已至。作为国内塑管行业的标杆，日丰集团已经做好准备。它将以神州大地为纸，大国工匠精神为墨，以数智化守护初心，确保城市"毛细血管"的畅通，持续为国家工程筑牢稳健根基。

更重要的是，日丰集团以硬核品质夯实品牌建设，以中国为起点，以全球为目标，将"日丰管，管用 50 年"的理念带到全球，成为全球新型管道行业的"领头羊"。

一家传统企业与一家科技型厂商，有着同样的全球化战略布局，有着同样的海外业务拓展需求。未来，日丰集团与用友之间的合作仍将延续，在世界舞台上共同展现中国企业的数智新风貌！

07 精略会计：

一群人，一辈子，一件事

【编者按】

　　精略会计能够坚守"一群人，一辈子，一件事"的发展之路，离不开从信息化到数字化再到智能化的持续进化。精略会计携手用友畅捷通，深入推动代账数智化转型，一键批量采集发票，智能生成凭证，动态监管看板，工作进度一目了然，提升代账质量与客户黏性，代账客户数增长超过八倍。

　　数智化转型已经成为代账公司智能化转型的必然趋势和发展方向，数智化成果和创新可以大大提高代账公司的效率，降低成本，提升服务质量。作为国内技术领先、管理规范、服务优质的品牌会计机构，精略会计在数智化转型道路上，从未停下脚步。

张家港市隶属于苏州市，别名沙洲，位于长江经济带和"21 世纪海上丝绸之路"交会处，以境内天然良港——张家港而得名。优越的地理位置和发达的交通网络，也为张家港市的发展奠定了坚实的基础。

从 20 世纪 90 年代全城 80 万把扫帚"扫"出首批全国卫生城市，到全国首批新时代文明实践中心建设试点城市，再到如今连续六届获评全国文明城市，"团结拼搏、负重奋进、自加压力、敢于争先"的张家港精神一直支撑着这座城市攻坚克难，一路前行。

正是这种朴实无华的精神，造就了张家港市高度发达的民营经济。2022 年，张家港实现地区生产总值 3 302.39 亿元，全市规上工业总产值 5 944 亿元，稳居全国工业百强县（市）前三。在 2023 年 7 月发布的"2023 中国百强县榜单"中，张家港位列全国第三。

扎根在张家港市的企业家都有一种与生俱来的气质：与时俱进、敢为先锋、担当作为。苏州精略会计（集团）有限公司（以下简称"精略会计"）董事长陈永圣也不例外，从 2006 年创立苏州精略财税咨询有限公司至今，陈永圣一直精准把握着公司发展的方向和节奏，并积极拥抱数智化转型浪潮，帮助企业降本增效。

尤其在生态环境、技术进步、政策改革、行业竞争等多重因素的驱动下，原来的代账公司正在加速向数智财税公司转型。在这一趋势下，精略会计秉承"一群人，一辈子，一件事"的企业精神，正在将自身打造成一家数智财税公司。

聚焦财税服务，17 年如一日

"一群人，一辈子，一件事"，当我们一群人，一辈子只做一件事的时候，那我们对这件事的理解就会比别人深刻。

——精略会计董事长陈永圣

2005 年，中国互联网逐渐步入大众化时期，Web2.0 的火种在中国互联网市场迅速形成燎原之势，博客、播客、维客、互动多媒体网络杂志、新型虚拟社区、社区搜索聚合等 Web2.0 细分应用开始成为中国互联网的时尚。

正是在那一年，会计师出身的陈永圣创立了中国会计论坛。"为了做网站规划，我在地板上睡了三个月，写满规划的图纸铺满了整间屋子。"陈永圣回忆起曾经的经历，依然感慨万千。在规划网站的时候，陈永圣对频道如何设定、如何实现盈利、如何进行相互导流等进行了推演，最后的结论是：为客户提供财税服务。

为了更好地落地财税服务，2006 年，陈永圣正式创立苏州精略财税咨询有限公司。成立之后，公司发展迅猛，2007 年成立了第一家分公司，2009 年开始涉足会计培训领域，2011 年成为张家港市的行业龙头，2013 年公司一年培训的会计学员超过 3 000 名。这样的规模，在张家港这样一个县级市实属罕见。

本着聚焦财税服务的经营方针，精略会计的业务也在不断扩展，并将代理记账、会计教育、财税软件研发等融为一体，从而为企业提供包括代理记账报税、审计验资、财税管理咨询等在内的全方位专业服务，同时还代理工商注册、高新申报及其他专项审批业务，提供在线会计考试系统、会计实操网络教育系统及教材出版服务，进行代理记账会计核算软件及行业管理系统开发等。

在陈永圣看来，尽管业务范围不断扩展，但公司的战略方向一直都在围绕"财税服务"展开。

正因如此，陈永圣也认为，相较代账这样一个竞争激烈的领域，财税服务无疑是一片"蓝海"。当前，很多在职的会计人员或者代账公司，所提供的都是基础的财务管理服务，比如记账、报税等；但在企业管理中，财税管理所涉及的面很广，比如预算管理、内部控制、成本管理、税收风险控制等。

事实上，企业对财税管理的需求是客观存在的，而且，随着政策的调整，比如金税四期的上线，企业也需要适应新的税务要求，进而催生出更多的财税管理需求。这对精略会计来说，无疑是一个机遇。

行业转型升级，数智化成为必选项

企业最核心的就是要做好一件事——服务好客户。而数智化管理可以帮助企业实现精准营销，帮助企业了解客户，从而为客户提供更精准的产品和服务。不仅如此，数智化转型也是企业提升内部经营管理的一个重要抓手。

——精略会计董事长陈永圣

对于代账行业来说，要为企业客户提供便捷高效的财税管理服务，数智化转型的重要性正日益凸显。尤其在信息技术创新发展日新月异的今天，越来越多的企业开始将业务转向数字化、智能化方向，代账行业也不例外。

在陈永圣看来，代账公司寻求数智化转型的原因主要集中在以下四个层面。

第一，提高效率。传统的代账业务主要依靠人工处理，工作效率较低且易出错；而借助数智化转型，代账公司就可以通过软件系统自动化处理一些日常工作，从而提高工作效率和精度。

第二，降低成本。对于企业来说，数智化转型意味着要采用更先进的办公方式和技术设备，这不仅可以在很大程度上降低企业的运营成本，还可以帮助企业实现远程办公，节约租金和人工成本。

第三，提升客户服务。借助数智化转型，企业可以通过建立自己的客户管理系统，为客户提供更加高效、个性化的服务；代账公司也可以更轻松地为客户提供财务报告、税务申报等各种服务，同时为客户提供更多的商务咨询服务。

第四，改进决策。数智化转型会给代账公司带来更多的数据和信息资源，这些数据和信息可以用于企业决策；代账公司还可以通过数据分析来了解客户需求、市场变化以及自身业务情况等，进而优化决策，提高企业竞争优势。

正是得益于对数智化转型的深刻理解，陈永圣早早就开始推动精略会计走上数智化转型之路。2014 年初，精略会计就上线了自己开发的 ERP 系统，将员工入职以来所做的主要工作都记录在系统中，并进行分析，了解员工的工作过程和心态变化，实现了对员工行为的分析。

成长的道路上，选对伙伴至关重要

精略会计之所以成为用友的忠实客户，不仅仅因为双方过去有合作，更主要的还是用友过硬的产品和优秀的服务。

——精略会计董事长陈永圣

从自己做网站到自己开发 ERP 软件，陈永圣似乎总能把握住时代发展的关键点，并在企业成长中付诸实施。但渐渐地，陈永圣也意识到，自己开发的 ERP 软件只是供自己的企业使用，想要走向市场，需要投入大量的资金、资源等，所以，与其大规模投资进行系统开发，不如直接对接市面上主流的软件提供商。

值得一提的是，早在 2009 年，精略会计就成为用友的软件代理商。在此之前，精略会计代理的是国内另外一家 ERP 厂商的产品，但其产品更新迭代慢，也不如用友的产品好用，精略会计最终还是选择了与用友合作。用友成立于 1988 年，一直专注于信息技术在企业与公共组织方面的应用。早在 2002 年，用友就超越国际厂商，在中国 ERP 市场的占有率连续多年位居第一。到 2014

年时，精略会计已经代理用友软件五年了。

正是这个缘故，在决定选择主流软件时，陈永圣首先想到了采用用友畅捷通易代账。

公司经营	智能财税		传统财税	
市场营销	全网引流 →	93%流量+	转介绍 →	7%流量
销售转化	专业团队 →	人均10单/月+	兼职团队 →	人均10单/年
记账报税	会计工厂 →	人均150户+	包干制 →	人均30户
增值业务	平台资源 →	600项+	自己人脉 →	60项
运营模式	品牌化、规模化		作坊式、家族式	

图 7.1　用友畅捷通易代账智能云财税产品价值

易代账可以帮助代账公司打造专门的智能财税平台，并融合了管理、记账、报税，更加高效、智能地提升了代账企业的管理水平和服务质量。

但在精略会计选用易代账之初，该产品的功能还没有像今天这么完善。由于精略会计已经深耕代账行业多年，对于行业的理解有着独到之处，而易代账又是一款专门为代账行业量身定制的产品，因此易代账在研发之初，就邀请陈永圣参与其中。精略会计成为易代账产品的第一批原型客户，甚至在某种程度上，精略会计也是易代账产品研发的参与者。"我们过去所用的软件，并不能完全满足公司业务的发展需要，如今，用友愿意按照我们的想法去开发一款软件，我们当然非常兴奋。"陈永圣强调。

正因如此，双方的合作堪称一段携手共进的佳话，既推动了精略会计的数智化转型，也见证了易代账产品的持续迭代升级。

2015 年，精略会计借助易代账，实现了由原来的代账"包干制"升级成为业财税一体的智能代账模式，解决了手工账本的电子化问题。

2016 年，精略会计率先实现代账效能的批量化处理，解决了会计基础效率问题。

2019 年，精略会计借助智能化能力让代账效率进一步提升，实现了批量做账、批量报税，解决了代账效能提升问题。

2022 年，精略会计正式进入数智化代账阶段，实现了机器代替人工、全自动批量处理，业财税一体化、数智化经营管理，并解决了代账质量、客户黏性问题，告别了价格战，实现了差异化经营。

对于彼此的合作共创，陈永圣认为，易代账产品在功能上的持续迭代升级，同样也得益于用友对像精略会计这样的原型客户需求的积极响应。"作为易代账的原型客户，我们的一线使用人员只要提出需求，用友的反馈都非常迅速，通过评估，如果这一需求属于行业通用需求，用友就会快速开发出来。"

提效三倍，数智化转型成果显著

易代账对我们的帮助十分明显，无论是在降低人工成本方面还是在提高工作效能方面都取得了很大的成效。

——精略会计董事长陈永圣

经过多年携手共创对产品精雕细刻、迭代升级，易代账于精略会计而言，早就不再只是一款好用的、性价比高的代账产品，更是其加快数智化转型升级的重要支撑。

对于代账公司而言，一款好的代账工具可以使员工的工作事半功倍，企业利润成倍增长。比如，易代账的发票采集功能可以一键批量采集发票，智能生成凭证，无须人工录入；而员工的动态监管看板，可以让每个做账会计的工作进度一目了然，让工作流程越来越标准化。除此之外，易代账还可查验真伪，并支持全电发票，在全电发票浪潮下，代账公司有了易代账，可真正实现"一套做账系统，撑起一家代账公司"。

在用友的助力下，精略会计的数智化转型升级成果显著。在精略会计刚刚使用易代账时，仅有 500 多家客户，合作三年后，客户数就增加至 4 000 多家，增长超过七倍；而在整个过程中，精略会计的员工基数并没有变，员工工作效率的提升主要来自易代账数智财税平台。"如今，在精略会计，一个会计人员通常可以服务 200 多家客户，最少也能服务 150 家客户，这在过去是无法想象的。"陈永圣强调，"通过易代账的使用，我们的效率提升了整整三倍。"

在数智化转型升级方面积累了深厚经验的陈永圣，对于如何评价数智化转型项目，有自己独特的见解。在他看来，评价数智化转型项目，应该主要从以下三个层面出发。

首先，能否提高企业效率。效率是企业生产力的重要保障，高价值的数智化转型可以让企业借助大数据分析、机器学习等，加快决策速度，提高企业生产效率。

其次，能否降低企业成本。高价值的数智化转型可以减少人力成本、优化生产流程、降低企业的运营成本等，从而提升企业竞争力。

最后，能否提高客户满意度。客户满意度的提升，可以促进企业发展壮大，而高价值的数智化转型则可以帮助企业更好地了解客户需求，优化产品设计、提高售后服务等，从而提升客户满意度，为企业发展奠定坚实的基础。易代账在精略会计的落地，完全满足了企业数智化转型的需求。

坚守初心，数智赋能

众所周知，在全国经济版图中，张家港市所处的长三角地区，是我国经济最活跃、开放程度最高、市场主体最多、企业创新能力最强的区域。

随着越来越多的企业走向规范化经营，财税服务的市场需求还将持续增长，有了数智化利器的加持，坚持"一群人，一辈子，一件事"的精略会计也有望驶向更加广阔的财税服务"蓝海"。

第二篇

---◆---

价 值

"用户之友"的本质就是为客户创造价值,做客户信赖的长期合作伙伴。这是公司各项工作的目标、出发点和归宿点,也是企业服务产业健康可持续发展的坚实根基,更是通过普及用友BIP,让数智化在更多的企业与公共组织成功的核心宗旨。

35年来,用友持续引领企业服务产业发展。用友1.0时期,通过普及财务软件,服务超过40万家企事业单位的会计电算化,成为中国最大的财务软件公司;用友2.0时期,通过普及ERP,服务超过200万家企业的信息化,成为亚太地区最大、全球前十的ERP软件提供商。当前,用友处于3.0发展新阶段,通过普及全球领先的数智商业创新平台——用友BIP,目标是服务超过千万家企业的数智化,并成为全球前三的企业云服务与软件提供商。

08 中建五局：

企业数智化"万本之源"，新十年扛鼎之"座"

【编者按】

中建五局与用友合作 15 年，在中建五局 4.0 信息化战略和全面数智商业创新的关键阶段，双方携手持续推动建筑行业的数智化转型和产业升级。通过用友 iuap 建设数字化管控运营平台，实现业务与信息技术双轮驱动，打造行业领先数字化创新应用企业，支撑五局"一最两创""三强三优"战略发展，重塑管理流程，引领转型升级，赋能企业高质量发展。

新时期，依托用友 BIP，用友结合多年在建筑行业的最佳实践，为建筑企业提供数智化应用及服务，使能企业的集团管控、业财融合、智慧建造、产业协同以及产业互联网建设，通过助力建筑企业构建全新的数智化体系，实现建筑企业的数智化转型！

在中国建筑行业历史上，中国建筑第五工程局有限公司（以下简称"中建五局"）留下了浓墨重彩的一笔。从大三线建设时期（1964—1978年）的军工基地建设，到现代化气势恢宏的福州海峡会展中心，从在崇山峻岭中开山辟路，到在楼宇林立的城市建造奇迹……中建五局完成的一个又一个宏伟工程，早已成为共和国数十载风雨征程和经济腾飞的重要里程碑。

中建五局成立于1965年，是国内建筑行业龙头企业、全球规模巨大的投资建设集团之一、位列《财富》世界500强第九的中国建筑股份有限公司旗下的全资骨干企业。

如今，"数字中国"建设如火如荼，国企作为国民经济的"顶梁柱"和"压舱石"，纷纷充当起数字经济发展"排头兵"角色，积极发挥资源优势和引领作用，带动千行百业加快数智化，迈上新台阶。其中，中建五局作为建筑行业的领先企业，以国家政策为引导，以前瞻性视野和坚定不移的战略定力为保障，携手用友共同加速企业数智化转型，努力构建建筑产业互联网平台，培育数字化新生态，在推动数字经济和实体经济深度融合的进程中谱写了新篇章！

一张蓝图绘到底

"数字五局"就是要实现企业管控集约化、资源配置高效化、业务管理精益化和生态互联协同化。它与"3411"中的决策层、运营层、作业层和产业生态一一对应。

——中建五局信息化管理部总经理文章英

相比于大多数建筑企业，中建五局的信息化起点很高。

早在 2008 年，在国家信息化发展战略和国资委加强中央企业信息化工作等政策的指引下，中建五局就启动了集团信息化建设项目，规划了整体架构和建设标准。

21 世纪的前十年，是属于 ERP 的年代。企业推进信息化建设，采购 ERP 是必选项，同时也是国产 ERP 厂商深入本土市场的时期。作为中国软件业的领军企业，用友自 2002 年超越国际厂商、占领中国 ERP 市场占有率第一宝座之后，就开启了连续多年"霸榜"的壮举。在公司发展的 2.0 时期，用友通过普及 ERP，服务了超过 200 万家企业的信息化，最终一举成为亚太地区最大、全球排名前十的 ERP 提供商。而在此之前的 1.0 时期，用友通过普及财务软件，服务超过 40 万家企事业单位的会计电算化，成为中国最大的财务软件公司。

2008 年，用友与中建五局相伴近 20 载，全面见证了中建五局从 1.0 至 4.0 的信息化建设历程，其间双方通过业务不断探索新的合作模式，支撑起了中建五局的信息化战略部署，更好地满足了数智化转型的需求。

那一年，中建五局启动了管理信息化集成系统项目，规划了整体架构和建设标准，并在用友的助力下打造了"五局管理信息化集成系统"，实现了标准表单化、表单信息化，一键开启了企业信息化从无到有的模式。

2011 年 2 月 27 日，"中建五局管理信息化集成系统"验收通过，荣获"国家住房和城乡建设部科技示范项目"称号。截至当日，该系统已覆盖全局所有子企业及在建项目，是"五局人"日常信息化办公的核心，推动了企业管理水平的提升，支撑了中建五局近十年的快速发展。

首战告捷，中建五局携手用友迈出了信息化建设的第一步。在完成信息化 1.0 阶段的基础上，中建五局乘胜追击、拾级而上，再度与用友共同顺利推进信息化 2.0 阶段的发展，并进入信息化 3.0 阶段，实现了流程驱动的转型升级。

进入 21 世纪的第二个十年，以移动互联网、云计算、大数据、人工智能、物联网和区块链为代表的新一代信息技术正在以集群、交互的方式，加速驱动着新一轮商业创新，企业数智化成为大势所趋。中国各行业龙头企业也敏锐地发现了技术创新带来的机会，纷纷开始从信息化迈向数智化，由流程驱动向数据驱动转型。在这样的背景下，中建五局全面启动了数智化转型项目，进入信息化 4.0 阶段。

相比于信息化 3.0 阶段，进入信息化 4.0 阶段仅仅是崭新征程的起点。

中建五局副总经理邓尤东曾表示，数字化升级战略作为企业"十四五"时期的六大战略之一，其愿景是"打造建筑行业领先的数字化创新应用企业"。他们将通过业务与技术的双轮驱动，推进实现生产经营与数智化同步的转型升级目标，达成重塑企业管理、引领企业变革的使命，从而推动中建五局迈向世界一流。

为了更好地让战略落地，中建五局制定了"3411"规划蓝图和完善的实施策略。

根据中建五局信息化管理部总经理文章英的描述，"3411"规划展现了高瞻远瞩的视野，为中建五局未来十年的数智化建设提供了全面的顶层规划和战略指引。它由三大升级举措、四大业务主题、一个数据中心和一个技术平台构成：

- 三大升级举措分别对应业务管理体系、数据运营体系和 IT 技术体系的升级，以使生产经营与数字化管理互融互促；
- 四大业务主题是通过推进企业战略决策、业务运营管理、项目综合管理和产业互联协同的数智化管理，提升企业经营管理水平；
- 一个数据中心代表依托生产经营数据库和知识文档库，构建一个大数据中心，提升数据化决策能力；
- 一个技术平台则表示通过集成数字技术应用，研发一个数字化技术平台，提升物联感知、数据洞察、互联协同、数智模拟四大数智化能力。

　　而在实施策略方面，中建五局坚持整体规划、分步实施、自我主导式的推进方针，统一规划、统一标准、统一建设、统一管理，最终将一张蓝图绘到底，让业务场景化、场景数字化、数据在线化和决策数据化。

图8.1　中建五局到访用友产业园（北京）

信息化4.0的本质在于协同共生、互通互联

　　我们有5万个参建方，所有的业务都需要内外协作才能完成。如果我们的系统只能服务于内部，而不能延伸到产业链的话，那么执行效率和质量都难以保证，这就会对项目，甚至企业发展产生重大影响。

　　　　　　　　　　　　　　　　　　——中建五局信息化管理部总经理文章英

　　建筑行业作为国民经济的重要支柱产业之一，其生产过程烦琐、复杂，且产业链条较长，涉及领域众多。与其他行业一样，建筑行业的信息化发展也曾历经系统大采购、系统大集成阶段，尽管在此过程中取得了一定成效，但仍留下了诸多信息孤岛和"数据烟囱"问题。随着数智化转型的深入，那些未打好基础的企业在升级改造中面临着重重挑战。

自 2017 年起，建筑行业普遍投身数智化建设的探索。尽管这是一条全新的道路，许多公司却依旧延续信息化建设模式，即初始就全面部署系统，将所有业务搬移到线上，并进行一体化集成。这种做法导致业务系统间横向联系缺乏，纵向信息传递不连贯，数据共享受阻，从而加剧了问题。然而，中建五局在这方面却表现得与众不同，得益于其深厚的实践经验，并拥有用友这样值得信赖的长期合作伙伴，中建五局在信息化建设上连续取得成功。

相比于信息化 3.0 阶段，中建五局在信息化 4.0 阶段的挑战无疑更为艰巨。作为一个涵盖整个产业链的大型集团，中建五局必须管理从项目策划、设计、施工到运维的全部环节，涉及的合作方和参建方数量庞大，且每个项目所牵涉的劳务队伍也不在少数。因此，在与产业链上下游伙伴进行合作时，信息传递的连续性至关重要。如果信息流在项目进展中出现阻滞，如采购信息不对称、售后响应不及时、垫资周期长等问题，便可能导致产业链的断点、堵点、卡点，严重时甚至可能引发整体信息化系统的全盘崩溃。

中建五局的问题解决策略植根于其系统性和方法论的指导原则。它们始终贯彻技术平台优先、业务逐步跟进的信息化建设原则，稳步推进，奠定了信息化建设的稳固基础。

在信息化早期，中建五局不急于短期成果，而是优先采纳了用友 UAP 构建了集团信息化技术底座。用友 UAP 是一个从 2001 年起逐步构建的一体化平台，包括了开发平台、集成平台、数据处理平台、云管理平台和运行平台，为软件应用全生命周期及 IT 服务管理提供全方位的产品和服务，为企业与公共组织建立起信息化的核心框架，全面支撑企业信息化的落地。

中建五局在建立起稳固的技术平台之后，便开始逐步搭建起自己的业务系统，坚持稳扎稳打的策略，从集团层面逐步向各个业务部门扩散，确保了信息化建设的坚实基础和持久发展。这种做法至今在某些业务中依然得以应用，证明了其长远的价值和有效性。

随着时间的流转，中建五局在其发展道路上不断吸纳和融合新的传统。特别是在数智化转型的关键阶段，中建五局不仅延续了其稳健的信息化建设方法，更是走在了行业前列，引入了与时俱进的、由业务驱动的数智化底座——用友 iuap 平台，这标志着该公司在数智化企业基础设施升级方面迈出了新的步伐。用友 iuap 平台虽然在名义上继承了经典的 UAP，但其在技术上却实现了飞跃，具备了与 UAP 根本性的不同，映射出中建五局对于创新和技术领先地位的坚持和追求。

为服务企业和公共组织的数智化，用友战略投资，组织了数千人的研发团队研发用友 BIP，并将其定位为数智商业的应用级基础设施、企业服务产业的共创平台。在当前所处的 3.0 发展时期，用友希望通过普及用友 BIP，服务超过千万家企业的数智化，并成为全球前三的企业数智化服务商。

用友 iuap 平台作为用友 BIP 的 PaaS 平台，是用友应用最新的云计算、大数据、人工智能、移动互联、物联网、区块链等技术打造的数智底座。用友 iuap 平台包含三中台（业务中台、数据中台、智能中台）、三平台（技术平台、低代码开发平台、连接集成平台），如今还包含业界首个企业服务大模型——YonGPT，沉淀了用友 35 年服务数百万企业客户和众多行业的应用实践，是更懂业务、技术领先、体系完整的数智化平台。

通过私有化部署和用友 iuap 平台的深入协作，中建五局成功构筑了三大中台、低代码开发平台和连接集成平台，为数智化转型奠定了坚实的技术基础。例如，通过技术平台不仅整合了现存的平台资源，还建立了一个推动生态协作的技术底座；通过业务中台让企业逐步将现有的业务应用更轻量、更易于移动操作，极大提升了用户体验；通过数据中台和数据湖技术体系，企业打破了数据孤岛的局限，确保了关键经营和管理数据的集成采集，为管理决策提供了有力支持；通过连接集成平台，企业打通了不同系统间的壁垒，实现了内部与外部数据的流通和互联。

特别值得一提的是，依托低代码开发平台，中建五局自主搭建了客户服务系统，这个系统有效地连接了企业的下游客户群体，并建立了供应商服务系统，完成了与上游供应商的电子合同、订单、结算单、出租单等业务环节的数智化协同管理。这表明中建五局不仅在内部管理上实现了高度数智化，而且在与外部商业环境的交互上，也实现了"云＋端"模式的无缝对接与整合。如今，至少有 24 000 个供应商在此平台中积极参与和应用，充分证明了该系统的广泛接受度和实际效能。

用友 iuap 平台拥有多项首创和领先技术，其中，领先的企业级多租户、多数据中心技术，可实现多云异构的"云上管理，云下运行"。在商业创新方面，中建五局基于用友 iuap 平台先进的多租户数据隔离机制，通过企业群数智化建模，构建了建筑产业互联网平台，在行业客户的需求和供给之间搭建了桥梁，实现了产业链级别的互通互联、业务协同，改善了整个产业的运营效率和质量。

企业数智化的本质终究是为业务和管理赋能，因此，从业务视角来看，应该如何衡量数智化转型的价值？文章英认为，自 2020 年起，中建五局依托用友 iuap 平台，成功打造了涵盖人力资源、财务、资金、采购、经营以及档案和知识管理的全方位数字化管理运营平台。这些系统的核心价值在于与业务流程的深度融合，帮助企业实现了战略决策科学、业务运营管理提质、项目综合管理提效、产业互联协同升级。

例如，借助用友 iuap 平台定制的智慧工地应用，中建五局实现了数智化和可视化的现场管理。该系统整合了质量、安全、劳务、视频、物联网设备、建筑信息模型等功能，能够进行现场的实时监控、预警和流程管理，这大大提升了现场作业的安全性和有序性。

此外，中建五局以用友"友空间"为基础，遵循创新、实用、兼容、高效的原则，重构企业门户体系，打造了企业管理的统一入口，实现了统一认证、统一待办、统一服务。

中建五局协同项目负责人骆小青表示，在推进数智化转型升级战略的过程中，企业不仅刷新了商业、管理和业务模式，还对业务协同、知识共享和工作效率提出了更高标准。企业门户的建设正是为了满足这些新兴需求，它是支持这一创新发展的关键枢纽。

我们将友空间定位为中建五局应用服务的第一入口，把业务集成在友空间，可以实现财务、人力、采购、营销等一系列业务的互联互通。同时，我们把友空间作为生态协作的桥梁，把云建设成果全部搭建在友空间上，打造了中建五局的数智化创新平台。

——中建五局信息化管理部总经理文章英

友空间是基于用友 iuap 平台构建的企业办公协同平台，专为大中型企业和组织量身打造，提供全面的协同办公、社交沟通、业务协作解决方案，帮助企业构建数智化的多端工作入口，提高协同办公效率，降低运营成本，赋能员工和团队，激发组织活力。基于友空间打造的中建五局门户，融合了供应商生态，如企业差旅、福利、招聘、营销等应用，实现了企业上下游产业链生态融合，支撑局、公司、项目部的管理和服务。

在那段时间，中建五局成功整合了约 9 000 个微信工作群，并构建了基于数字化管理运营平台的内部群，大幅降低了企业经营风险。友空间的移动端应用，如即时通信、移动公文处理、企业日程管理、知识文档管理、工作汇报等应用场景，已在中建五局内部得到了广泛使用。当前，基于用友友空间开发的中建五局移动门户，月活跃用户数已超 4.3 万，月访问量达 3 900 万次以上。

数智化转型的根本目的是更好地实现战略目标。中建五局利用数字化平台围绕公司战略设定风险指标，制定了风险阈值，明确了有效性标准，并构建了一套风险预控和预警模型。这些措施使得风险预警自动化，并通过移动化、可视化和数智化的方式，为中建五局及其分、子公司管理层提供科学的决策支持，大大提高了决策的科学性和精确度。

技术底座是数智化的"万本之源"

构建成熟、稳定、高效、开放的数智化技术底座，是有效推进企业信息化与数智化建设的关键！

——中建五局信息化管理部总经理文章英

2023年是"数字中国"的落地之年，也是攻坚之年。为了承担起国家赋予的使命，以连接、数据、智能为本质的数智化转型已成为国企的必答题。

作为中建系统内基础建设的"排头兵"，中建五局要走在从标准化时代步入智慧化时代的前列，沿着数字化、网络化、智能化的进程发展，走出一条由信息化企业到数字化企业，再到智慧型未来企业的数智化发展路径。在这个过程中，只有善用新技术，才能将数智化建设体系化、能力化，从而完成战略使命。

在中建五局信息化4.0建设的过程中，用友iuap就像坚如磐石的中流砥柱，发挥了极其重要的作用。该平台不仅满足了企业的管控需求，打造了互联互通的数智化体系，还具备个性化管理和快速响应的能力，能帮助企业更好地应对各类需求。虽然在部署的过程中，中建五局也曾面临过庞大的平台如何落地，如何让管理下沉等实际问题。然而，在统一的标准制定、集中建设，以及全面部署的精心策划下，中建五局逐一克服了这些挑战。

对此，文章英有三个明显的体会。

第一，数智化平台是企业实现数智化管理的基石，也是统一企业数智化架构的基石，还是企业互联互通的基石。今天，如果没有技术平台的支撑，没有用友iuap企业数智化底座，要想真正实现系统之间的集成互联是不现实的。同时，技术平台也是企业实现数据共享的基石，是保障系统性能与安全的基石，是系统快速迭代的基石。在数智化转型的浪潮中，随着对创新需求的不断增长和用户体验标准的日益提升，数据安全的重要性越发凸显，其紧迫性已远远超出以往任何时刻。

第二，数智化平台是实现产业链相关方业务在线协同的连接器。当下，没有任何一个企业可以脱离产业链而单独运行，产业链上的企业需要与上下游协同作业，才能正常开展业务。这就是连接器的价值。中建五局在物资管理的全过程中就是通过技术平台实现了与相关方业务的在线协作。同时，技术平台还是实现产业链数据实时交互的连接器，也是实现与社会化资源共享应用的连接器。只有连接了外部社会化的商业平台，才能为企业提供更丰富的资源服务。

第三，数智化平台是实现企业数智化生态的底座。真正的技术平台能统一企业数智化开发框架，能实现多个服务商之间的协同开发，进而才能孵化产业互联网平台和相关市场化的数智产品。中建五局正是基于用友 iuap 平台，为生态合作伙伴构建了全新的数智化生态。

这些事实有力地证明了用友 iuap 不可替代的价值：通过引进用友 iuap 平台，升级企业数智化底座，中建五局的平均审批时间缩短了 5～6 天，签订时间由 20 多天缩短至 7 天，业务办理效率提升了 75% 以上，每份合同节省成本约 240 元；此外，中建五局自主研发的资产盘活系统，累计在线成交金额超过22.39 亿元，较传统手段降低材料损耗 30%。

文章英认为，屹立于当今风云变幻的建筑行业市场，不论是早期的用友UAP 平台，还是全面创新升级后的用友 iuap 平台，技术平台都是中建五局发展过程中不容忽视的中坚力量，它所创造的长期价值是绝无仅有的。

拥抱"大国重器"，迈向世界一流

建筑业数字化转型是复杂的系统性工程，并非简单的数字化技术应用和线上看板的展现，而是涉及企业经营战略、组织形态、生产方式、商业模式等全方位的重构和升级。

——中建五局副总经理邓尤东

当前，许多建筑企业正处于积极探索数智化转型的阶段，面临如何高效部署与规划的实际挑战，存在战略方向不明确、缺少创新驱动等问题。

以中建五局为例，对于大型企业来说，制定一套数智化转型战略规划是关键。考虑到建筑业的多元性和复杂性，应当按照业务领域和场景划分，确立基础的规范和标准，从而推动建筑行业数智化转型的统一性与协调性发展。

同时，各业务领域和产业链上的优势企业应该充分发挥先锋引领作用，通过模块化的设计，发挥各自在不同业务、不同阶段的能力，最终通过互通的底层逻辑标准进行资源整合，实现建筑行业数智化转型由部分到整体的跨越。

此外，传统企业还要秉持开放的精神，与领先、专业的科技企业携手前行，共同依托相同的价值观和目标，密切协作，以确保需求分析和技术解决方案的完美融合。这种合作不仅能够加强数智化转型策划的能力，还有利于整个项目的全面推进。

邓尤东提到，平台选型要坚持统一标准、集成兼容、功能融合、信息共享的一体化策略，依托"云、大、物、移、智"等新一代信息技术，选择适合企业自身发展特性的技术底座，让它与生产经营管理深度融合，最终实现管理模式的创新与变革。

用友 iuap 平台作为当今数智商业时代助力企业商业创新的数智引擎，在平台技术、应用架构、业务模式、服务水准以及响应速度等方面，都处于行业前列。基于用友 iuap 平台构建的用友 BIP，以专业、领先、高客户价值的产品与服务，成为中国及全球众多行业领先企业数智化建设的首选平台，被权威媒体誉为企业数智化的"大国重器"。截至 2023 年 8 月底，已有 3.96 万家大中型企业选择用友 BIP 推进数智商业创新。

文章英强调，在激烈的产业链竞争中，企业必须具备坚实的技术支柱和持续的创新动力。在与用友近 20 年的深度合作过程中，双方建立了深厚的信任与理解，这不仅成为持续合作的坚实基础，也塑造了一个共生共赢的强大支柱。

"我们和用友的理念相似，都认同技术价值，注重技术驱动，而且双方都不计得失，多次以非营利为导向创新应用。用友团队兢兢业业，尤其在攻关时刻，没日没夜也是常态。通过联合共创模式，我们共同推进建筑行业数智化转型，为打造一个能支撑五局未来十年发展的技术底座而共同努力！"文章英说。

未来，双方将在互相尊重和信任的基础上，通过业务、技术、文化的"三轮驱动"，持续驱动业务变革和创新，创造更大范围、更高价值的生态互补！

未来十年，用友 iuap 仍需发挥它的能力和特性，帮助中建五局完成整个信息化 4.0 建设，驱动企业高质量发展。

——中建五局信息化管理部总经理文章英

在这场中建五局与"大国重器"的深度对话中，通过构建新型数智底座，中建五局不仅构筑了领先的应用架构、尖端的技术和先进的云服务，而且重构了业务流程，重塑了运营管理，赋能了组织变革，同时巩固了其行业领导地位，激发了作为国有企业的责任与使命感，成就企业走向世界一流！

09 华新丽华：

永续经营背后，坚实的"数智根基"

【编者按】

　　华新丽华携手用友，基于用友 BIP 进行全面、深度的数智化建设，涵盖 12 个云服务、32 个子领域，云端化、中台化建置，提高企业敏捷性和运营效率，加强智能化、自动化和数据分析能力，为华新丽华缔造更大的竞争优势。

　　华新丽华与用友的战略合作是面向未来的、持续性的。用友 BIP 在华新丽华烟台不锈钢公司的正式上线，实现了新一代国产软件的弯道超车。未来，用友全域中台也将在华新丽华得到全面深入的应用，确保其在新时期引领同行业的工业互联网化转型，成为传统冶金企业数智化转型的标杆。

是怎样的一次合作，能让双方最高级别领导在新冠肺炎疫情期间排除万难，面对面交流高达十次！

是怎样的一次任务，让服务方抽调了几乎所有业务领域的专家，多达上百人！

是怎样的一个平台，让客户一次性上线了"12 朵云"，覆盖了 32 个业务子领域，共计 302 个子模块！

这次合作被誉为能力起点高、建设标准高、交付质量高的"三高"数智化转型典范，也是迄今为止唯一一个需要双方边论证、边设计、边开发、边测试、边应用、边迭代的"六边形"合作。

在追求共同战略的愿景下，双方超越地域界限，结合了两岸的商业智慧，践行以心相交、彼此成就的商业观，在长达五年的紧密协作中不仅促进了双方合作实现质的飞跃，还从利益共享的伙伴关系进化到了更深层次的事业共同体。在当前企业数智化转型的大潮中，这样的壮举实属罕见。

这就是中国台湾知名企业华新丽华股份有限公司（以下简称"华新丽华"）与全球领先的数智化软件与服务商用友共创共荣的合作历程。2022 年底，用友 BIP 在华新丽华烟台轧钢厂正式上线。这一转型不仅标志着一项里程碑事件的完成，还代表了华新丽华在智能化转型道路上的坚定步伐。

在用友 BIP 的支持下，华新丽华的生产运营管理迈入了新时代。该系统的引入，使得厂内的所有设备都通过先进的工业互联网技术实现了联网管控，工厂能够实时响应订单变化、消费者需求，并有效管理其遍布全球的智能工厂设备。通过此次技术革新，华新丽华不仅提升了生产效率，也增强了市场竞争力。

在这次国产化价值替代的背后，华新丽华和用友是如何策划并实施这一宏大工程的？这不仅是一次系统的更新，更是一次企业文化与管理智慧的升华。

永续经营的挑战

新工厂要破旧出新，用全新的方式建立起来，不仅需要配备全自动化的厂房，而且要实现数据应用和数据治理，以及依靠数智化完成对经营策略的支撑。

——华新丽华资讯长潘思如

聚焦于基础材料产业的华新丽华创立于 1966 年，至今已有 57 年历史。公司以 3 000 万台币资本额生产电线电缆起步，一步步发展成为大中华区电线电缆产业领导厂商。1993 年，企业开始涉足不锈钢产业，30 年来已成为全球化的不锈钢制品大厂，生产不锈钢小钢坯 / 扁钢坯 / 钢锭、冷精棒、盘元、无缝钢管、热轧棒、精密轧延薄板等产品。

这些年，华新丽华谋求多元化、多业态融合发展，在坐拥世界级知名品牌的同时，涉足商贸地产、资源与科技等产业，成为一家名副其实的全球化企业集团。2022 年，集团年营收达 940 亿元人民币，员工总数超过 7 万人，跻身中国台湾地区前十五的大型集团企业。

秉持精益求精的信念，华新丽华在稳健中力求创新。在"诚信经营、实事求是、追求卓越、讲求科学"的企业文化之上，公司的愿景是积极运用工业4.0 之势，追求业绩持续成长；坚持节能环保及研发创新，以制造服务创造客户价值，最终成为值得客户及合作伙伴信赖的企业。

那么，如何实现工业 4.0 落地生根，打造出更加智能、互联的制造生态？如何运用新一代信息技术让企业保持基业长青，以更高的质量迈向"百年企业"的里程碑？答案始于深入探讨"永续经营"的理念。

企业永续就是要在发展中实现突破，透过创新的信息平台、工具，不断地提升数据能力，同时，透过数据应用与信息洞见力，强化企业经营韧性。但是，作为一家成立近60年的企业，面对环境变化带来的经营挑战，华新丽华感到了深深的压力。

其一，人口结构变化。当新型服务业兴起时，"好工作"的内涵被不断刷新，"进厂"处于年轻人就业选择的最末端，导致工人空心化现象愈加突出。对于华新丽华来说，这是工厂端的"少子化"。

其二，制造业低碳发展势在必行。这让以生产电缆和不锈钢为主的华新丽华遭遇了不小的挑战。企业既要加大"双碳"投入力度，又要保证生产线24小时不间断生产。

其三，新一代信息技术的发展对企业的经营方式产生了巨大的影响。企业互联网化以及集团型企业跨业态融合的信息互联和数据共享，都引发了管理者更深层次的思考。

企业数智化转型首先需要构筑独特的方法论。潘思如表示，在旧工厂中，不用说数智化，就连设备自动化的程度都很低。因此，在做IT规划时，华新丽华追求的并不是在现有基础上进行改造，而是实现"典范转移"。

"典范转移"出自美国科学史及科学哲学家托马斯·库恩于1962年出版的《科学革命的结构》一书，指一个领域里出现新的学术成果，打破了原有的假设或者法则，从而迫使人们对本学科的很多基本理论做出根本性的修正。

华新丽华向来注重信息化建设，但是整个集团涉猎的产业较多，信息化建设的程度不一，这就导致企业整体数智化转型的基石并不牢固。

2016年，恰逢华新丽华计划在山东烟台建设大型轧钢厂。当时的企业管理层认为，除满足业务需要外，通过这次新建厂的机会，要筑牢数智化转型的基石，提升企业驾驭新技术的能力。

从"彼此契合"到"互相成就"

几年前，华新丽华想要挑选一个合作伙伴，一起进行"典范转移"的应用和实践。我们运气不错，碰到了用友公司董事长王文京。

——华新丽华资讯长潘思如

在工业 4.0 带来的历史性机遇面前，华新丽华深度思考了数智化转型的必要性和必然性。在具体推进的过程中，公司一方面需要从流程上持续深入地改进，另一方面也需要借助创新技术对"数据"颗粒度进行全新定义和扩展。因此，这次数智化转型的整体思路是"BPR+IT"的重构和融合。

确定转型思路后，华新丽华对数智化转型进行了分解。公司将立足于四个标杆——钢铁行业转型发展、两岸经济合作、新旧动能转换、国际产业协作，紧盯四大中心——材料生产、产业研发、智能制造、产业集聚，打造四个平台——台商企业集聚发展平台、信息化智慧管理平台、国际化生产制造平台、开放式技术创新平台，从而实现全面的数智化转型与升级。

但是，在一个历史悠久的企业中开展这项工作，难度和挑战可想而知。

比如，每个工厂所经历的时代变迁，所具备的管理水平、作业规范和数据标准并不统一，仅在统一语言，让"书同文、车同轨"这一件事上，就花费了大量时间。又如，作为集团型企业，如何针对不同的产业发展，将多点、多业态的核心数据和管理深入融合，也是需要攻克的难题。再如，在多元化和国际化经营的架构下，如何构建前瞻性系统架构，与世界标准接轨，并保持足够的弹性和可扩展性，也是管理者需要面对的问题。

所以，在选择合作伙伴时，华新丽华结合自身的业务特征和战略定位，对服务商提出了几点要求：一是具备技术创新力，能够驾驭 AI，整合各类技术资源，帮助企业快速形成新质生产力；二是具备平台化、组件化能力，通过做强数智化底座，让上层应用便捷化获取；三是具备数据能力，以数智化的数据洞察滋养企业，使管理者和员工从中受益。

放眼全球企业服务厂商，华新丽华为什么选择用友作为长期信赖的合作伙伴?

首先，用友深刻理解和认同华新丽华的需求和使命，且具备相同的价值观和战略方向;其次，用友 BIP 采用新一代信息技术，按照云原生、元数据驱动、中台化和数用分离的架构设计，这些特性恰好满足了华新丽华对于多业态整合的需求，并为企业提供了灵活的规划与部署保证;最后，用友提供全领域数智化产品与服务，以及丰富的行业经验积累，确保了 BPR（企业流程重组）的成果能够实实在在地执行，这是其他竞争对手无法匹敌的。

然而，最为关键的是，即使在新冠肺炎疫情期间，用友也采取了各种创新方式确保双方高层的频繁沟通。有一次刮台风，用友董事长王文京还亲自飞赴台湾参加会谈，这一行动充分展现了用友对华新丽华数智化转型的高度重视。

2019 年，双方终于达成了战略共识并签订了战略合作协议，标志着华新丽华与用友的合作迈入了一个新的里程碑。

共话担当，共赴使命

在如此巨大的工程面前，鉴于我们的业务要求非常之高，应用场景也颇为复杂，我们希望服务商可以全力投入。刚好用友满足了我们的想法。在平台方面，从底层开发平台到上层应用、数据应用，用友有相应的产品布局;在态度方面，用友人从上至下都有决心、有毅力与我们共赴使命。为此，我们感到十分庆幸。

——华新丽华资讯长潘思如

2020 年，双方合作正式开始。从整体项目进度来看，华新丽华将它划分为三个阶段。

第一阶段，也就是 2019—2020 年，双方自签订协议后，就开始进行业务流程再造，解决企业标准化、全球化、多角色的管理诉求。

第二阶段，被视为砥砺前行的关键时期，双方以用友 BIP 为基础进行系统的搭建，以满足华新丽华对于 L3、L4 的需求。在这个过程中，双方克服了新冠肺炎疫情带来的挑战，于 2022 年底完成了位于烟台的智能工厂 L4 以及炼钢厂 L3 的上线。

第三阶段，在持续不断的完善系统的过程中，保证项目的稳定运行，并推广到智能工厂、轧钢厂、精整厂和冷精厂。

实际上，在战略合作协议正式签署之前，华新丽华就已经着手进行了周密的准备。公司从 BPR、财务、IT 等关键部门精选出优秀人才，形成了 14 支专业团队，会聚了近百位成员。与此同时，他们也开始积极探索用友 iuap 平台的应用，并独立开发了数个应用程序。

但不可否认的是，新冠肺炎疫情的突发无疑给项目的推进带来了巨大的挑战。从面对面的交流到项目组驻场，再到远程线上会议，乃至新厂建设进度的推迟，整个合作过程可谓跌宕起伏。

早在项目建设初期，用友提出的整体解决方案是以用友 NC Cloud 为平台，承载 12 朵领域云，帮助华新丽华建立技术底座。用友 NC Cloud 大型企业数字化平台是基于云原生架构，深度应用新一代数字技术打造的开放、互联、融合、智能的一体化云平台，支持公有云、混合云、专属云的灵活部署模式。

但是，华新丽华认为，企业数智化转型需要通过有产品力、创新力的平台去承载，上一代产品很难满足下一代应用的需要。"打造一个具备核心竞争力的世界级平台，以支撑华新丽华全球化的发展，才是我们转型的本质。"潘思如说。

"好在那时候我们的底层技术开发平台——用友 iuap 比较完善，在应用层也有比较丰富的云服务，如果再加上中台层的赋能，客户的很多业务就能全部打通了。那时候，我们决定和客户一起打造 PaaS 平台。而对于这个决定，客户的反馈也是积极的。"用友资深专家马红妮说。

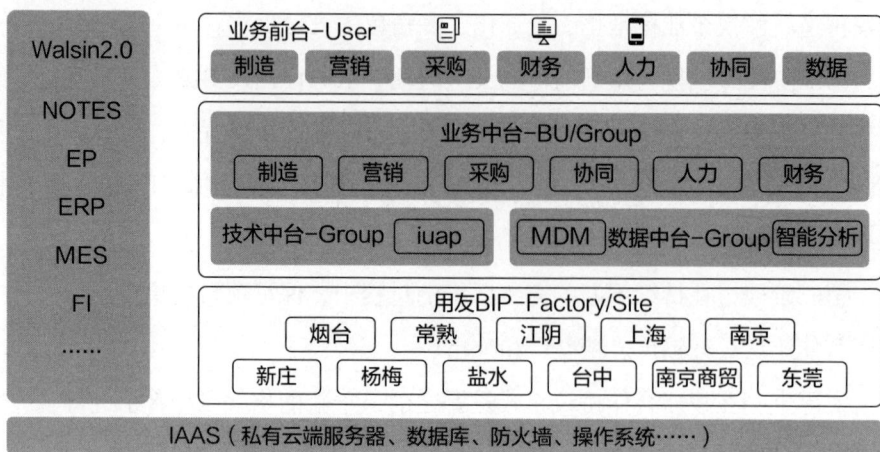

图 9.1　基于用友 iuap 的华新丽华中台体系

用友 iuap 是用友应用最新的云计算、大数据、人工智能、移动互联、物联网、区块链等技术打造的数智底座，包含三中台、三平台，沉淀了用友 35 年服务数百万企业客户和众多行业的应用实践，是更懂业务、技术领先、体系完整的数智化平台，也是用友 BIP 的 PaaS 平台。

用友研发团队一方面完善用友 BIP 的 PaaS 平台建设，另一方面结合客户实际的业务需求，让领域云同步与平台完成改造和融合。可以说，这既展现了华新丽华的战略眼光和数智化的转型步伐，也见证了用友 BIP 的发展和壮大。

为了这项"数智工程"，用友公司也投入了重大的战略资源，并投放了它们的顶级"弹药"。主管 YonBIP 产品架构师团队的副总裁刘剑锋清晰地记得，"不仅是高层间的沟通以确保项目沿预定目标稳步前进，用友在各个业务板块的产品架构师和产品经理也与华新丽华项目组保持了紧密的联系。用友公司内不少于 200 名顶尖专家汇聚一堂，全身心投入华新丽华的数字化转型项目，充分展示了他们对此次合作的重视与承诺"。

"当时，用友内部和我进行了好几轮会商。其中，跟我在一起开会的用友专家就有上百人，涉及从采购到财务、智能制造、营销共 12 大应用领域，从 L2 到 L3、L4、L5 等智能制造各个层面。"潘思如说。

从最初的规划来看，华新丽华和用友共建的主要是 L3 和 L4 系统。L3 就是制造执行系统 MES，L4 就是大家熟知的 ERP 系统。同时，从 L3 过渡到 L4，通过数据同步为工厂智能化分析做底层支撑。此外，项目组将交易系统与 ERP 进行了对接，从而完成了从前端到后端的数据一体化。

表面上看似简单，然而所涉及的应用范围、实施场景与系统模块却是错综复杂的。在最终交付时，双方不仅打造了一个企业数智化底座，而且基于用友 BIP 构建了 12 大领域、32 个子领域的云服务，共计 302 个子模块、4 216 个功能。值得骄傲的是，所有这些应用都是一体化布局、一次性上线。

用友 BIP 助力了华新丽华数智化转型的第一步。为缔造更大的全球化竞争优势，让企业永续经营，华新丽华仍在持续精进，力求以智能化、自动化的数据支撑战略决策，提高企业敏捷性和运营效率。

从"卖船"到建造"航母"

感谢用友高层的战略共识与洞见，得以让用友 BIP、研发人员、现场实施团队与华新丽华一起，共同成就阶段性成果！

——华新丽华资讯长潘思如

今天，中国的中大型企业在数智化转型的过程中，看重的是"造船"的能力，而不是获得某一艘船。用友 BIP 发展到今天，在平台技术与应用架构、领域与行业应用等各个层面都已实现突破，达到全球领先水平。

比如，物料编码对于任何制造企业而言，都是一项非常专业且艰巨的工作。它犹如大厦的地基，其初期的确立必须精准无误，一旦设立不当，后续的调整任务将变得异常艰巨。因此，这一基础被视为整个 PDM（产品数据管理）或 ERP 系统的根基。

对于华新丽华来说，这确实是一个难题。一方面，鉴于不锈钢制品复杂的原材料种类、形状、质量标准、制造工艺等特点，在制定编码时需要平衡销售、生产、核算等多种维度的考量；另一方面，以往的解决方案均具有局限性，要么是数据字段冗余过多，要么是功能不足以满足需求。

因此，为了满足客户的个性化需求，打造基于产品特征属性的物料编码技术就变得尤为重要，也就是特征体系。"针对用友 BIP 特征体系的构建，华新丽华提供了最佳的业务场景。当初，我们已经打造了基于物料编码的自定义项，但对于华新丽华来说，仍旧不够用。是把物料编码写'死'，还是打造全新的特征体系，这一度成为我们的争议焦点。但是，客户既然提供了这样一个绝佳的机会，那我们就应该不负众望。因此，华新丽华加速了用友 BIP 的落地。后来，上千个特征也支持了客户不锈钢业务的精细化运作。"刘剑锋说。

又如，在迁移工具方面，用友同样基于华新丽华复杂和严苛的测试环境，利用用友 iuap 重新打造了一整套迁移工具，包括环境迁移、开发迁移、配置迁移、档案迁移。客户只需要通过配置，就可以快速完成测试验证，并将系统完成上线。

在用友与华新丽华的合作旅程中，类似的创新举措层出不穷。例如，通过上线用友 BIP 事项会计中台，华新丽华得以构建一个更精准的财务核算系统；财资系统与业务的深度融合在行业中也成为一个引人注目的创举。

用友与华新丽华的合作，共同见证了用友 BIP 快速发展的步伐。刘剑锋说："正是由于客户的高要求、高标准，才成就了用友 BIP 的今天。用友从上到下，都坚持着一个信念和决心，就是让客户的数智化转型真正落地。当然，也是因为我们实打实地服务原型客户，才快速提升了平台在各个层面的能力，让它往前迈进了一大步。"

行业共创，产业共荣

现实摆在我们面前，当数据已成为企业的新生产力，当新一代信息技术已在企业级应用中崭露头角时，我们知道，需要开始用新平台为未来的发展打地基了，我们一定要提早行动起来。

——华新丽华资讯长潘思如

2022 年 12 月，新系统在华新丽华炼钢厂投入使用。紧随其后的是新系统在轧钢厂的上线。而到了 9 月，精整厂也顺利完成了系统迁移。2023 年，冷精厂也上线运行了新系统。虽然这一系列项目成果看似一气呵成，背后实则是对各厂区建设进程和系统应用步调的精心协调，确保了整个企业信息化升级的同步性与一体性，体现了华新丽华在面对复杂挑战时的应变能力和决策智慧。

"在整个项目建设的过程中，我们划分了好几个小的项目群，各方同步进行。这对实施团队的项目管理能力，以及用友 BIP 的产品性能、可靠性、稳定性、易实施性等都提出了更高的要求。"马红妮说。

这项任务的挑战究竟有多大？可以想见，对于华新丽华这样一家实行 7×24 小时不间断生产的企业来说，系统的稳健性是至关重要的。然而，在新工厂陆续启用的同时，旧工厂也需保持运转，在新旧系统并行的情况下，新应用的更新迭代很可能引发系统不期而至的宕机。这样的技术升级和系统过渡，无疑对稳定性的保障提出了极高的要求，同时也考验了企业在高压下应对突发情况的能力。

由于"12 朵云"同步上线，某一部分升级就会影响其他领域。因此，用友团队经常为了寻找问题点而大费周折。"这十分考验项目组的耐心和协作能力。我们在服务过程中，一定要将所有的进度对齐，所有领域云共同推进，用平台将所有应用打通。"马红妮说，"针对前两次升级过程中出现的问题，我们要加大系统上线前的测试力度，通过 AI 测试机器人的引入，务必高质量、高效率地完成这项工作。"

用友项目组秉持"用户之友"的核心价值已经与华新丽华团队形成默契，接下来要逐步拓展到使用端，进一步深化信任关系。

筑强"数智根基"，铸就长青基业

用友的技术研发能力，以及用友 BIP 的持续创新，是真的没有令我们失望。未来，我们非常开心能够和用友一起去拥抱新技术。

——华新丽华资讯长潘思如

作为世界级的电线电缆领导厂商和不锈钢制品大厂，华新丽华在数智化转型征途中，从最初选择国际厂商转而投向用友，这一转变为其变革带来了深远的价值。在全球化浪潮推动下，众多企业都迎来了商业创新的思潮，寻求在核心价值提升上的突破。

经过五年的紧密合作，用友对华新丽华产生了怎样的影响？潘思如提到，在项目推进的每个关键节点，用友都展现出了其独特且关键的价值。其不仅是技术供应商，更是在策略、执行和创新层面的伙伴，确保了华新丽华在复杂的转型路上稳步前行。

在项目启动之际，华新丽华不仅感受到了用友对此次合作的战略重视，更体会到了用友对华新丽华战略愿景的深刻认同与鼓舞。在蓝图设计阶段，用友聚集产品经理团队深度参与到华新丽华的业务流程重构中，确保了新一代系统的彻底优化与升级；而在系统构建的攻坚阶段，双方基于深厚的信赖，共同攻克难关，成功打造了华新丽华的全新数智化平台。

现在，回望起初的数智化转型愿景——顺应时代潮流的自我调整，它被赋予了更为丰富的内涵。所谓"顺应大势"，意味着工业 4.0 正在重塑全球企业的价值链和经营模式，这需要企业不仅具备虚实融合及高度数智化的生成制造能力，还必须利用大数据、物联网等先进技术彻底改造研发、生产、销售和服务等整个价值链，以全局的视角进行前瞻性规划。

所谓"自我调整"，即构建一个灵活、便捷、安全的数智化平台，集成所有应用，实现信息的透明共享和高效协作，每一个细节都凝结着持续运营的知识管理，并通过持续的数据优化，致力于实现智慧生产的最高标准。

华新丽华的数智化转型已走过了初级阶段，正向中级阶段进发。现在，企业已经具备加速清理管道工程的能力，接下来将加快数智化的步伐，利用数据创造更高的价值。

华新丽华牢固的"数智根基"正引领着传统冶金行业在新时代迎接新挑战。未来，华新丽华期待与用友携手从云原生迈向 AI 原生时代，借助智能化能力优化业务流程，使技术落地服务于每位员工，全面实现数智化转型的愿景。

10　新天山水泥：

水泥"航母"何以创造全球典范

【编者按】

　　新天山水泥携手用友，共同搭建业财一体化管控平台，推进新天山体系建设，管理整合，采用总部集中管控、区域协同运营、工厂精益生产的三级多维管理模式，助力组织精简化、管理精细化、经营精益化，打造了中国乃至世界的水泥行业数智化转型价值典范。

　　中国建材水泥业务重组整合的成功，得益于管理的信息化，得益于与用友这14年的合作。传统制造企业沿着数字化、智能化转型的道路，坚定地走下去，一定会打造行业标准，输出管理的盈利能力、创新能力，最终成为世界一流企业。

2008年底，国家战略性地提出了"四万亿"基建计划，不仅助推了经济的快速恢复，更让基础设施建设实现了跃升，进而催生了制造业，尤其是钢铁、水泥等基础材料行业的繁荣发展。

在被誉为"大基建时代"的黄金岁月里，为了推进水泥产业的整体发展，国企扛起产业发展大旗，不仅通过加快结构重组，确保了行业的稳定与利益，更通过加大创新力度，增强了整体的市场竞争力。

新疆天山水泥股份有限公司（以下简称"新天山水泥"）作为水泥行业的一艘"航母"，积极响应国家号召，打破传统的管理模式和经营方式，以科技创新带动企业高质量发展，出色地完成了国家赋予它的使命。

14年来，用友始终如一地支持与推动新天山水泥的信息化与数智化发展，帮助企业实现全方位的管理整合，确保业务的稳健推进。在用友的加持下，这艘千亿级水泥"航母"加速了它的航行步伐，乘风破浪，在数智化浪潮中扬帆远航。

不仅要大，还要更强

多年来，公司的经营和管理取得了阶段性的成果。然而，规模达到全球第一还不行，企业要对自身的发展严格要求，不仅技术装备要国际一流，绿色低碳可持续发展要全球领先，自身的管理体系和信息化、数智化管理系统也要世界一流。只有这样才能全面提升新天山水泥的成本竞争力和抗风险能力。

——新天山水泥原党委书记、副董事长肖家祥新天山水泥是中国建材集团旗下承担基础建材业务运营和发展的核心板块公司。

作为全球最大的建材制造商、世界领先的新材料开发商和综合服务商，中国建材从1998年开始发展水泥业务，于2007年在上海成立了南方水泥，一举拉开了水泥行业大规模兼并重组的序幕。2021年，集团整合了旗下八大水泥板块公司，包括南方水泥、西南水泥、中联水泥等，重组设立了专业化公司——新天山水泥。

新天山水泥现有水泥生产线322条，建立了26家国家级绿色工厂，坐拥国家级绿色矿山38座，打造了一批世界领先的第二代新型干法水泥标杆线等。公司水泥产能已达5.2亿吨，商品混凝土产能4.7亿立方米，骨料产能1.9亿吨，法人单位达540家，工厂数量超过800家，员工达7.1万人，成为名副其实的全球业务规模最大、产业链较为完整、全国性布局的水泥公司。

与国内众多传统产业一样，产能过剩是水泥行业长期以来一直存在的问题，且情况愈演愈烈。在中国建材发展水泥业务的近20年时间里，新天山水泥所面临的挑战也正是众多传统企业发展历程的一个缩影。

第一，如何应对产能全面过剩问题？跨区域或区域龙头之间的并购重组成为一项关键策略。新天山水泥采取了同样的方法，通过联合重组，提高行业集中度，限制新增且淘汰落后产能，并积极推进行业生态化建设。

第二，如何提高竞争力？在这方面，将800余家工厂有效整合，"向管理要效益"成为新天山水泥实现高效率、低成本的关键。公司创立了"三精管理"体系，即组织的精简化、经营的精益化和管理的精细化，有效解决了组织效率、生产成本、经营效益的问题。

第三，如何实现可持续发展？通过不断地优化升级，包括布局优化、资产优化、组织优化、系统优化，实现产品的高端化，生产的智能化、绿色化，让新天山水泥健康且持续发展。

那么，作为传统制造企业，在信息化建设、数智化转型的过程中，新天山水泥有哪些破局性的思考和探索，又是如何协同用友，坚定地迈向央企高质量发展之路，从做大、做强到做优的呢？

信息化时代的"大集中"

提到新天山水泥的信息化建设历程，可以追溯到 14 年前。多年来，新天山水泥与用友共同走过了两段重要的历程。从早年的用友 NC57 到用友 NC6、用友 NC Cloud，帮助新天山水泥实现了联合重组、管理整合和优化升级，完成了业财一体化 1.0 和 2.0 建设。而在今天，用友 BIP 已成为新天山水泥数智化转型的坚实基础，不但帮助企业实现了以业财一体化 3.0 为核心的"1+N"应用布局，而且成为企业实现全球化、创建世界一流的商业创新核心平台。

2009 年，南方水泥在成立两年后着手寻求信息化管理手段，并选择了用友 NC 作为起点，初步建立了企业账务和库存管理体系，实现了二至三级的管控科目分类。

2011 年，南方水泥产能规模超过了 1.4 亿立方米，下属成员企业达 150 家。随着规模的快速扩张，企业总资产周转率低、利用率低的问题日益严重。加之，传统"联合重组"的模式，让企业对于资产数量与价值缺乏精确掌控。在资产管理方面，由于内控机制不完善，总部与子公司之间权责界限模糊，进而造成管理的混乱。因此，南方水泥迫切寻求一套完整的信息化管理解决方案，旨在加强资产信息化管理和业务运营效率。

在此背景下，在用友的帮助下，南方水泥针对其独特的资产管理需求，构筑了基于用友 NC 的全面解决方案，实施了"一个平台、二层部署、五大集中、全面深化"的全套解决方案，实现了资产信息标准化、可视化，资产管理集中化，以及实物管理与财务价值管理的统一化。这标志着企业业财一体化 1.0 阶段的开启。

根据用友实施顾问的回忆，当时集团内各家水泥厂的管理水平参差不齐，从民企到国企，对管理的理解和实践五花八门，方案设计阶段遭遇了诸多挑战。集体讨论时，各方观点众多，难以达成共识。于是，项目团队顾问只得与各家企业、各个部门进行逐一的沟通和需求分析，经过慎重的权衡，最终确立了解决方案。

而在实施推广的过程中，项目组同样面临着重重挑战。在那几年里，随着南方水泥持续并购，企业数量从初期的 150 家逐步增加至 300 多家，集团在人力资源、供应链和财务管理上承受着巨大压力。特别是在财务管理的模式和流程统一上，耗时三四年才最终完成。

在南方水泥，一个 20 多人的内部顾问团队与用友实施团队携手合作，克服重重难关，有序推动项目实施，最终完成了用友 NC6 在整个公司的部署。

到了 2015 年，南方水泥的业财一体化 1.0 建设目标基本实现，为公司未来的精细化管理奠定了坚实的基础。接着，双方共同进入了业财一体化 2.0 阶段，即根据南方水泥的业务需求，进行个性化的开发和系统集成。

在这一阶段，双方在用友 NC 的基础上完成了许多定制开发工作，例如成本管理、报表管理等，深入挖掘系统潜能，满足不断演变的业务需求。在众多成果中，"南方水泥采购云"项目尤为突出。

2017 年，为应对传统采购过程中的诸多挑战，南方水泥再次与用友合作，启动了数字化采购平台建设。南方水泥的数字化采购平台基于用友采购云，不仅规范了内部采购流程，还整合了供应商平台、运输管理系统和采购系统，实现了从订单确认到开票的全流程一体化、可视化管理。同时，通过实施统一的供应商准入管理，用友帮助企业实现了超过 96% 的采购流程在线化，大幅降低了采购成本。

在用友采购云的支持下，南方水泥的年度采购金额达到了 120 亿元，实现了同品类物资的采购成本环比下降 4%。通过联合采购和存储，还在全公司 200 多个工厂间共享了 10 多亿元的呆滞物资，节约了上亿元的成本。通过集中采购议价的工厂共用件节约了超过 2 000 万元的成本，而供应链协同则提升了 10% 的采购业务效率。

在这次成功的云端实践后，南方水泥加快了企业转型的步伐，不仅在财务共享、费用控制管理、预算管理等领域进行了试点建设，完善了信息化架构，同时也为企业的数字化转型积累了宝贵经验。

数智化时代的"一号工程"

近年来，大型国企纷纷积极推进企业数智化转型，从数智化经营、数智化管理到数智化商业，不一而足。虽然数智化为企业带来了高效智能、全面风控的管理，但是全新应用场景下的广泛连接、协同共享、智能应用，对支撑平台也提出了更高的要求。

在此背景下，新天山水泥管理层提出，升级业财一体化 2.0 系统，建立企业业财一体化 3.0 系统。言外之意，就是要全面启动企业数智化转型。

实际上，自重组伊始，新天山水泥便确立了数智化转型战略。在中国建材集团"数字引领材料创造"的愿景和"1254"数字化蓝图下，公司锚定"产业数字化转型"与"数字价值化提升"两大方向，规划出最重要的基础管理工程，即"一号工程"。

所谓"一号工程"，就是在原有"三精管理"的基础上，完成新天山水泥管理体系的流程化、标准化、数智化升级，形成"三精管理 2.0"，从而实现管理的数智化。同时，企业同步推进工厂的智能化建设，通过产业数智化，全面构建数智化转型的整体蓝图。

2022 年 8 月，新天山水泥"一号工程"启动并计划用三年时间完成整个工程建设。结合过往领先实践，用友助力新天山水泥通过建立多个应用平台，全面提升业务效率；通过建立数据中台，提升数据洞察力，赋能运营管理；通过建设基础技术平台，构建混合多云、开放、安全的技术底座，同时构建全级次的数智化治理体系，保障企业健康良性发展。

这得到了新天山水泥管理者的一致肯定。他们认为，平台化架构是此次"一号工程"对 IT 提出的基本要求。在分阶段实施的过程中，公司将整体打造七个平台，实现总部与区域的 IT 架构一体化，全面赋能新天山水泥各层级的运营和管理活动。其中，业财一体化平台与生产服务平台成为公司数智化转型的关键支柱。

为此，新天山水泥再度携手用友将用友 NC Cloud 一体化平台升级至用友 BIP，并延伸应用边界，通过对所有系统的大集成，战略性地构建了新天山水泥统一的数智化管控平台，实现了产业链协同、流程融会贯通和数据无缝衔接。

数智化转型，每一刻都在冲刺

基于用友 BIP 和建材行业全球领先的地位，在新天山水泥"数智企业"建设全生命周期内，双方深化合作、共赢发展、共享成果。

——新天山水泥原党委书记、副董事长肖家祥

数智化转型对于任何一家企业来说，都是一场大考。根据规划，新天山水泥的数智化管控平台要在三个月内建成，并完成推广上线。这一次，任务更加艰巨。因为，在应用范围上，涉及了 800 多家工厂的整体部署；从功能上，不仅要完全承接业财一体化 2.0 的所有功能，还要利用全新平台创造更多的价值。

为保证任务顺利完成，即使在新冠肺炎疫情肆虐期间，双方的合作也并未懈怠。在沟通方案的过程中，新天山水泥数字化部相关领导、主要部门负责人、咨询专家、用友的专家团队，各成员企业的总经理、财务总监、内部顾问等 300 余人组成了大规模团队，通过现场和视频方式交流沟通，对每一个细节进行了激烈的研讨，对方案进行了充分论证。

"之所以这样缜密，是因为这不仅涉及集团公司，也涉及新天山水泥旗下800多家工厂。这么庞大的工程，牵一发而动全身。不做则已，做就要做成功。"用友的项目经理说。

对于新天山水泥项目的艰苦性，用友实施团队早已做好准备。但是，令他们没有想到的是，实际情况比预想的还要艰苦。2023年3月，用友的实施团队在新天山水泥江西项目中，就遭遇到一次"险情"。但是，他们仍不负使命，打赢了一场漂亮的"上线攻坚战"。

在紧迫的50天时间里，用友实施团队肩负着江西水泥52家成员企业系统上线的重大任务。这一挑战不仅时间紧迫而且任务艰巨，全过程限两个月之内完成，团队需与众多供应商联合攻克难题。为此，他们迅速成立了供应商协作群，集中智慧和力量，高效解决了"堰塞湖"式的问题。在遇到瓶颈问题时，团队制定了快速响应机制，保证在两小时内提出解决方案，并进行了精确的问题分类，形成了跟踪反馈系统。

尽管准备周密，但在实施伊始，项目组还是细致地进行了上线前的全方位准备，包括工作方法和方案的统一，以及相关培训和文档的共享。对每家成员企业的现场切换都有详尽的计划，并可根据实际情况灵活调整，以防不测。

用友实施经理表示："我们对这一挑战满怀信心，因为我们的准备十分充分，无论是数据、业务还是客户培训与测试，都经过了一个月的精心部署，然后在短短的一个月内完成了平稳切换。任何突发问题，我们都能够在两小时内提供解决方案，哪怕是在深夜。"

通过团队的共同努力和不懈坚持，项目组最终提前完成了系统的平稳过渡。在此期间，新天山水泥在新平台上实现了自动化成本结算和资料整合，并且一键生成了会计凭证。新天山水泥对这一令人振奋的成就也表示了高度认可。

坚定做"三精管理"的拥护者

我们坚信，在取得了信息化、数智化的成果后，传统制造业只要沿着数字化、智能化转型的道路坚定地走下去，一定会打造行业标准，输出管理的盈利能力、创新能力，最终成为世界一流的企业。

——新天山水泥原党委书记、副董事长肖家祥

多年来，新天山水泥一直推崇"三精管理"，建立完善的"经营效益、运营管控、ESG 管理"对标体系，向着打造具有中国特色的世界一流企业目标稳步迈进。

在新天山水泥与用友长达 14 年的合作过程中，让"三精管理"落地一直是双方不断追求的目标。现在，新天山水泥借助用友 BIP 实现了五大应用价值。

第一，企业从业财一体化 2.0 平稳升迁到 3.0，加强了总部及区域组织的联动与运营管控，打造了统一、标准、高效、规范的业务处理流程。第二，推动企业重塑业财边界、管财边界、人机协同边界，重塑"业财管资税档"全场景数智化，实现管理与生产数智化协同发展。第三，提升应用体验，特别是无纸化及电子化办公。第四，在财务方面，通过银企直联、RPA（机器人流程自动化）等，实现所有账户信息实时掌握和资金的集约化管理，为司库管理体系建设奠定基础；通过业、财、资深度融合，实现收付结算、凭证、电子档案的自动化管理，以及财务核算的自动化，业财进一步深度融合；推动业、财、管角色转变及职能优化。第五，实现了业务数智化和数智业务化，为企业经营和管理决策提供数据支持。

在应用价值方面，新天山水泥单笔收款从 360 秒缩短到秒收，单笔付款从 10 分钟减少至 2 分钟，资金归集从 120 笔提升到 600 笔，开票时长从原来的 6 人 5 天减少至 2 人 1 天，资金集中度从 70% 提升至 99%，银行账户也相应减

少了几十个。

肖家祥表示，这一点点成绩还不足为道。未来，新天山水泥将继续携手用友，让"三精管理2.0"更好地落地，在致力于解决传统制造业困境，水泥商品混凝土骨料行业的业财一体化、管理一体化等方面不断深化合作。

风雨同舟，成就典范

中国建材水泥业务重组整合的成功，得益于管理的信息化，得益于与用友这14年的合作。新天山水泥将与用友紧密合作，共创中国乃至全球传统水泥行业数智化转型的价值典范！

——新天山水泥原党委书记、副董事长肖家祥

14年间，新天山水泥与用友风雨同舟，共同见证了双方的成长。

"要知道，新天山水泥是完全通过联合重组建立起来的。对于这项全球最大规模的水泥业务来说，重组整合的成功得益于管理的信息化，得益于用友与中国建材水泥业务的合作。"肖家祥表示，"用友作为公司的战略合作伙伴，双方通过合作共赢，全面提升了新天山水泥业财一体化管理水平，并以此为基础，打造了管理的数智化和产业的数智化。"

当下，面对国内水泥产能过剩、需求逐渐饱和等现实问题，水泥企业最终还是要走上"走出去"的道路。作为产业龙头，新天山水泥响应国家号召，正沿着"一带一路"出海开拓新的发展空间，构建国内国际相互促进的产业链双循环模式。因此，只有打造标准管理体系和数智化平台，建立全球共享服务中心，才能确保国际化的管控和运营。

在新需求的指引下，用友将持续以"一切基于创造客户价值"为宗旨，打通内部平台、行业、领域、实施、客开、生态等专家资源，积极升级双方的长期战略合作模式，从原来的各分支机构分别与新天山水泥各地企业对接，升级

为"总对总"的模式，即由用友流程制造事业部统一与新天山水泥总部对接。这样一来，用友将更好地直面企业需求，统一管理，基于同一服务界面为企业输出更好的解决方案和产品。

正如肖家祥所言，新天山水泥将按照国资委对标世界一流评价指标体系和新天山水泥创建世界一流企业的总体要求，基于用友 BIP 和建材行业的全球领先实践，在新天山水泥"数智企业"建设全生命周期内，与用友深化合作、共赢发展、共享成果。

11 旭阳集团：

乘上"数智"云帆，共探能源新征程

【编者按】

旭阳集团与用友已合作20多年，建立了稳定、良好的战略及多层面业务合作。双方合作以来，旭阳集团联合用友打造了焦化行业最佳应用 ERP 解决方案，覆盖市场分析管理系统、销售管理系统、物流管理系统、供应链管理系统、财务管理系统以及数据分析系统，实现了价格趋势判断、资源在途全程监控、库存调整、配煤优化等。

双方的协作不仅是企业数智化转型的行业标杆，也是中企出海、共建"一带一路"、全球化战略的生动体现，为中国企业在国际市场上的影响力和竞争力提供了有力支持，共同塑造了数字化合作的新纪元。

在大众的脑海中，旭阳集团可能是一个比较陌生的名字。其实，它一直是"独立焦化工"的代名词，长期稳坐国内该市场的"头把交椅"。成立于1995年的它，从一家公司创立向多家公司发展，从单一公司向集团公司跨越，事业版图从一地到多地，再到全国，继发海外，28载风雨兼程，一路发展成焦炭、化工、新材料、新能源等业务板块协同发展的大型能源化工企业集团。

虽然早在2009年，就已跨入中国企业500强、中国化工企业50强之列，但旭阳集团的愿景是成为"世界领先的能源化工公司"。围绕着这一战略目标，旭阳集团持续延伸产业链布局，完成了从基础原料到基础化工，再到精细化工、高端化工的成功蜕变。

如今的旭阳集团集各种头衔于一身，除了是全球最大的独立焦炭生产商及供应商，还是全球最大的焦化粗苯加工商、全球第二大高温煤焦油加工商、全球第二大己内酰胺生产商、中国最大的工业萘制苯酐生产商、中国最大的焦炉煤气制甲醇生产商、中国京津冀地区最大的氢气供应商。

然而，在传统能源化工行业的发展历程中，产能过剩、产品同质化、价格战、劳动力成本上升等痛点一直困扰着企业，也成为产业发展的掣肘。作为行业领先者的旭阳集团，不可避免地遭遇了发展瓶颈。面对这一挑战，企业深谙持续健康发展之道。转型升级在即，把希望寄托于技术革新——自动化、信息化、数字化、智能化成了探索进步的宝贵钥匙。对旭阳集团来说，这些不仅是趋势，更是必由之路，是振兴和赋能企业，开启未来的可持续发展之门。

由点到线、由线到面：信息化引领全面竞争力提升

信息化已成为旭阳人的习惯，用信息化思维去改善企业管理和优化流程，是旭阳的文化。

——旭阳集团董事长杨雪岗

完全自动化、彻底自动化，完全信息化、彻底信息化，这是旭阳集团长期坚持不懈的追求。在很早之前，旭阳集团就将信息化与自动化建设确定为企业的"一把手工程"，并为此投资了 8 亿元。

在旭阳集团的信息化发展历程中，用友为其镌刻下了不可磨灭的足迹。从 ERP 时代跨越到 BIP 时代，双方的合作已走过风雨同舟的 24 年。其间，旭阳集团从河北一个小的能源化工企业发展为行业龙头，而用友也从亚太地区最大、全球前十的 ERP 软件提供商，发展为全球领先的企业云服务与软件提供商。

图 11.1　用友与旭阳集团战略签约

信息化成为旭阳集团不断做强做大的基础，而旭阳集团信息化建设的每个阶段，都有用友的产品、服务与解决方案提供的支撑。

旭阳集团的信息化建设大致经历了三个阶段。早在 2007 年之前，企业建立了单一财务系统，也就是借助用友 U8，满足了财务核算的基本需求。用友 U8 是用友面向成长型企业所打造的一款企业管理软件，以集成的信息管理为基础，以规范企业经营、改善经营成果为目标，全面集成多个领域应用，帮助企业实现从日常运营、人力资源管理到办公事务处理的精细化管理，其中用友 U8 财务会计提供报表、固定资产、总账等服务，助力企事业单位解决财务核算问题，提高工作与管理效率。

从 2008 年开始，为了保障集团一体化发展和对复杂业务的支撑，旭阳集团又先后上线了用友 NC、MES、质量监控、供应链等系统，并以 ERP 为核心实现了整体集成。用友 NC 是用友面向集团企业打造的世界级高端管理软件，是根据"全球化集团管控、行业化解决方案、全程化电子商务、平台化应用集成"的管理业务理念设计而成的。

在长达 8 年的时间里，旭阳集团的系统建设层层深入，从最初的单体应用逐步发展为集团型应用，也因此被称为信息化 2.0 阶段。

据当时项目组的一位成员回忆，2009 年的某一天，旭阳集团杨雪岗董事长携高管团队在用友产业园与王文京董事长第一次会晤。一上午的时间里，双方进行了富有成果的交流，最终敲定了一份价值 618 万元的合作协议。此举不仅是双方合作崭新的开始，更是旭阳集团与用友携手并进、共创未来的一个新起点。

当时，项目组以用友 NC 为基础，以资金管理为切入点，在邢台化工厂和定州园区开始部署系统。在系统上线的过程中，尽管双方历经分歧与挑战，却始终坚守着一个共同的信念——确保旭阳集团信息化的成功转型。随着对信息化平台认识的深化，旭阳集团与用友的合作愈加紧密和默契。

直到 2016 年，旭阳集团的业务版图再次扩张。与此同时，企业对于信息化的要求也越来越高。为了更好地支撑集团管控和各板块的业务，企业信息化平台需要进一步更迭。于是，旭阳集团再次与用友携手，共同决策实施用友NC65升级计划。

这是一次比较大版本的升级，也标志着旭阳集团的信息化建设进入3.0阶段。在这个关键时期，企业着眼于智能制造，势必要让研发、生产、产品、渠道、销售、客户管理等一整条业务链发生剧变！这次重大的系统升级，不仅标志着旭阳集团信息化建设步入3.0新纪元，也是企业转向智能制造的决策时刻。此举预示着企业将全面激活研发、生产、产品、渠道、销售及客户管理等业务链，迎接全方位的革新与飞跃。

为实现上述目标，旭阳集团与用友开展了精诚合作：第一，巩固信息化基础根基，对既有的业务流程进行全面的梳理与优化，确保每一环节都能稳固而高效地运作，同时建立了以用友NC为核心的运营体系，支撑全员移动应用，帮助企业高效管理；第二，双方打造了数据标准、数据治理体系，并通过生产端、营销端以及上下游生态链获取各类数据，从客户和产品洞察倒逼企业转型；第三，依托用友NC65，旭阳集团将触角延伸到产业链，不仅整合了上下游资源，实现了产业链协同，而且搭建了自有的电商平台。另外，用友NC65的多组织应用架构和动态建模能力，帮助旭阳集团打造了国际化的扩张能力，强有力地支撑了多组织业务协同，让旭阳集团更便捷地走向国际舞台。

在这短短的三年内，旭阳集团与用友互信，深度展开合作。通过不断的努力，旭阳集团的整体智能化水平有了明显的提升，基本实现了运营智能、制造智能和设备智能。

旭阳集团在运营方面完成了从生产主导向客户主导转变；在制造方面，完成了从经验向数据转变，从职能向流程转变，从行政向专业技术转变；在设备方面，实现了从人工控制向自动化控制转变。除此之外，在产业链智能与指挥智能层面，旭阳集团构建了综合智能协同指挥中心，实现了内外联动、全面协同；在产业链物流智能层面，借助互联网与外部资源，企业还打造了智慧物流系统。

那一段时间，企业的信息化和自动化建设成效随处可见。旭阳集团所有装置自控率达到83.02%，特别是化工装置的自控率达到100%。依托96 000个数据采集点、41 283块物料能源计量表、2 970个联锁、2 304套自控回路、333套DCS/PLC等，车间甚至不需要任何一个员工，就可以完成生产调度，所有的物料、配方、工艺参数全部被呈现在控制室的屏幕上，把实时生产情况反馈给相关人员。

对比2010年的数据可以惊喜地发现，用友NC65平台为旭阳集团创造了巨大的价值。在成本方面，焦炭、甲醇、焦油、苯加氢制造成本分别下降了15.5%、21.5%、31.8%、33.7%；在人员优化方面，人均劳效提升了163%，产量翻番但总体人数却减少了35.4%；在运营效率方面，汽车过磅效率提升了450%，车辆在厂内的滞留时间由5小时降为2小时；在集团管控方面，企业整体管理费用下降了15.6%，达到近亿元；在财务方面，企业实现47种报表自动完成，结账时间从7天缩短到2天。同时，企业建立了标准化的数据体系，审批流程更加规范、高效，基本实现日审日清。

直到旭阳集团"五五"规划末期，也就是2020年，双方合作基本达成了初定目标，完成了智能制造建设，达到了从L1生产过程控制层到L5决策分析层的56套系统建设要求。改变了企业的运营方式和决策方式，为实现企业竞争力由点到线、由线到面的全面提升提供了支持。

数智化突破：破解企业发展瓶颈，实现全面提效

每3～5年，企业发展都会遭遇一个瓶颈。如何调整策略，确保从集团到分公司都能提升管理和运营效率，除了以技术产品作为载体，数智化是最核心的能力。

——旭阳集团董事长杨雪岗

近些年在"双碳"政策影响下，各个焦化企业效益下滑，整个行业竞争加

剧，企业转型压力也逐渐增大。旭阳集团深知，在数字经济时代，仅依靠传统方式是行不通的。"数智化"正如一只无形之手，正牵引着企业走向高质量发展。

在这样的背景下，结合旭阳集团"六五"规划，也就是从 2021 年到 2025 年的发展规划，企业将聚焦"创新＋服务＋数字＋平台"四大方向，按照"1+7+N 数字化战略"，搭建一个"数智化创新平台"，构建七个"数智化业务领域"，打造 N 个"数智化应用"，从而深化提升全集团数智化水平。

"突破瓶颈最好的方式就是不断地进化和创新。现在，旭阳集团已到了向数字化、智能化转型的关键时期。我们将从中国经济发展的实际出发，以商业模式创新、体制机制创新、科技产品创新为引擎，加速企业发展向数字化、智能化转型，最终打造高端化工、高新技术产业发展的内生动力。"杨雪岗董事长提出了更高的战略目标。

为了更好地让战略落地，这一次，旭阳集团请来了专业团队进行顶层规划，计划用三年时间建设完成智能总部、智慧园区和智能工厂。同时，他们将结合"新产品、新生态、新制造、新服务"的建设目标，打造统一的数智化支撑体系，构建服务于集团内外的底层数智基础设施。

谈及双方合作的具体落地细节，曾任旭阳集团 CIO 的庞宏说，他们将在"横向贯通"和"纵向集成"上同时施力，开拓新的利润空间。所谓横向贯通，就是通过建立数智化平台，打通企业与客户、销售、运输、生产、配煤、存储和供应商之间的整条路径，贯穿煤、焦、铁行业整体供应链，提升整个资源产业的抗风险能力；而纵向集成，就是从生产安全、原料成本、经营效率等方面入手，从底层数据、底层设备穿透至顶层，实现数字化全流程贯通。

为了让数智化转型顺利开展，组织保障是至关重要的。为此，旭阳集团构建了从集团总工程师及集团生产技术部，到各园区工程技术研究中心，再到各生产公司生产技术部的三级研发体系，打造全面创新、全员创新、协同创新和系统创新的格局。在研发方式上，它们将遵循创意挖掘、小试、中试到工程设计、产业化运作的原则，形成完整闭环。这样既可以保持创新的原创性、独特性，还可以提升集团的核心竞争力。

有了顶层的设计、精心的筹备、周密的部署以及组织的保障，旭阳集团在数智化建设上不断突破，最终，它们以用友 BIP 的 PaaS 平台——用友 iuap 为原型构建了企业数智化底座，并与业务深度融合，将原有的包括 ERP、HRM、MES 等核心系统在内的 100 多个系统逐步迁移上来。

同时，为了提升"双效"，提高工厂的管控能力和安全性，企业大力推进智能工厂建设，同样以用友 iuap 平台为基础，打造了焦化行业的第一个智能工厂，覆盖企业从原料煤运输、备煤、炼焦等五大环节的 22 个应用场景，创造了"互联网+协同制造"的数字化、智能化制造体系。

2017 年，用友研发出面向企业与公共组织数智化领域的企业服务产品群——用友 BIP，并将其定位为数智商业的应用级基础设施、企业服务产业的共创平台。用友 iuap 作为用友 BIP 的 PaaS 平台，是用友应用云计算、大数据、人工智能、移动互联、物联网、区块链等技术打造的数智底座。用友 iuap 沉淀了用友 35 年服务数百万企业客户的"人财物项、产供销研"等十大领域和众多行业的应用实践，是更懂企业业务的数智底座。

回望整个历程，用友在旭阳集团转型升级的过程中发挥了重要的作用。在双方共同努力下，旭阳集团从早期的"自动化+信息化"升级为现在的"数字化+智能化"，企业在各个方面都实现了翻天覆地的变化。双方相互融合、相互推进、共同提高，均收获了成长。

然而，旭阳集团作为行业的先锋和产业链的领军者，怎能满足于仅仅内部升级而不引领整个产业链的进步与变革？在时代浪潮的推动下，旭阳集团决定再次与用友携手，共同开拓新的领域，引导全产业链迈向更加辉煌的未来，向新的领域进发！

联合打造行业首创的旭阳云

当数智化已成为未来十年最具确定性的趋势，当它已经为自身提供了一种全新的战略支撑时，我们便毫不犹豫地冲了进来。在集团公司的引领下，我们将打造全新的业务形态，更深远地影响行业发展。

——旭阳数科总经理郗维宝

"今天，让我们见证奇迹，正式发布《旭阳1号智能配煤专家系统》。未来，我们将聚焦主业，为焦化行业整体赋能！"北京旭阳数字科技有限公司（以下简称"旭阳数科"）总经理郗维宝在2023年用友BIP技术大会上宣称。

当数智化的成绩摆在面前，旭阳集团并没有停下脚步。它们时常反问自己，数智化对于行业发展来说，究竟意味着什么？郗维宝接任旭阳数科以后，需要在加速主体企业数智化转型的同时，肩负赋能行业数智化转型的责任，而这也就要求旭阳数科考虑清楚自身的商业模式，如何能在服务好市场的同时，找到公司经营的第二曲线。

郗维宝口中的新业务形态，就是科技业务板块。对此，旭阳集团已有准备。早在2018年，旭阳集团就在北京成立了旭阳数科，希望以数智力量再造一个旭阳。然而，虽然在理念上容易达成共识，但在实际操作中，传统制造业想要实现这样的转型却充满挑战。

为了成为行业最优秀、最专业、最领先的智能制造服务商，旭阳数科整合了旭阳集团28年的信息化、数智化领先实践，联合用友打造了行业首创的旭阳云工业互联网平台（以下简称"旭阳云"），将成功经验复制到行业，赋能垂直产业数智化升级。

"传统＋科技"的融合，让旭阳云的优势十分明显。它不仅是旭阳集团内部数智化建设的结晶，更是企业赋能行业的抓手。它聚焦应用场景，通过制定行业指标体系、流程、方案，形成产品和服务的整体框架。而它的底层技术能力，完全来源于用友 iuap 平台。

如今，用友 iuap 平台已经发展成为三中台、三平台架构，以及业界首个企业服务大模型——YonGPT，沉淀了用友 35 年服务数百万企业客户的人财物项、产供销研等十大领域和众多行业的应用实践，是更懂企业业务的数智底座平台。其中，数据中台提供数据治理、数据移动、数据资产、数据工场及智能分析等能力，支持企业应用系统形成包括展现、分析、控制、决策和创新五个层级的全面数据服务体系，使能企业运营与管理从流程驱动发展到数据驱动。而智能中台则具备 RPA、VPA（虚拟个人助理）、智能大搜、规则引擎、知识图谱、AI 工作坊等多项智能化能力，并提供企业画像、人才画像、商机推荐、供应商推荐等智能服务。

基于其强大的数智能力，旭阳云通过打造以垂直行业工业互联网平台为核心的产品体系，提供了从规划咨询到软件产品和硬件支撑，从特种机器人到运维服务场景的整体解决方案，帮助焦化企业提高资源配置效率，引领转型升级。

多年深耕行业，旭阳数科深知粗放式的配煤管理已成为影响焦化企业发展的"顽疾"。这些企业普遍遭遇成本管控难、焦炭质量预测难、专业配煤师人才短缺、安全不可控，甚至采购难、配煤精度低等问题。

为此，旭阳数科组建了强大的配煤专家团队，开始了智能配煤系统建设。他们引入国内顶尖的算法工程师，在技术指导上给予支撑。然而，正如郗维宝所料想的那样，如果是服务于整个产业，从项目化到产品化再到商业化，这个过程缺少了一个十分重要的环节，就是产品封装。如何更好地整合数据，如何让产品标准化，如何服务于客户，这些成为摆在旭阳数科面前最主要的问题。

"我们也一直在思考这些问题。如果说原来没有方法，但是直到引入了用友 iuap 后，一切就顺理成章了。基于低代码开发平台 YonBuilder，我们把现有模型、数据封装成标准化产品，可随时升级迭代，也可私有化部署，满足焦化企业的各类需求。"郗维宝说。

终于，在用友 iuap 平台的加持下，2023 年旭阳集团研发出了配煤领域的专业知识模型，从而一举打造了智能配煤专家系统——旭阳 1 号。

通过引入人工智能，旭阳 1 号增强了预测算法的准确性和可靠性，它让焦化企业的配煤更加专业和智能，配煤精准度可达到 94%，将为企业节约至少 1% 的成本。这对于一个相当规模的焦化厂来说，经济效益是十分可观的。

除此之外，在生态方面，旭阳数科还与用友共建了行业数智化联合创新中心，而且积极与产品 ISV、专业服务伙伴和分销商打造各类型生态合作，各方联合起来，共同推进焦化行业的数智化转型。

近十年来，通过与用友的深度合作，旭阳数科的前景日渐清晰与光明：从服务集团内部走向服务全行业；从提供单一产品向咨询、规划、落地实施等整体解决方案转变，进而向数智化运营服务转型；从集团投资向引入产业资本和头部 IT 企业共同投资转变，这样才能做强做大，为整个旭阳集团创造新的业务增长点！

选择是认可，信任是幸福

旭阳集团与用友的合作，是将旭阳的专有技术、标准和用友的产品、系统、算法相结合，共同克服组织、产品、服务、技术等短板，不断地创造奇迹。

——旭阳集团董事长杨雪岗

社会在进步，经济在发展，产业在升级，市场在变化，这是一个永不停止、永无止境的大浪淘沙、不进则退的竞争过程。多年来，旭阳集团从河北、北京走向全国，开拓海外市场，企业始终向世界上最强、最优秀的公司学习、看齐，始终坚持自我变革、自我创新。

在旭阳集团成立以来的 28 年历程中，有 24 年与用友携手同行。在早期，面临信息化解决方案的抉择时，集团确实遭遇过犹豫不前的时刻。但时光流转，旭阳集团已从一家专注于单一产品的企业，蜕变为追求自动化、信息化，进而拥抱数字化和智能化的先锋。在这一进程中，用友始终作为旭阳集团的坚强支柱，双方并肩作战、砥砺前行。

2017 年 6 月，杨雪岗董事长带队第二次拜访用友。当时他就指出，旭阳集团与用友合作多年，双方相辅相成。用友为它们在先进制造业方面提供了超预期的专业支持，给企业打造了诸多场景化应用。而旭阳集团则给用友提供了焦化行业标准，提供了开拓能源化工行业的试验田。这样的相互信赖与彼此成就，使得双方在推进数智化转型的过程中，形成了可推广、可拓展的标准化产品。

面对数智化的未来，企业将面临更大的挑战。技术的突破可以通过人才、时间来实现，但商业模式的创新、组织体系的复制，难度非常大。因此，杨雪岗董事长希望旭阳集团与用友能够找到更多的合作机遇，把行业做深、做透。

而杨雪岗董事长的所言所想，正与用友董事长王文京的想法不谋而合。王文京董事长曾多次强调，用友的业务发展正走在行业深耕的道路上，通过与行业龙头合作，可以不断地打造领先实践，带动产业和社会经济的发展。

当下，技术的普惠化让各行各业都尝到了甜头，能源化工行业也不例外。当用友的数智能力与旭阳集团的工业场景不断地发生剧烈碰撞后，双方又将为产业创造怎样的价值？也许，这就是旭阳集团与用友携手共创的未来传奇。

12 华菱线缆：

"超级幕后英雄"助力航天事业逐梦星辰大海

【编者按】

从航天员出舱遨游太空的脐带缆，到普通百姓出行乘坐的轨道交通工具，正是华菱线缆无畏的创新和探索，开启了一段"新国企"超常规发展的数智化转型新篇章。

华菱线缆之所以能取得如此成就，要归功于其管理理念的转变。自2006年起，华菱线缆与用友携手，通过用友U8+逐步建立了业财一体化、人力资源管理、销售、客户关系等系统，实现了信息化、精细化、数智化、战略化的综合管控提升，成功书写了从破产重组到成功上市的逆境转型故事。

它是长征系列运载火箭的电缆供货商，20多年服务发射任务300余次。中国人熟知且倍感自豪的神舟载人飞船、天舟货运飞船、绕月人造卫星"嫦娥一号"等都有它的身影。它是具有65年历史的资深骨干线缆企业，三个人解决15亿元的排产，报价系统保证每单盈利，生产现场落实红绿灯预警体系。

它就是湖南华菱线缆股份有限公司（以下简称"华菱线缆"）。

始建于1951年的湘潭电缆厂曾是我国华南地区经营规模最大、生产能力最强的电线电缆厂家，属于国家大型一类企业。但由于经营不善，一度濒临破产。

2003年，为了盘活湘潭电缆厂的有形资产和无形资产，经湖南省人民政府批准，由湖南钢铁集团有限公司、湘潭钢铁集团有限公司等五家企业共同发起成立了一家股份制企业，就是华菱线缆。

面对十分恶劣，甚至是无序的市场竞争环境，涅槃重生的华菱线缆在公司决策层的一致推行下，一方面义无反顾地打造品牌战略，推行国标产品。通过积极采用新工艺、新材料，做精做好产品，并摸索先进的质量管理方法，从而稳固了"精品立企、高端致胜"的金凤品牌。另一方面，华菱线缆对原湘潭电缆厂的设备进行了全面的更新改造，先后从德国、中国台湾等地引进了一流的生产设备和检测设备，提升了自动化生产水平，让工艺更加稳定，从而确保产品质量。

如果说，上述手段让华菱线缆打开了新的业务局面，那么以信息化带动内部挖潜，向管理要效益，向技术要创新，则为企业的长期发展奠定了坚实的基础。

在多措并举下，短短几年时间，华菱线缆竟然创造了一个"新国企"超常规发展的奇迹。那些年，公司曾多次受到省、市政府的表彰，以及国家嘉奖。华菱线缆总经理熊硕曾公开表示："成绩的取得，归功于公司拥有一个高效、快捷、稳健的管理平台。"

信息化只有 0 次和 N 次

其实，我当时心里是有底的，临门一脚非常关键。我们一定要停下所有的手工方式，不做并行。考虑到用友的系统比较完善，财务管理也是它的强项，项目组的前期准备工作又很充足，因此我们的态度很坚决。当系统于 2006 年 11 月 1 日正式上线时，内心的焦虑和压力瞬间就卸了下来，这个日子让我终生难忘。

——华菱线缆总经理熊硕

在华菱线缆生产车间的墙上，"责任、创新、奋斗"六个大字十分醒目。从 2003 年进入公司起，这种企业文化就深深地烙在熊硕心底。特别是 2018 年接过总经理的"接力棒"后，他敢想敢干，带领企业开拓创新，让"金凤"这个老品牌重焕光彩，不断创造着"湘潭制造"的高光时刻。

2015 年冬天，熊硕先后到北京和上海出差。用友顾问关切地问他是南方冷还是北方冷。熊硕风趣地回答说："今年制造业冷，尤其是电线电缆行业，国内产能严重过剩导致特别寒冷。"

其实，对于华菱线缆而言，那个冬天并不冷。2014 年，华菱线缆年产值约 11.03 亿元，而且还打造了一个花园式的环保型工厂。在熊硕看来，传统制造业想要度过寒冬，至少要有三个对策：要么有先进的技术，能够占据产业链的高端；要么有一套先进的管理系统，能够掌握先进的管理理念；要么有前瞻性的业务发展方向，敢为天下先。

特别是针对企业管理，华菱线缆在 2006 年就引进了先进的企业管理理念，采用先进的计算机技术，建立了基于规则的治理体系与卓有成效的 ERP 系统，实现了内部控制的规范化和外部风险的可控化。

那么，华菱线缆是如何做到的呢？时间要追溯到 2004 年。

回想当时的情况，这是我们几乎无法想象的。湘潭电缆厂（现在的华菱线缆）当时还处于停产状态。在新管理团队接手时，摆在他们面前的不仅有内忧，还有外患。

当时，国内线缆行业约有 9 000 家生产企业，年产值 8 000 亿元。在这样一片"红海"中，产业同质化竞争严重、利润微薄，销售处于买方市场，客户拥有绝对的话语权。而且，由于资金周转缓慢，原材料价格剧烈波动，企业经常面临着巨大的生存压力。

如何满足多变的市场需求，准时向客户交付？如何及时了解生产情况，保证产品质量？如何管理供应商？如何避免物料短缺或库存积压？如何实现动态成本控制？如何让各职能部门有机结合起来，高效运作，成果共享？

面对诸如此类的问题，华菱线缆决策层当机立断：只有引入全新的管理模式，借助 ERP 系统，才能打通企业的"任督二脉"，打造"软实力"，从而彻底解决管理和生产面临的现实问题，帮助企业上一个台阶。

考虑到信息安全、个性化开发、自主知识产权等选型因素，企业决定选择用友 U8。就这样，2006 年 8 月 1 日，用友 U8 项目组正式进驻华菱线缆。这标志着双方共同开启了未来十年的同行之路。

项目刚刚开始，双方就反复商讨信息化建设方案，最后将它分为四个阶段——办公自动化阶段、精细化管控阶段、智能制造阶段、云转型阶段。其中，第二阶段和第三阶段分别对应着 ERP、APS（高级计划与排程）、智能分析等系统的建设，也是双方一路走来高奏凯歌的阶段。

熊硕对于项目上线的情况历历在目。一方面，用友人的敬业精神让他们非常感动，而且用友将华菱项目作为线缆行业的样板进行推动，因此站位很高，提供了更多的资源支持。从业务梳理、BOM 搭建、数据录入到最终的"财务业务一体化"正式上线，项目组只用了三个月时间。另一方面，我们都知道，很多企业财务系统上线通常采取"两套账"并行一段时间的做法，这样看上去更稳妥，但随着时间的推移，数据积累越来越多，误差也会越来越大。当时作为财务总监的熊硕顶住巨大压力，坚决不同意做"两套账"，誓要一次上线成功。

　　然而，信息系统上线怎会如此平顺。第二天，项目组就遇到了麻烦。越是危急时刻，越要顶上去。当时，公司内部传出了"恢复手工做账"的声音，但熊硕的态度依然坚决。

　　正是这样坚决的态度，让质疑的声音瞬间消失。大家齐心协力、各司其职，用友的顾问团队时刻守在几个重要的卡点上，不停地灭火。项目组每天开推进会，双方抓细节、施策略，在巨大的凝聚力下，问题很快都被解决了。十几天后，系统就基本运行正常了。正是这一次经历，让熊硕对用友的实施顾问团队更加钦佩。

　　系统上线后，华菱线缆通过合理的调配机制和信息反馈机制较好地实现了对订单和计划执行的动态跟踪，确保交货；也可准确地掌握销售情况，提高资金回笼的时效性。同时，采购和库存管理更加透明化、经济化。总之，物流、资金流和信息流三流合一，为华菱线缆的科学、快速决策提供了支撑。

　　随后，2007 年 1 月 1 日，华菱线缆又基于用友 U8 上线了成本管理系统。实现的过程同样非常惊险。当时，在成本管理上线后第一次做报表时，出现了重大失误。这样的事故让整个项目组都十分灰心。加之经历了前期的各种"折腾"，华菱线缆项目组成员再也没有了耐心。那一刻，大家不约而同地想要放弃。

　　"问题解决不了？那怎么能行！"当时负责用友中型企业业务的副总裁徐洋在听到客户的反馈后，连夜改签航班，亲自去到现场，将所有成本数据第一时间带回了用友总部。经总部专家分析后，提供了最佳解决方案，并帮助项目组完成了修改。最后，问题终于被解决了，成本管理系统历经波折后成功上线。

"其实，我当时已经开始后悔，做好了人工出报表的准备。但用友没有让我们失望。徐总亲自赶来拷贝数据，让我吃下了'定心丸'。从那以后，对于做信息化这件事，公司内部受到了极大的鼓舞。"熊硕感慨道。

可以说，2006 年标志着华菱线缆信息化的起步。而今，它正借助信息化平台的力量重新崛起，并迅速融入行业，展示出新的活力。通过用友 U8 系统，华菱线缆实现了"四化"，即业务财务一体化、生产排程智能化、利润风险可视化、成本核算精细化。也正因如此，华菱线缆成为湖南省制造业信息化试点单位。"与用友的合作，将我们的技术和管理优势转为市场优势。信息化企业建设推动了华菱线缆在管理方面的提升。"熊硕说。

而后，在十年的信息化建设中，华菱线缆不断深入，完成了全功能模块上线，实现了全职能部门参与、全业务流程应用，同时达到了 ERP 系统深层次应用的效果。

在过去的十年中，用友一直全心全意地支持华菱线缆，不计成本得失，双方紧密融合，这深深地触动了集团的每一位成员。用友不仅见证了华菱线缆的飞速发展，还为其从破产重组到实现年产值 40 亿元的惊人转变提供了助力，共同完成了一次华丽的涅槃重生。

六个人解决了 40 亿元排产

用友 U8+APS 能够快速地完成多品种、多工序的生产计划排程，输出精确到秒级的可执行工作指示，可制订跨月度的高精度生产计划，让管理可视化。

——华菱线缆总经理熊硕

在 ERP 平稳运行了几年后，华菱线缆的生产排程难题暴露了出来。

在竞争激烈的电线电缆行业，如果能实现个性化定制生产，无疑是从"红海"中脱颖而出的最好方式。当时，为了走特种专业线缆的高端路径，华菱线缆必须升级生产模式，能够支撑小批量、多品种、快交付的生产模式。但要知道，华菱线缆总共可生产五大类，共计 1.5 万种电线电缆产品。那么，在产品类型和工序繁多的情况下，如何让公司的产能匹配客户的个性化需求？

熊硕清晰地记得，那时，企业采用的是标准的 MRP（物料需求计划）设计模式。当企业不断接到零星订单或急交订单时，生产计划和排序总是被打乱。"生产排程计划永远赶不上变化。工人每天进行产能排序时，都处在疲于奔命的状态。这也让他们非常苦恼，经常要被动加班。"

为了彻底改变这种局面，华菱线缆与用友进行了深入的探讨，双方决定启动国内电线电缆行业首个先进计划排产项目——APS 项目。虽然 APS 项目在国外有很多成功的实践，但在国内还没有可参考的实例，在相对复杂的传统企业里能否取得成功，一直存在着很大的争议。

为了不负重托，项目组对产能和数据进行了深入的调研、分析和调整，从半成品到工序成本进行全线设计。在 APS 项目实施过程中，项目组整理了 11 万多条与产能相关的数据，其中产品参数 19 407 条，产能关系 61 476 条，联动节拍 29 570 条。

最终，历时 22 个月，项目终于成功上线。借助用友 U8+APS 解决方案，华菱线缆实现了智能排产，重塑了生产管理场景。从杂乱无序到一切井然，用友就用了这么一招，让华菱线缆的个性化生产成为可能。由此带来的三个明显变化，至今让生产一线的员工记忆犹新。

首先，企业缩短了订单生产时间，降低了库存和生产成本，提高了准时交货率和客户满意度。"实施系统后，生产车间将原来的急单急派变成了日排产，大大降低了零散订单带来的成本增加。同时，根据预排产，销售人员也可第一时间结合客户需求提供一个比较精准的交货承诺期，这在线缆行业是一种突破，让华菱线缆在激烈的市场竞争中占据先机。"一位分厂的员工说。

其次，可以随时掌握生产负荷，让产销融合。原来，销售只管接单，并不关心生产能不能完成。而工人只关注生产，也不在意客户的各类需求。这种冲突会时不时地爆发，使整个生产现场非常混乱。现在，在有限产能排程下，整个排程清晰可视，销售管理人员可随时发现哪里的产能有盈余，做到接单心中有数。

最后，华菱线缆做到了日成本核算，助推企业实现了"双效"管理，也就是按效率和效益对员工、班组进行日结。

图 12.1　华菱线缆生产线

总而言之，在用友的协助下，华菱线缆再次创造了奇迹，仅六个人就完成全年 40 亿元的排产，线缆的生产效率提高了 40%！更重要的是，在数字之外，通过有效的管理，企业实现了生产排程有序化、进度可视化、计划问题透明化。这让生产员工的工作更加简单了，他们可实时掌握生产负荷的情况，如每个机台有多少小时的工作量，生产瓶颈到底是什么。而且，员工也可直观地看到哪笔订单处于哪道工序，交付期还有几天，中间是否有临时插单的情况。这样不仅提高了订单按期履约率、产能有效利用率、订单预交货期时间响应率，而且大幅提升了企业的经济效益。

正如一位华菱线缆生产主管所言，"有限产能排产系统的应用给企业带来了诸多好处，让我们体会到了什么才是真正的智能管理"。

数智时代的"新旧交替"

在新时期，华菱线缆有责任带领产业打造新格局。企业又在规划新的未来发展战略和业务落地，因此我们需要一个数智化底座，比如用友 BIP。它可以帮助华菱线缆打造面向未来的各种数智能力，这样才能更有利于构建具有中国企业自主知识产权的体系，有助于推动高端制造向战略性新兴产业发展。当然，用友 U8 仍可以作为数智化平台的一部分，续写传奇。

——华菱线缆总经理熊硕

2018 年，线缆行业规模超过 1.4 亿元！随着规模的提升，国家开始加大对电缆行业的扶持力度，力求从规模化走向高质量，迈向中国式现代化的发展。在这个过程中，数智化成为整个产业转型升级的抓手，将更加凸显它的价值。

面对难得的发展机遇，华菱线缆始终活跃在数智化转型探索的第一线。从实施本地信息化、打破"信息孤岛"，到以深度"上云、上平台"为手段，以加快数字化改造、网络化协同、智能化升级为路径，华菱线缆数智化转型层层递进。

2021 年，华菱线缆启动了 36 条生产线的智能化改造项目，迈出从"制造"到"智造"的大规模转型新步伐。华菱线缆副总经理张文钢曾说："我们要让新一代信息技术、先进的智能装备与规范的线缆制造工艺深度融合，以智能工厂支撑精益生产，加快市场开拓。"

2023 年，华菱线缆成功入选国家创建世界一流"专精特新"示范企业。这既是认可，也是鞭策。熊硕认为，一路走来，信息化、数字化在保持华菱线缆战斗力、生存的安全性方面提供了重要的支撑。面对整个行业都在向智能制造转型的情况，作为领先企业，华菱线缆正在积极探索创新，全面提升流程标准化、设备智能化、生产自动化、管理信息化和决策智慧化水平，并发力打造线缆行业智能车间"示范工程"。

做用友终身的"宣传员"

20 多年来，中国企业的管理模式正在形成。用友是务实的，它在中国企业组织变革和转型升级的过程中，功不可没。华菱线缆就是绝对的受益者，我要一直做用友的宣传员。

——华菱线缆总经理熊硕

回顾过往，从财务总监到总经理，在华菱线缆内部，熊硕一手把企业信息化、数智化能力建立了起来。他曾说："我是用友 U8+，乃至用友的坚定拥护者。在与王文京董事长会面时，他就说过，路上跑着不同品牌的汽车，有奔驰、宝马、现代。这就像做信息化一样，不同类型的客户需要选择不同的平台。"

对于信息化的成功与否，熊硕也有自己的衡量标准。他认为，不能满足客户需求，不能对客户的承诺做到有效保障，功能再强大的系统，信息化也是不成功的。"信息化最终的目的是对客户即时响应，以客户为中心。为了实现这个目标，我们一直在和用友深入探讨。这也是双方共同的目标。"

十几年的携手共进，在熊硕眼里，用友不是一家软件公司，而是一家优秀的企业管理服务公司。当年，大型企业都在试图连接世界级的管理，但是对于中国数以千万计的中小企业来说，它们并没有意识到管理创新带来的好处。这时，用友率先将大型企业的领先实践融入产品，带领中小企业一起升级，让它们连接最新的产品和技术，拉近与最前沿科技的距离，在不知不觉中实现了组织变革、管理创新和业务升级。

熊硕表示："这些年，中国企业的管理模式正在形成。用友是务实的，也是功不可没的。面对数智化浪潮，我相信它一定会继往开来，成为中国企业数智化转型的推动者和领航者。"

从航天员出舱遨游太空的脐带缆，到普通百姓出行乘坐的轨道交通工具，正是华菱线缆无畏的创新和探索，让电线电缆的全面国产化替代逐步实现；从ERP 到 BIP，从信息化到数智化，正是用友不断地加强技术研发和升级实践，让企业级软件平台的国产化替代快步走来。用友始终如一地把创新摆在高质量发展的核心位置，助力"让中国人的技术掌握在自己手上"。

如今，品尝到了创新带来的喜悦后，华菱线缆这家老牌国企正在走上数智化转型的新征程！

13 双环传动：

在"智造"的小齿轮里，做管理变革的"大文章"

【编者按】

作为中国头部的专业齿轮产品制造商和服务商，双环传动与用友携手近 20 年，不断加速数智化转型升级进程，为财务、人力、供应链、生产等领域注入全新生命力，实现企业从制造到服务的全面转型，节约业务流程时间超 60%，减少资金占用千万元。

从用友 U8+ 到用友 U9 cloud，用友助力双环传动实现了"财务供应链 + 生产制造 + 成本 + 移动条码 + 采购云 +eHR"一体化平台优势，为双环传动量身打造了一套适配的企业管理系统，支撑其组织柔性架构及经营管理思维转变。从"双环制造"到"双环智造"，双环传动在"智造"的小齿轮里，做管理变革的"大文章"。

制造业是国民经济的支柱产业，是国家创造力、竞争力和综合国力的重要体现。中国是制造大国，制造业规模连续 13 年居世界首位，因此必须大力推进制造业的数智化转型升级，发展先进制造业，加快实现新型工业化，为中国式现代化构筑强大的物质技术基础。

有着"中国民营经济发祥地"之称的浙江台州是制造业大市。在这个面积不大的三线城市中，竟然孕育了十家制造业单项冠军和 32 家专精特新"小巨人"企业。其中，浙江双环传动机械股份有限公司（以下简称"双环传动"）就是较为典型的一家。

图 13.1　双环传动自动化生产车间

1980 年创始之初，双环传动还只是一家仅有五名员工、五台仪表车床、3 000 元流动资金的小齿轮厂。40 余年过去，双环传动已成为全球最大的专业齿轮制造商，产品涵盖传统汽车、新能源汽车、轨道交通、非道路机械、工业机器人等多个领域，业务遍布全球，并在 2023 年被评为国家级制造业"单项冠军"企业。

经营企业如逆水行舟，不进则退。任何企业能够抢得领先的地位，不仅需要不屈不挠的精神和坚忍不拔的毅力，也要求领导者具备统揽全局的战略思维和审时度势的管理理念，来驱动企业不断创新。双环传动就是这一观点的诠释者。

做浙江省第一家"吃螃蟹"的企业

企业要精益生产和信息化"两手抓"，一方面追求 3T 标准化精益管理，确保生产现场的精益、质量的精益和设备的提效，另一方面追求信息化、自动化、精益化的融合，形成"数字 3T"。

——双环传动时任董事长吴长鸿

管理是企业的生存之基，是核心竞争力。现代管理学之父彼得·德鲁克曾说，管理是一种实践，其本质不在于"知"而在于"行"，其验证不在于逻辑而在于成果。

"行"管理，双环传动是认真的。

21 世纪之初，双环传动开始实行无纸化办公，其管理者提出，能线上处理的业务，尽量不再用手工操作。为了改善生产管理，双环传动决定引入信息化手段。

彼时，在国内提到信息化建设服务商，用友往往是首先被提及的名字。用友自从 1988 年公司创立时起，就专注于信息技术在企业与公共组织的应用和服务，1997 年成为第一家通过 ISO 9001 质量认证的中国软件企业，1998 年发布两大系列企业管理软件用友 U8 和用友 NC 的早期版本，1999 年推出中国最早的管理软件应用平台。从 2002 年超越国际厂商起，用友就开启了在中国 ERP 领域连续多年市场占有率第一的旅程。

双环传动在 2006 年全面上线用友 U8。用友 U8 作为一款企业管理软件，以集成的信息管理为基础，以规范企业经营方式、改善经营成果为目标，全面集成财务、生产制造、供应链等应用，帮助企业实现从日常运营、人力资源到财务核算的精细化管理。

从信息流、物流的同步到应用 CRM，从研、发、产、供到计件工资的管理，用友 U8 为双环传动带来了全方位的流程管控，让企业彻底告别了纸质单子，做到了信息可追溯。在双环传动 CIO 吴学信心里，这是一个非常重要的阶段，不仅是企业信息化的起点，而且代表了管理水平的提升。"双环传动开始通过先进的生产工具，将业务搬到线上，将钱管理明白，让每个人的工作更加规范化。走出这一步，是管理水平的提升，更是思想的进步。"吴学信说。

那时，企业也第一次把数据沉淀到统一的资源池里面，记录整个数据的流转过程，这在很大程度上解决了领导看数据的难题。"以前，董事长要过目一下工厂的生产情况，员工总是得拿着纸质单据来回传递，有时现场没有统计员，还会发生单据缺失的情况。后来，领导只要打开计算机，通过信息化平台就能查到想要的数据。"吴学信表示。

如果说用友 U8 的应用代表了工具创新，那么从用友 U8 迁移到用友 U9，就是双环传动发展史上第一次完成流程创新，实现了端到端的流程改造和管理。用友 U9 是用友集多年先进开发和管理软件普及的经验，结合公司在中国及亚洲大量客户的企业经营与管理实践经验，以"实时企业、全球商务"为核心理念，研发出的全球第一款基于 SOA（面向服务的体系结构）的世界级管理软件，能帮助企业将内部和外部流程、人员、信息实时连接起来，灵活快速地响应变化。

双环传动的业务发展，始终立足于"专业化大生产"模式，并且持续改进，锐意进取。那些年，随着产值、资产的不断增加，双环传动传统的经营模式与管理模式都发生了很大的变化，主要表现为：生产基地从一个扩大到多个，生产组织方式从横向布局转向纵向一体化，管理模式从职能制向工厂制、事业部制的职责一体化责任中心制转化。

在管理幅度加大，管理层级增多，企业对客户、市场的反应变得迟缓的背景下，从 2008 年开始，双环传动开始思考集团信息化建设。

但是，在开始动手之前，一系列问题就接踵而来了。实行分权管理后，股份公司管理部门对各组织如何进行有效的监管与协调？股份公司管理部门、各分厂之间如何有效协作？如何实现业务运作分离、财务管理统一的多工厂模式？多组织架构下，计划体系如何运作？诸多管理难题让公司领导深刻意识到，基于单组织设计的系统已无法满足公司未来发展的需要，更换信息系统刻不容缓！

为此，双环传动再度携手用友，基于当时被誉为世界级管理平台的用友U9，打造多组织集团化的信息化管理，让企业经营及管理更协同、更敏捷、更精细化。同时，双环传动借助用友 U9 产品易用、灵活、架构先进等特点，进一步拓展全球化业务。"既要选择优秀的产品，又要巧借经验，多学习行业标杆的转型实践，用友作为行业里的'老大哥'，最合适不过了。"吴学信说，"当时，企业上线用友 U9 V2.1 版本，其实是冒着一定风险的。因为产品刚刚推出不久，在应用上尚不成熟。然而基于双方的信任，我们还是敢于做浙江省第一家'吃螃蟹'的企业。我们相信，只要企业的管理理念和产品的契合度高，再难的问题我们都能解决。"

为了确保系统成功上线，2010 年 5 月，由当时的信息主管带队，双环传动的整个 IT 团队进驻到用友产业园，进行为期两个星期的封闭学习。用友产业园位于北京市海淀区永丰产业基地，这是用友集团总部所在地和永久研发基地，是一个高科技、花园式、环保型的国际一流产业园。园区于 2007 年正式开园，总建筑面积 47 万平方米，能容纳 3 万人同时办公，是亚太地区最大的全生态企业（云）服务综合体。目前，园区有近 300 家企业，涵盖大数据、人工智能、区块链、移动互联网、软件开发等领域，产业园为入驻企业提供管理咨询、技术支持、产品运营、社交、投融资对接、市场推广、产业资源等全方位定制服务。

在封闭学习期间，基于集团化的管理理念，双方有针对性地梳理管理模型和业务流程，做系统迁移前的各种准备。当时，用友对双环传动的每一个技术人员进行一对一的指导，这让他们吃了一颗"定心丸"。

2010 年 11 月，用友 U9 在第一个试点——台州工厂终于上线了。由于前期准备充分，业务模型方面几乎没有出现问题，虽然在数据连接的过程中，发生了一点小坎坷，但好在项目组在 1 月份工厂停产时重新做了数据盘点，将问题快速解决。

"当时的 U9 V2.1 是测试版，在实施的过程中，产品一直不停迭代，整个过程让项目组很疲惫。但用友总部的专家总能第一时间响应需求，不断地结合我们的想法优化产品。所以，共创的过程虽艰苦，但结果是令人满意的。"吴学信回忆道。

整整九个月，用友双环项目组历经了各种困难，优化系统、定制开发、调整流程，终于在 2011 年将用友 U9 整体上线。那一刻，双方项目组成员身上扛的压力，都得到了前所未有的释放。而后，随着应用的不断深入，双环传动又将用友 U9 V2.1 升级到 V5.0、V6.5 版本，而且还接入了各类云服务，如税务云、银企直连等。

现如今，回想那一段令人难忘的日子，吴学信仍历历在目。他表示，用友 U9 为双环传动带来的价值，不仅是实现了基于多组织的采购与寄售管理、建立了全面的计划与生产体系、实现了产品全生命周期的质量管控，以及多组织财务管控与吸收成本，更是磨砺出了一支能扛任务的"作战团队"。这让他们在日后的每一个重要时刻，都能创造价值！

来一场跨越式变革

数智化转型，其实是管理的转型。我们要提升的是数智化平台与新管理思想和流程的契合度，而将专业的技术突破、平台突破交给用友。

——双环传动 CIO 吴学信

双环传动的管理者常说，他们越来越认识到数智化对于助力企业发展的强大驱动力。为进一步提高企业综合管理水平，匹配公司的高速发展，构建新的企业管理体系，双环传动必须积极拥抱变革。

只有利用新一代信息技术，打造集产品设计、采购、生产、质量、交付于一体的智能运营管理平台，并实现对人员、设备、成本的精细化管控，才能推动企业逐步走向智能化，向高质量发展迈进。

双传环动数智化转型的故事是从 D-MOM，也就是数智化制造运营管理平台开始的。它是智能制造的核心和数智化转型的亮点。

制造运营管理平台，就是将生产中的人、产品、流程等一切信息经由软件采集，实现数智化的存储，不仅可以满足后期随时回溯分析的要求，更为精益生产提供数字支持。

双环传动智能制造总监崔永龙曾强调，制造业的数智化转型，绝不仅仅是 OT（操作技术）与 IT 的融合。D-MOM 平台是"IT+ET（工程技术）+CT（通信技术）+OT"的组合，共涉及 12 个功能模块。如 DSS（决策支持系统）、精益研发平台、工厂布局平台、计划管理平台、精益物流平台、能源管理平台、精益供应链平台、精益生产线平台，以及 N 个集成平台，如 IoT 平台、5G+工业互联网、数字孪生等。

但只有制造运营平台还不够，因为它是以生产、产品为视角的工业互联网体系，要让它与企业的经营管理、组织变革结合起来，就少不了一个数智化转型的整体支撑平台。

为了更好地推进此项工作，双环传动对整个转型的过程进行了目标分解。总体来说，公司要建立集团化多工厂计划的物流及生产体系，打造健全的质量管理体系、集团化的财务管理体系、符合集团化应用的人力资源系统、决策分析支持系统，改进现有的销售管理系统。在此基础之上，企业要做好这些系统的整体集成。

有了目标后，在具体实施的过程中，双环传动一方面与子公司环智云创完善 D-MOM 平台，一方面与用友协作，通过用友 U9 cloud 打造数智制造平台以及人力资源数智化管理平台。用友 U9 cloud 传承用友 U9 十余年服务制造企业的最佳实践，从全球第一款世界级的 SOA 企业管理软件，到云端一体化的成长型企业数智制造创新平台，聚焦制造企业十大核心能力建设：网络化协同、智能化生产、精细化成本、一体化应用、个性化定制、项目化制造、国际化经营、层级化考核、服务化转型、数智化分析，助力制造企业重塑数智化核心竞争力，赋能组织变革和商业创新。

与用友 U9 相比，用友 U9 cloud 全面运用移动互联网、大数据、物联网、人工智能等最新技术，融合 PLM（产品生命周期管理）、智能工厂、AIoT（人工智能物联网）、营销云、采购云、人力云、协同云等服务，可以为制造企业提供一站式数智化升级方案。

吴学信表示，基于用友 U9 cloud 多组织架构和灵活的参数化设置等特点，双环传动不仅重构了工业生产的全生命周期管理体系，使得产品的设计、研发、生产、营销、服务形成闭环，也使得传统工业化的生产模式被彻底改变，而且量身打造了一套适配的企业管理流程，为企业的财务、人力、供应链等注入了全新的生命力。

比如，通过优化不同组织、不同车间之间的业务流程，减少不增值的业务活动，降低企业管理风险；又如，用友 U9 cloud 与 D-MOM 深度结合，帮助企业实现了基础数据一致，物料、BOM 和工艺的同步，使得从物料需求到生产排产，从完工入库到物流发货，全程数据共享协同；再如，依托数字人力管理平台，双环传动形成了员工从选用育留到离职的全生命周期管理，实现了集团分权规范化，并优化了集团的人力资源配置，使人力资源管理人员将更多的精力投入创造管理价值的工作。

值得注意的是，作为用友 U9 的老客户，项目组从 2022 年 4 月 20 日立项开始，到 5 月 6 日确定升级方案，再到 6 月 1 日前完成模拟升级、正式制订升级计划，整个升迁准备工作一气呵成。最终，实施人员在短短三天就将原有平台升迁至用友 U9 cloud。"我们以最快的速度全面提升了管理的数智化水平，而且打通了与供应商之间的采购协同，帮助企业更好地实现了降本增效。"吴学信说。

目前，用友 U9 cloud 为双环传动创造的价值已经凸显。

首先，企业基于多组织的基础信息管控方案，满足了企业多法人的集团财务管理需求，实现了一个法人管理多个工厂，以及多个工厂业务分离而财务统一的管理场景。

其次，基于用友 U9 cloud 多组织 VMI（供应商管理库存）供货模式，不仅解决了原系统库存供货不准的问题，而且避免了业务人员操作不当导致库存数据失真的问题。"它让企业库存管理职责更加清晰，分厂计划体系相对独立，同时适用于全球部署。"吴学信说。

最后，基于用友 U9 cloud 车间实时管理系统，企业实现了车间工序级数据采集和管控，实现了计件工资同步自动计算和产品质量全程追溯。

更重要的是，从整体实施效果来看，双环传动产成品库存减少了 100 多万件，资金占用减少了 2 000 多万元，并大幅降低了库存风险。生产周期平均缩短一周时间，在制品资金占用减少近 800 万元。

除显性价值外，其隐性价值也是不可小觑的。双环传动借助 U9 cloud 全产品应用，实现产供销一体化管理，有效降低了整体运营成本。通过业务指引内嵌系统和向导式操作界面，有效减少了业务咨询，业务效率提升了 60%。可以说，通过一个更加高效的数智化管理平台，双环传动加速了组织和管理变革，并以"云+端"的方式，连接了社会化商业资源，实现了跨越式变迁。

未来，双方将借助 Open API（开放平台）、移动应用、云融合能力，紧贴企业不断升级的需求，以新应用构建新服务场景，助力企业高质量发展！

从用友到"有用"

用友的价值在于"有用"，双方亦师亦友，会一直走下去，相互创造价值。

——双环传动 CIO 吴学信

从一家仅有五名员工、五台仪表车床、3 000 元流动资金的小齿轮厂，到年产值超 68 亿元（截至 2022 年），中国齿轮散件生产规模最大、实力最强的民营制造企业，双环传动发展了 40 余年。

在这 40 余年间，用友有幸参与了近 20 年，从用友 U8 到用友 U9，再到用友 U9 cloud，为双环传动每一个重要时期注入了全新的动力和活力。

数智化转型是一场全新的变革。我们要顺应时代的发展，不断更新迭代，深化场景和应用，最终通过对业务流程的重组，打破企业现有组织的一些效能边界，让企业内部运营更加高效，管理更加扁平，最终降低运营成本，提升运营质量。

变革是社会进步的基石，是推动人类文明不断发展的重要力量。它不仅改变了企业的运作，也重塑了我们对世界的认知。每一次变革，无论大小，都能带来更高的效率、更强的生产力和更大的创新力，从而让企业不断进步。

由此可见，在"小齿轮"的背后，隐含着变革与管理的"大哲学"，助力双环传动实现长期可持续、高质量发展！

14 天耀建设：

选对"打怪"武器，数智升级一路向上

【编者按】

天耀建设自成立之初就积极拥抱数智化转型，通过采用用友畅捷通T+，有效解决了团队薪酬发放等人力资源管理难题，支撑了企业的快速成长。当前，天耀建设依托用友畅捷通好业财产品，打造了数智化企业管理平台，通过标准化审批流程，使项目审批效率提升一倍，数据看板减少财务核算工作量超70%，克服了项目合作、收款、成本控制等一系列问题，实现了业财票税全链路一体化高效协同，走上了可持续发展的成长道路。

菏泽原为天然古泽,因南有"菏山",北有"雷泽"而得名。菏泽历史悠久,享有"天下之中"之誉;如今,菏泽因为地处苏鲁豫皖四省交界,已经成为山东半岛城市群、长三角城市群和中原城市群交流合作的纽带。

2013 年,菏泽的 GDP(国内生产总值)只有 2 050 亿元,在山东全省 17 个地级市当中排名倒数第四。2022 年,市 GDP 首次突破 4 000 亿元大关,稳居全省第八位。过去十年,菏泽的经济总量由"全省倒数"到"奋起直追"再到"跻身中游",实现了"三级跳",成为山东发展速度飞快、综合实力提升明显的城市之一。

伴随着菏泽经济的腾飞,当地一批优质的企业也成长了起来,山东天耀建设工程有限公司(以下简称"天耀建设")便是其中之一。成立于 2017 年的天耀建设,如今已是一家以建筑施工为龙头、节能环保材料为主题,集建材产品研发、生产、销售、物流服务、财务管理于一体的综合性公司,年总产值达到 1.2 亿元。

天耀建设顺利发展的背后,离不开数智化力量的支撑。

"趁手"的数智化软件,让起步更顺利

建筑领域是我国能源消费和碳排放的三大领域之一,也是节能减碳的主战场。其中,建筑外墙保温作为建筑节能的重要方法之一,是建筑业的必选项,成就了一个庞大的细分市场。基于这样的洞察,天耀建设决定从建筑外墙保温

装饰进入建筑行业。

天耀建设成立之初，由于从事的保温装饰项目相对简单，不涉及复杂的项目管理，因此在企业软件的应用上，只是简单采用 Excel 表格替代传统手工的方式，把项目的执行情况记录下来，同时由专人负责材料的出入库，并做好记录，再将这些内容汇总到一个表格中，就可以完成项目的汇总。

但这种方式的缺点显而易见。在天耀建设财务总监申发启看来，这只是对已做工作的记录，且更新和汇总也不够及时，既无法让企业管理者实时了解项目进度和库存信息，也无法为企业决策提供支持。尤其是在员工工资发放方面，每个月都需要人工统计考勤数据，进行工资对账，不仅烦琐低效，甚至还可能出错。

为了解决上述问题，申发启决定帮助公司引入用友旗下成员企业畅捷通信息技术股份有限公司（以下简称"畅捷通"）的 T+ 产品。

畅捷通成立于 2010 年 3 月，并于 2014 年 6 月 26 日在中国香港联合交易所有限公司主板挂牌上市，是中国领先的小微企业财税及业务云服务提供商。和用友一脉相承，畅捷通致力于用创想与技术推动小微企业经营管理进步。

申发启为天耀建设引入的用友畅捷通 T+，是一款灵动、智慧、时尚的互联网管理软件，主要针对中小型工贸和商贸企业的财务业务一体化应用，融入了社交化、移动化、物联网、电子商务、互联网信息订阅等元素。与传统管理软件相比，T+ 更强调企业管理向企业经营的转变，以及等级化管人向平等化用人理念的转变。

在谈及为何选择用友合作时，申发启首先将原因归结为"信任"。"事实上，早在 2013 年，我在工作过程中就已经在使用用友的产品了，对产品的功能非常熟悉，而且在合作过程中，我们与用友的沟通也非常顺畅。"

"不仅如此，用友提供的服务也非常及时和到位，能够快速解决用户面临的问题。"申发启表示，"更重要的是，用友的产品更加安全稳定，不论是系统更新还是升级维护，用户的数据安全都不会受到影响。在软件应用逐渐云化的今天，企业管理层最担心的就是数据安全问题，而用友很好地解决了这一问题。"

借助畅捷通 T+ 产品，天耀建设成功解决了工人工资的发放问题。申发启表示："在建筑行业，工人工资的准确和及时发放至关重要。过去，每个月进行的考勤统计、对账等工作非常烦琐；如今，通过畅捷通 T+ 产品，工人的工资一目了然，既大幅提升了财务人员的工作效率，也让工资查询变得更加方便快捷。"

天耀建设成立时，正值菏泽棚改的高峰期。到 2018 年，菏泽的棚改规模连续三年位居全国设区市首位。伴随着棚改工程的全面进行，一项项提升城市品位，改善城市形象，惠及民生的建设项目相继诞生，让菏泽的城市建设在破旧中完成涅槃重生，城市面貌迅速蜕变。

天耀建设也顺势而为，从保温装饰一体板施工逐步扩张到建筑施工领域，承接棚改项目和旧楼改造等，进而使得公司的业务范围延伸到建筑施工的各个环节，并牢牢抓住菏泽棚改的时代机遇，快速完成起步。此后，随着棚改告一段落，天耀建设又开始将业务转向清洁取暖、学校建设、市政管网、办公楼建设等诸多领域。

在天耀建设前六年的发展过程中，畅捷通 T+ 始终伴随左右，成为其快速发展过程中不可或缺的有力支撑。

聚焦关键环节数智化，实现可持续发展

正如现代管理学之父彼得·德鲁克所说，在一家企业的发展过程中，快速成长的机会什么时候来到，是难以预料的。但是，企业必须为成长做好准备。如果企业没有做好准备，机会就会转而去敲别人的门。

作为一家年轻的企业，天耀建设同样需要为自己的快速成长做好充分准备。

建筑行业是一个围绕建筑项目的设计、施工、装修、管理而展开的行业。由于牵涉的各方面资源和人员较多，项目管理成为建筑企业日常经营过程中极为重要的环节。伴随着业务规模的持续扩大，天耀建设承建的工程项目也日益增多，在项目管理上的挑战也越来越多、越来越大，主要表现为以下四个方面。

第一，在项目立项过程中，由于各个部门信息不互通，每个项目的立项时间往往需要一周以上；而公司每年承接的工程项目将近 30 个，新的项目都需要通过内部评审之后才能立项，以避免承接利润低的项目，但漫长的立项时间大大降低了项目推进效率。

第二，在项目签署过程中，一般都是按照楼层或楼号签订项目合同的，一个项目有时会有多份合同，由于合同周期较长，经常会出现合同资料管理混乱的情况，一旦合同内容发生变更，合同的查找和更改都非常不便。

第三，在项目执行过程中，一般都需要按项目执行进度分期、分步骤确认工程款项，但具体哪个合同到了确认收入、收款阶段，由于财务人员不了解项目进度，往往需要反复询问项目成员，导致回款速度缓慢，给公司带来了一定的资金风险。

第四，在项目执行过程中发生的所有费用支出都将作为施工成本，如果在施工过程中各项费用、成本无法实时归集，企业决策者就无法及时发现成本超支问题，导致项目成本和费用支出过高，影响公司整体的利润水平。

所有这些都给天耀建设的管理提出了更高的要求。"在做保温装饰时，我们除了工程人员，只需要一个成本经理；如今，公司切入建筑主体施工后，不仅需要技术负责人、建造师，还需要预算员、安全员等。"申发启表示。

单纯的财务管理、库存管理已经无法满足企业的成长需求，如何提升企业管理能力，尤其是增强项目管理能力，已经成为天耀建设业务实现可持续发展的关键所在。

为了解决上述问题，天耀建设决定继续深化与用友的合作，借助数智化软件的应用，进一步完善项目管理、成本管控、工作协同等，从而为企业的快速成长保驾护航。

2022年初，天耀建设正式上线畅捷通好业财产品，以助力企业对建筑施工项目进行精细化管理、数智化管控，推动企业创新升级。好业财是一款面向商贸、零售、工贸、现代服务等行业小型企业的，重运营、轻管理型的智能商业产品，通过业财融合，帮助企业进行精细化核算，提升经营效率，进而打破传统经营模式，打造数智化管理新生态。

相较其他项目管理软件，好业财可以让企业管理者实时了解销售业绩、营销效果、毛利、回款、项目以及客户情况，全方位掌握公司经营状态，为下一步的经营策略规划提供支持。尤其在项目管理上，好业财可以帮助企业轻松管理大量项目，对于执行中的合同，可提醒财务人员待确认收入，让代开票、代收款更加方便；同时让企业管理者、项目经理等快速查看项目进度、成本、利润等项目全貌。

事实证明，好业财不仅在产品定位、特性、功能方面与天耀建设的需求高度契合，在具体应用过程中也实实在在地帮助天耀建设提高了项目管理水平。

得益于好业财的上线，天耀建设已经实现了科学的成本管理、材料管理、协同效率的提升、项目报表的自动生成；企业管理者借助项目看板，可随时掌握各个项目的动态成本和动态利润，及时对企业经营做出决策。

在项目协作方面，之前天耀建设各个部门信息不互通，每个项目立项要一周多时间。如今，天耀建设使用好业财，并结合企业内部评审环节，设置标准化的审批流程，大大提高了内部评审效率。借助标准化的审批流程，项目审批周期由原来的七天缩短到三天。

在项目收款上，天耀建设的财务人员根据合同的进度对项目进行收款，能够更清晰地看到各个项目的回款情况；同时，好业财也会在事前按项目进度自动发送收入／回款消息提醒，事中根据收入／回款计划生成收入确认、收款单，事后结算回款有逾期也会重点提示。不仅如此，借助项目数据看板，公司的财务核算工作量减少了 70% 以上，管理者可以实时查看项目成本利润。

在项目成本管理方面，上线好业财之后，天耀建设可对项目执行过程中涉及的材料成本、费用支出、劳务外包成本等按项目实时归集，从而及时了解核算项目的成本；在每周的工作例会上，天耀建设的管理层通过项目看板投屏，可针对每个项目的实时数据进行分析，及时、准确地进行项目决策，使得项目利润大幅提升 30%。

除了这些直接价值，好业财还给天耀建设带来了更为重要的间接价值。在申发启看来，借助好业财的应用，天耀建设可以更好地记录企业的成长历程，更加清晰地了解企业发展过程中所遇到的问题，从而为企业的可持续发展提供参考和借鉴。

2023 年初，中国建筑业协会发布的《2022 年建筑业发展统计分析》显示，2022 年建筑业产值利润率为 2.68%，比上年降低了 0.21 个百分点，为近十年最低。可以说，如今的建筑行业已经进入微利时代。究其原因，除了激烈的市场竞争，材料和劳动力成本上升等因素，工程项目管理上的诸多漏洞也是利润下降的重要方面。

面对这一局面，建筑企业必须推进数智化转型升级，通过专业的数智化软件与服务，对工程项目进行全生命周期管理，实现降本增效，才能实现可持续发展，并在日趋激烈的竞争态势中占据有利位置。

天耀建设通过应用用友畅捷通旗下的产品，一路"打怪升级"，尤其是使用好业财加强建筑业关键的项目管理环节，走上持续进阶道路的创新故事，便是这一观点的有力证明，也值得更多建筑企业或者同等规模的中小微企业学习借鉴。

第三篇

创 新

用友始终专注于信息技术在企业与公共组织应用和服务领域，通过35年的持续创新，培养了深厚的企业产品创新能力，并沉淀了领先的企业业务与管理数智化创新实践。从2017年开始，用友战略投入规模研发打造了全新一代产品——用友BIP，以专业、领先、高客户价值的产品与服务，得到了一批行业领先的大型及中型企业选择和应用，已成为中国及全球众多行业不同规模的领先企业数智化建设的首选平台，为企业、产业、经济和社会带来独特价值，被重要央媒誉为企业数智化的"大国重器"。

从ERP到BIP，从信息化到数智化，从流程优化到商业创新，35年的用友发展史是一部拥抱变化、持续创新的进化史，是一部坚定信念、勇往直前的奋斗史，是一部开拓进取、与时俱进的创业史。

15　华东医药：

数智化成就一流药企，拥抱又一个"千亿"

【编者按】

　　作为一家大型综合性医药上市公司，为了应对快速变化的市场，满足国家对医药行业的监管政策，华东医药携手用友近十年，通过用友BIP搭建全国首个医药行业数字营销中台。基于互联网微服务架构的"业务中台+系统后台"的混合模式，以业务流程梳理为抓手，营销中台为核心，统一主数据，统一流程，将华东医药（商业）逐步建设成为以"两化一应用"为主导的品牌医药流通企业，加速推进企业数智化全面转型。

　　技术融合、中台赋能让华东医药信息化格局全面重塑。未来，双方将持续携手，以创新营销模式、提升营销能力，助力创建国际化品牌医药强企。同时，双方致力于为医药流通领域探索更加卓越有效的发展模式，引领产业全面升级，推动整个行业向高质量发展的未来迈进。

这是一家以科研创新驱动的国际化品牌医药强企。该企业的业务复杂，需求众多，肩负的责任重大，曾让负责实施交付的团队感到前所未有的压力。然而，正是因为不懈追求行业创新、勇于实施医药流通数智化改革的决心，以及双方共同追求的"千亿市值"的宏伟目标，推动了一次又一次的"架构之变"，从而赋能企业实现高质量发展，并在产业数智化进程中成为引领方向的"风向标"。

这就是华东医药股份有限公司（以下简称"华东医药"）。

华东医药成立于 1993 年，是中国 500 强企业之一。秉承"成为一家以科研创新驱动的国际化品牌医药强企"的愿景，在 20 多年的发展历程中，业务已覆盖医药全产业链，并以医药工业为主导，积极拓展了医药商业、医美产业和工业微生物三大领域，成为集医药研发、生产、经销于一体的大型综合性医药上市公司。

凭借卓越的综合竞争能力和高效的运营模式，华东医药以自身的高品质发展赢得了市场的广泛认可，多次获得"福布斯亚太区最佳上市公司 50 强""中国主板上市公司价值百强"等荣誉称号，并取得了"2022 浙江省百强企业"和"2022 浙江省服务业百强企业"等佳绩。

在取得如此辉煌的业绩背后，用友作为全球领先的企业数智化软件与服务供应商，是如何精准施策，为华东医药提供定制化解决方案，帮助其在竞争激烈的市场中突破重围，加快推动医药流通领域数智创新步伐的呢？

初次试水，满分交卷

用友团队帮助我们在用友 NC 平台上，构建了以项目为核心的 IT 服务价值链应用。既满足了企业业务及管理的特殊性要求，又保证了系统的稳定性。实践证明，用友 NC 是符合中国国情的、性价比较高的企业应用平台。

——中美华东信息中心主任徐晔

2014 年，随着企业合规监管要求日趋严格，华东医药的工业生产单位杭州中美华东制药有限公司（以下简称"中美华东"）希望从质量合规和经营管理入手，加强信息化建设。这得到了公司管理层的高度重视。

此前，中美华东已有相应的系统维持业务发展，但由于是自研系统，因此在专业性、药品合规管理、集团财务信息化支撑、业财一体化、多组织之间的协同方面都存在不少缺陷。上线一套标准化、专业化的 ERP 系统成为企业的刚需。

在众多候选解决方案中，华东医药最终将信任落在了用友 NC 产品上，并迅速与用友专家团队展开了深入的沟通。可能是双方坦率的对话氛围，抑或华东医药高层展现出的诚意，双方在正式签约前，便开展了业务调研与规划设计。这种先行合作的"特例操作"在用友的历史上可谓罕见，但随后的成果也证实了这是明智之举。

随后，中美华东组建了高规格的项目团队，由时任助理总裁亲自领军，并负责监督和指导工作，而用友也不遗余力地派出了经验丰富的项目经理。项目团队在进行全面调研之后，明确对平台建设提出了多项要求：能高效便捷地处理海量的流向数据，为营销管理提供准确的数据支持；实现从营销过程到费用管理的全面掌控，以及在产供销全环节的质量管理；构建符合 GMP（良好生产规范）标准的生产管理应用等。

在接下来的系统建设中，双方密切合作，一方面明确需求，另一方面基于用友 NC 进行有针对性的行业开发，短时间内便成功上线了系统。如同预期的那样，中美华东依托用友 NC，建立了完备的营销过程及费用管理体系，实现了从生产到供应、销售、财务的全链条闭环管理，并且严格遵循 GMP 标准，建立了全面计算机化的生产和质量控制系统。

图 15.1 友户会走进华东医药

用友医药行业创新中心应用架构师汪鹏飞回忆说："系统上线之时，客户的满意度极高，同时项目组也得到了用友内部的高度赞誉。他们在有限的时间里成功交付了系统，并为医药行业构建了一套质量合规管理的示范系统，这样的成就实属难得。"

中美华东信息中心主任徐晔曾说："用友帮助我们在用友 NC 上构建了以项目为核心的 IT 服务价值链应用。标准模块、二次开发模块、定制开发模块的组合，灵活的流程配置及角色权限设置，既满足了我们业务及管理特殊性的要求，又保证了系统的稳定性。实践证明，用友 NC 是适合中国国情的、性价比较高的企业应用平台。"

尤其值得一提的是，除了产品本身的卓越性能，用友还引入了一项创新性经营模式——驻场服务。这种服务模式不仅提供了即时、专业的技术支持，还深化了客户关系，确保了解决方案的高效实施和持续优化。"由于系统要经常进行迭代升级，因此我们为中美华东建立了一个小型的常驻团队去执行任务，这在原来是没有过的，这充分表明了双方共同创造价值的决心。"汪鹏飞说。

后来，中美华东的成功模式被复制到华东医药工业板块的其他几个分厂，它们都逐步进行了信息系统的替代。2018 年，用友再次帮助中美华东进行了大版本的升级，从用友 NC63 升级到用友 NC65，在平台功能和性能方面都实现了大幅提升。

"钻山塞海"换来一片通途

构建基于互联网微服务架构的"业务中台 + 系统后台"的混合模式，以业务流程梳理为抓手，营销中台为核心，驱动组织变革与流程优化，华东医药（商业）逐步建设成为以"两化一应用"为主导的医药商业企业，落地"两个百亿"战略目标。

——华东医药（商业）信息总监郑钧

前几年，医药产业链各环节在国家政策、新技术和商业模式的推动下酝酿变革。企业间竞争日益加剧，大型企业面临着前所未有的历史性发展机遇。对于华东医药来说，这正是一个不容错过的大好时机。

伴随公司向以科研开发和技术创新为主导的新型药企转型，华东医药也着手进行市场营销改革，积极推动商业模式升级，并加快完成全省医药商业市场网络建设，向以全省配送为主，总代理与特色大健康产业为辅的商业结构转变。华东医药正在朝着成为一家集信息化、数据化运营于一体的领先商业运营商迈进，旨在成为全省最大的医药商业运营平台。

为了加快改革步伐，2019 年华东医药商业板块进行了组织架构变更，在全省各地的业务布局也发生了相应改变。在调研中发现，传统的 ERP 系统已无法满足企业发展的需要，系统架构显得陈旧，系统分散且难以扩展，已不能满足许多业务场景下的需求。

"原来，ERP 系统基于企业数据总线 Mule ESB（一个基于 Java 的轻量级企业服务总线和集成平台）与外部系统衔接，所有的系统建设都形成了复杂的链路，而内部一个个烟囱式的孤岛，又形成了屏障。即使不断改动 ERP，对业务的支撑力度也越来越小。因此，我们启动了新平台的建设。"华东医药（商业）信息总监郑钧说。

凭借着与工业板块的成功合作基础，以及在商业流通领域的领先实践，加之产品的专业性和前瞻性，华东医药选择再次与用友携手，共同开发并替换了旧有平台。

在选型过程中，华东医药考虑了三个方面。第一，新平台要实现对制造、批销、物流、零售、全面质量管控等业务运营的支撑。第二，新平台要实现集团级管控。这是摆在华东医药管理者面前最新的课题。此前，华东医药按照中西成药、药材、器械几大板块进行管理，在组织发生变化后，商业板块要进行整体化的统一管理。第三，新平台要解决供应链整合方面的难题，实现对供、销、渠道以及终端的整体掌控。

然而，当进驻到华东医药项目现场后，用友团队发现此次项目的难度超乎了之前所有的预想，可以用"钻山塞海"来形容。一方面，医药行业的业务非常复杂，这意味着用友 BIP 仍拥有巨大的应用潜能和拓展空间；另一方面，华东医药对于项目的要求很高，系统应用要达到极其精细化的水平，这是之前任何基于用友 BIP 交付的项目所没有过的。

更重要的是，除了系统本身的复杂性，这一次的项目交付也十分困难。作为浙江省最大的医药流通企业，华东医药每天将近 4 万笔的业务订单量，让药品覆盖了全省区级所有公立医院、县级医院、区级医院和基层卫生院，以及绝大部分的民营医院、总药店和连锁药店等，若系统上线遭遇挑战，其影响将波及整个浙江省的药品分发与使用链条。

在浙江省医药流通领导单位的深切期待中，用友团队感受到了前所未有的压力。但这股压力随即转化为动力，激发了他们挥洒汗水、不负众望的决心。用友的"超能团队"以过硬的标准迎难而上，而华东医药董事长亲自投身前线，不仅参与每一项关键决策，还亲自监督审查，确保以"一把手工程"力保项目的顺利进行。建设期间，华东医药董事长更是频频造访现场，提出核心性建议，凸显了项目的战略地位和重要性。

项目初期，用友团队依托在医药行业累积的深厚经验，对项目方案进行了精细梳理与优化，确保提供的解决方案不仅理论上完备，也能完美契合医药流通业务的实际需求。得益于华东医药在数字化转型方面的远见及人才优势，两强联合在策略碰撞中不断迸发创意与灵感，使项目团队的信心倍增。

在系统架构设计阶段，用友团队充分发挥用友 BIP 的技术优势，展开了创新性的规划，旨在提升华东医药核心价值链的运营效益。随后，进入开发攻坚期，用友调集了 40 余名专业研发人员常驻项目现场，与华东医药的精英团队无缝对接，实现了紧密合作。在接下来的高强度工作中，团队成员夜以继日地奋战，共同铸就了一个目标——确保系统"一次上线，一次到位"。

在测试阶段，用友实施团队加强了测试工作的完备性。在系统上线之前，双方进行了数轮模拟上线，力求与真实上线情景一致。"这真的是一件十分辛苦，而且考验耐心的工作。除了我们自身的严要求、高标准，客户也进行了大量的人力投入和成本付出，以确保上线时万无一失。"汪鹏飞说。

最终，经过一年的共同努力，双方于 2020 年末在首家试点企业——华东医药湖州分公司成功启动了系统上线。系统运行后达到了预期目标，华东医药高层对此表示了高度认可。在取得了阶段性成果之后，华东医药于一年后在公司总部上线了营销中台，这使项目团队长久以来的紧张情绪得到了释放。

后来，针对华东医药财务预算管理、业财一体化的系统也都顺利上线。这不仅让用友 BIP 发挥了巨大的业务价值，更实现了当初制定的财务管控业务目标。

"搬运工"摇身变为"大健康"综合服务商

幸运的是，我们选择了用友作为合作伙伴。基于用友 BIP 的用友 iuap3.5 开发平台，帮助我们完成整个业务和管理系统的搭建。

——华东医药（商业）信息总监郑钧

在探求架构创新和行业革新的道路上，华东医药的项目组成员毫不懈怠，他们通过不断地推敲和验证，稳步构建了统一的营销中台。汪鹏飞回忆道："起初，业界同行普遍怀疑项目的可行性，他们对我们选择用友承担如此关键项目的决策充满了质疑。然而，项目落地之后，震惊了所有旁观者，他们对我们能在这么短的时间内完成这一艰巨的系统建设任务感到难以置信。"

尤其是营销中台的订单中心，它将华东医药所有来自客户的原始订单、GSP（药品经营质量管理规范）检查、价格控制、订单政策等集中，进行统一管理。同时，中台与上游体系的业务系统实现对接，当订单下达后，系统可自动开票、自动审核、自动出库等。现在，在每天外部生成的 4 万笔订单中，有约 60% 的订单不再需要人为干预，实现了自动开单、自动发货，在配送时间缩短近一天的基础上，开单的业务人员也减少了 2/3。

荆棘载途，玉汝于成。在用友 BIP 的助力下，华东医药营销中台实现了五大业务应用。

第一，统一采购品种的零库存协同销售。以绍兴模式为例，客户通过招标平台向绍兴公司下的订单，可自动转为股份公司对绍兴公司的销售订单，由股份公司将实物发送给客户，股份公司与绍兴公司完成内部结算。这样，绍兴公司可以一直保持零库存。"我们打造了零库存销售协同架构，也就是说销售组织是绍兴公司，发货组织是股份公司，这样可以保证多组织、多业务高效协同，发挥中台的一体化优势。"郑钧说。

第二，通过库存中心，让全局库存共享、统筹规划、统一配送和内部结算。2022 年，华东医药打造了金华、杭州两大物流中心作为一级库，各个子公司作为二级库的整体物流架构体系，这样可以在零库存的基础上，实现多仓协同、多库联动的模式，为企业物流成本的下降和短途配送时效的提升带来很大的改善。

第三，对于医药行业来说，商业的核心之一就是返利。华东医药有 72 大类、几百小类的药品，这使得上游的返利计算十分复杂，包括年度返利、账期返利、月度返利等。而有时候企业也要计算对下游的返利。早期，财务部门承担了这项工作，但鉴于计算的复杂性，这并不是长久之计。

通过营销中台，华东医药建立了统一的返利中心，包括预提返利池和确认返利池，从返利协议到计算、应收返利、实收返利、返利预警，再到毛利分析等进行统筹管理，从而支撑上下游返利协同。

第四，营销中台还包含了政策中心，也就是将业务的政策管理提取出来，通过建立资质管理、两票制、销售信用等服务，方便业务部门以配置的方式就能实现管理，在保证合法合规经营的同时，控制企业风险。

第五，商业药品的价格比较复杂，有省级管控、地市级区域管控，除此之外，还有医共体或二次议价等情况，因此要为每一个客户呈现一张药品价目表。通过中台的价格中心建设，逐步形成三价体系和价格联动，在保证药品底价不被卖穿的同时能够返利到位，从而确保企业的利润。

目前，在新的架构模式之下，华东医药多端订单自动化处理效率提升了 37 倍、仓库散件批号量下降了 20%、每年报损金额减少了百万元。探究其多方面的影响，营销中台究竟为华东医药的业务运营注入了何种增值效益？郑钧认为有以下几点。

第一，信息化支撑。企业突破了传统医药商业公司"搬运工"赚"劳务费"的形象，转型为以消费者、患者为中心的"大健康"综合服务商。企业可全面连接分销商、医院以及患者，优化升级药品物流服务体系，更快、更好地服务医院、直达患者，同时向资源整合、精细化运营要效益。

第二，管理模式转型。在医药新政和国家强控的市场环境下，华东医药全面实现集团内部高效协同与资源统筹安排，达成了资源平衡降成本、合理化配送提效率。集中采购、多仓联动，让传统的"搬运工"具备全新的竞争力，全面提高了对医患需求的响应速度。

第三，连接内外，快速响应。当下，对于客户任何需求的传递、政府的监管等，都由营销中台支撑，可无缝连接经销商、医院、患者，从而快速响应需求、合理分配任务、提供精准服务。同时，企业还落实了全渠道通路响应、自动化风险控制、智能化资源配置等海量业务的高效处理，全面提升了服务品质。

第四，全链管控、高效运营、合理回报。有了营销中台，华东医药实现了对下游渠道的有效管控和执行过程质量管理等全业务链的精细化管控。同时，面临着海量业务单据处理、四小时配送等巨大压力，系统解放了劳动力，提升了运营效率。更重要的是，华东医药建立了一套科学的内外部核算机制，业务全流向的采购返利精准计算保证了公司的经营收益，合理的内部绩效考评机制的建立，也促进了团队效能的提升。

第五，连锁零售公司经营数据聚合、共享与分析。营销中台彻底改变了众多业务系统各自为政、业务断层、流程不畅、数据分散的情况，构建了面向全业务链条的资源提供中心、业务执行跟踪中心、数据共享中心，帮助管理者全面掌握经营情况，为未来经营指导和决策提供了数据支撑。

由此可见，营销中台的建立在很大程度上支撑了企业的组织架构调整和业务创新。在目前的基础上，双方继续通过业务中台、数据中台建设，实现统一订单处理、统一库存策略、统一流程标准、统一返利核算、统一集采规则、统一价格体系等。

"对于华东医药来说，由这种架构之变带来的影响是深远的。通过中心化、服务化的营销中台建设，将华东医药的前端业务更好地聚合，力求做到业务场景可组合，管理组织可重构，功能服务可复用，内外数据可共享，从而方便企业根据实际运营情况进行调整，为业务创造更大的价值。"郑钧说。

现在，华东医药在营销中台建设层面的领先实践已发挥了极强的示范作用。不仅让中小型行业客户产生了很大的兴趣，而且在国家对于医药流通行业的合规经营层面，也树立了标杆。华东医药的质量管理专家团队经常与行业同人分享先进的管理理念和实战经验，致力于提升整个医药行业的合规运营标准。

未来，随着用友 BIP 的持续升级，华东医药将进一步加强与用友的沟通和协作，利用用友 iuap 提升技术、管理和标准，从而更好地实现企业数智化转型。

下一家"市值千亿元"的数智药企正在崛起

华东医药与用友携手近十年，共同迈向数智化变革，开启了医药商业流通领域创新的篇章。在当前医药行业经历政策变革，挑战与机遇交织的大环境下，外部波动给企业生产经营带来了未知的变量。

华东医药在"危机"中探寻转机，依托其深厚的行业洞察，优化自身优势，走出了一条与众不同的数智化转型之路，成为在稳健经营和发展质量上的引领者。在这一过程中，用友不仅是华东医药的服务提供者，更是携手并进的同路人。两者在对精益管理的追求、场景创新的探究以及满足国家监管要求的不懈努力中，成果愈加显著。

高质量发展离不开科技研发、技术创新的不断突破。随着数智化全面建设时代的到来，双方将展开更加深远的合作，加速迈向"市值千亿元"顶尖药企的建设进程。双方致力于为医药流通领域探索出更加卓越有效的发展模式，引领产业全面升级，推动整个行业向高质量发展的未来迈进。

16　重庆中烟：

锐意开拓猛追赶，凝心聚力数智化

【编者按】

　　重庆中烟与用友的合作始于 2015 年，共同推进重庆中烟"十四五"战略规划落地，把"数字重庆中烟"规划蓝图变为现实。双方基于"云＋中台＋微服务"进行中台化解耦，构建"敏捷供应链、智能财务、数字人力"三大核心能力，首创围绕事项和规则组合的财务监管模式，助力提高资源配置效率，实现了"上云用数赋智"。

　　面向烟草行业，用友将继续深度推进新时期企业管理与商业模式变革重构，为"数字烟草"建设提供高质量发展引擎。

国内最年轻的中烟，却是最具发展活力、成长速度最快的烟草企业；以战略高度积极践行企业数字化转型，寻求信创快速突破，铺设了企业高质量发展的快速路；没有历史包袱，争当行业创新先锋，让生产更"聪明"，让管控更高效。它就是重庆中烟工业有限责任公司（以下简称"重庆中烟"）。

多年来，重庆中烟致力于科学研究和技术创新，集结了一批高水平的研发人才，并打造了先进的生产技术与设备，为消费者提供了优质的卷烟产品和服务。

随着数字经济的内涵不断丰富，它已成为我国经济转型增长的新变量，经济提质增效的新蓝海。国企作为国家经济的命脉和主心骨，数智化能力自然被看作企业生存竞争力的分水岭。只有不断重塑企业运营模式，加强管理创新，才能在数智化浪潮中站稳脚跟。

2019年以来，重庆中烟围绕贯彻落实行业高质量发展要求，紧密联系企业实际，大力实施"追赶""集聚""数字化"三大战略，突出"快"，追求"好"，铸就"特"，奋力探索走出一条特色发展新路子。

所谓追赶，就是在产销规模上大力提升，在"十四五"期间奋力跻身行业重点品牌一类烟前十和中支产品前十；集聚的含义在于推进品牌集聚发展、市场集聚拓展、客户集聚吸附、资源集聚利用。通过重点打好"天子"这一核心品牌，持续提升核心产品集中度和"两高"产品占有量。

随着信息技术的不断发展，烟草行业正在积极推进数智化转型，以适应市场需求和竞争环境的变化。比如，通过采用智能化生产设备和生产线，实现自动化的卷烟生产和包装，以提高生产效率和质量；又如，建立数智化供应链，实现对供应链的全程跟踪和管理，包括原材料采购、生产过程控制、产品配送等，以提高供应链的透明度和效率，降低成本；再如，通过二维码构建卷烟"盒条件"及"条零"关联管理，提高烟草产品的安全性和可追溯性。

作为烟草行业极具发展潜力的中烟公司，重庆中烟在"十四五"时期瞄准了"数字重庆中烟"的建设蓝图。为了将它变为现实，企业将数智化转型明确定位为公司的三大战略之一，坚持高起点规划、高标准建设、高水平运营，大刀阔斧地推进具体工作。重庆中烟期望通过 3 ~ 5 年的努力，全面实现企业数智化转型。

落实"36111"，打造"数字重庆中烟"

作为烟草行业的新生力量，重庆中烟在快速发展的过程中面临着来自内外部的双重挑战。

首先，来自行业竞争的挑战。随着宏观经济发展变缓，中央八项规定贯彻落实，控烟履约政策深入推进，烟草行业竞争已经从"增量共享"转变为"存量分割"。而且，随着全球人口老龄化和城市化的加速，烟草市场逐渐饱和，而新兴市场的竞争也越来越激烈。这使得烟草企业需要寻找新的增长点和差异化竞争策略，以保持市场份额和利润增长。

其次，来自基础能力的挑战。虽然年轻的企业更具增长活力，但是从另外一个层面来说，企业在业务和管理方面仍不够成熟，缺乏相关经验和实践，以至于无法支撑企业的快速增长。只有通过数智化建设，重庆中烟才能夯实业务基础，加强企业管理。

最后，来自技术应用的挑战。随着数智技术应用的普及，各工业企业开始积极探索"云、大、物、移、智"等新兴技术，让它们在烟草管理和业务运作中发挥价值，推动管理和业务的提升与变革。这也是重庆中烟实现追赶和超越的关键手段。

数智化转型是一场转换意识、转变方法、转移路径、转化组织、转动体系的变革，重庆中烟坚持以"36111"数字战略蓝图为导向，以行业新数基技术为驱动，全面推动 ERP 解耦上云，"数字化"战略助推"追赶""集聚"战略落地。

在重庆中烟"36111"数字化转型蓝图中："3"代表规划应用、数据和技术三大架构，作为总体的方向指引和整体遵从；"6"代表完善的六大数字化应用平台，它们是管理和业务的数字化核心运营保障，包括数字化战略管控平台、智慧营销平台、精准研发平台、智能制造平台、数字化供应链平台和智能仓储物流作业平台；第一个"1"代表推进数字化政务事务协同平台建设，支撑企业的数字化业务协同；第二个"1"代表打造一个新型数字化基础支撑平台，作为应用的统一数字化建设和运营的技术基础；第三个"1"代表构建一套卓越的信息化治理体系作为数字化运营体系的运行支撑。

重庆中烟深知，只有将"36111"蓝图落地，才能真正打造"数字重庆中烟"，提升数字化能力和竞争力，实现智能化、高效化、创新化和可持续发展。

"数智化航母"的作战能力

在重庆中烟内部，"数字重庆中烟"被定义为"数字化航母工程"，其重要性不言而喻。为了让这艘"航母"下水运行，重庆中烟以"全域感知、互联协同、数字运营、智能决策、运转高效"为目标，充分利用"云、大、物、移、智"新兴技术，从业务域、生产域、管理域等多个维度进行改造提升，让数字化赋能的重庆中烟焕然一新。

第一，构建基础平台，让管控更"有效"。

经过近年来的数智化建设，重庆中烟建立了覆盖企业管理、产品、市场、供应链、工厂管控等核心业务领域关键流程的应用系统，基本支撑了"端到端"的业务运营需求。

要实现这一目标，关键在于构筑坚实的数智化底座。因此，在"航母级的工程"建设中，最重要的就是打造以"云＋中台＋微服务"为核心的"云化ERP"，而ERP上云的关键就是要解决业财解耦与业财深度融合的问题。重庆中烟"云化ERP"借助事项会计中台，在业务的灵活性和财务规范性之间取得了平衡，提供了全新的业财融合模式，帮助重庆中烟实现了行业和业务的多个数字化应用创新。

提及事项会计中台，便自然联想到事项法会计的重要性。这是因为事项会计中台的核心理念在于捕捉和管理业务活动的各个事项，而事项会计则关注如何将这些事项准确地反映到财务报表中。事项会计是构筑于"事项"基础之上的会计理论，它以"事项"为起点并贯穿始终。

从理论层面上，事项法会计的概念并不复杂。然而，从信息系统的角度来看，在数智化转型之前确实存在一定难度。随着现代化软件和硬件的发展，尤其是在数字化思维、方法论，以及相应的工具和技术日益成熟的今天，事项法会计实施的条件已经日渐成熟，使得它能够真正被企业所采纳和有效运用。

重庆中烟认为，尽管业财融合的理念已提倡多年，但要真正实现信息多维度的精准管理、实时互动和深度融合仍是一个颇具挑战的课题。此外，在数据治理领域，缺乏严格的数据治理体系将导致数据不稳定和质量低下，这样不仅无法实现事项会计的核心价值，更可能引发一系列决策失误。

除了技术和管理层面的难题，企业在引入事项会计时首先面对的是思想上的转变：必须摒弃旧有的管理模式，学习并采纳新的方法和工具，以此来调整企业的管理架构、业务流程及相关操作。这种思想上的革新，通常比技术实现更为困难，也更为关键。

在重庆中烟的发展历史上，财务管理经历了三个阶段，从以财务会计领域为起点的会计电算化，到管理会计领域的财务信息化，再到目前正在探索的财务全领域覆盖的财务智能化，财务部门一直都是企业转型升级的排头兵。尤其是在新一代信息技术方兴未艾的当下，财务部门更是要积极探索智能化财务。

重庆中烟表示，以前的业务发生，财务核算都是事后记账，现在则是把财务的管理思想和核算的标准制定好，把每一项业务从产生开始就按照事项分类，然后根据事项编制事项分录，再转化成会计分录，最后形成报表。

事项法会计体现的是一种财务会计和管理会计的融合思想。财务会计的目的是为企业生存、计划、发展做出财务视角的判断。但是，当业务已经发生，事后再做分析，就不能真实反映业务的状况。因此，我们要前置，把业务规则、财务控制与企业的计划、目标、战略结合起来，然后用系统去支撑，这才是一种真正的业财深度融合。

经过前期的综合评估和选择对比，重庆中烟决定携手用友，依托用友 BIP 事项会计中台搭建全面的事项法会计体系，赋能财务走向价值创造。这一决策不仅将企业的数智化愿景转化为具体行动，而且为重庆中烟数智化转型的征途奠定了坚实的基础。

第二，科学运营，让场景"全连接"。

以应用云计算、大数据技术为着力点，以建立新一代超柔性、自学习、自优化的精益智能化生产模式为落脚点，重庆中烟通过"构建一个体系、建设一个平台、打造四个协同、抓住三个统一"进行数字化探索。

"一个体系"即"中烟 + 三厂"的一体化管控、全方位协同的智能制造运营管控系统，也就是重庆中烟智能制造"1+3"一体化管控模型的建设。

"一个平台"是基于重庆中烟智能制造巅峰运营管理模式的数字化制造管理平台，在公司层面建立一体化制造执行管控模式，在工厂层面建设工厂指挥中心和制造信息平台。

"四个协同"为产研协同、产供协同、分布式生产协同、产销协同。其中，在产研协同上，重点建立起研发（工艺、标准）与生产（计划、过程控制）之间的联系，实现产品全生命周期管理、质量控制与保障模式；在产供协同上，重点与市场需求和生产计划对接，合理规划库存布局及物资供应，提升物流仓储效益和响应速度，通过原辅料备货策略衔接产供，结合不同的生产消耗预测，实现更加精细化的物资供应和库存管理；在分布式生产协同上，重点建设以生产计划为主线，贯穿生产制造全过程的业务协同机制，实现公司"1+3"的一体化管控模式和资源优化配置；在产销协同上，重点建立快速响应市场需求变化的市场需求与生产制造协同机制，实现产销存平衡，降低存销比，提高生产效益。

"三个统一"指抓住公司和生产厂业务管控模式、技术体系架构、数据技术标准的统一，"中烟＋三厂"同步实施，一次性实现集团化一体管理，实现公司"大集中、大整合"的管理目标。

正是通过这些能力的构建，让重庆中烟可以一体化运营、全场景连接，消除了业务和管理的断点、堵点、卡点，从而与时间赛跑，在快速发展的道路上奋力前行。

从"追随者"到"领跑者"的创新蜕变

我们与用友共同学习、共同提高、共同成长，用友的敬业精神确实值得敬佩。

——重庆中烟

在战略规划的引领下，自 2015 年成立以来，重庆中烟的业绩实现了成倍飞跃。在踏上新征程的道路上，重庆中烟并不是孤军奋战，而是拥有了一位能够在风雨中共同前行的合作伙伴——用友。双方携手并肩，共同占领创新高地，用友的支持和伴随无疑成为重庆中烟前行道路上的一股强大动力。

当用友团队带着用友 BIP 3 站立在重庆中烟的门前时，这场最新科技与最具活力的烟草企业的相遇，必定会擦出独特的创新火花。

重庆中烟与用友合作的起点是财务领域，目的是通过自动化减少手动劳作。随着企业的战略升级，重庆中烟致力于追求标准化的成长路径，其中业务和财务标准化构成了核心目标，为与用友的紧密合作奠定了基础。

在经历了两次显著的飞跃后，追求业财一体化的"云化 ERP"项目被正式纳入重庆中烟的数智化转型计划。重庆中烟"云化 ERP"项目是烟草行业进行信创国产化数字化转型最具代表性项目之一；是行业首家中烟公司基于"云平台＋中台＋微服务"架构进行的业务解耦重构，打造了"数字供应链、智能财务、人才数字化"三大管理核心能力，实现了"上云用数赋智"。

为落实业财一体化，必须解决数据的精准性、多维度展现以及业财数据的实时交互问题。在这一需求的推动下，重庆中烟与用友共同打造了一个事项会计管理系统。借助用友 BIP 事项会计中台，实现真正意义上的业财融合，在数智化转型的征途上又迈出了坚实的一步。

在管理层面，重庆中烟数字化转型的亮点无疑是实施事项会计管理体系的创新尝试。用友 BIP 事项会计中台是行业首个落地的产品，以业务事项将企业纷繁复杂的经济活动，按照业务领域、行业等特性，进行统一的归纳；构建核算规则引擎，按照规定的财务标准与会计方法对业务事项进行确认与计量，自动生成事项分录，即融合了业务信息与财务信息的多维精细的会计核算数据，为企业核算与分析提供更具时效性的业财融合的数据服务。

用友 BIP 事项会计中台成功落户重庆中烟，实现过程的艰辛可能只有参与者才能够完全理解。

2023 年 4 月，重庆中烟进行了系统切换，面临的时间压力非常大。重庆中烟对这次转型的成效寄予厚望，因此对项目团队提出了严格的时限要求。但现实挑战丛生，尤其是庞大的数据量和不统一的数据标准，给系统的顺利上线带来了不确定性。

面对客户坚定的需求，用友团队以果敢和坚毅作为回应。那段时间，实施人员连续工作至凌晨，通过不懈的系统调试和数据录入确保项目进度。在一次凌晨五点的测试中，团队成员遇到了新的障碍，但他们毫不放松，迅速回到岗位，开启了又一天的劳作。

重庆中烟对用友团队的专业技术能力和其对烟草行业业务的深入理解表示

出了深深的赞赏。他们曾多次建议项目组成员适当休息后再奋战，但用友团队依然展现出了自己的敬业精神和坚持不懈。这样的职业精神不仅是对客户承诺的体现，也是用友能够迅速成长的关键因素之一。

当前，我国烟草行业企业构成丰富多样，包括 19 家工业企业、省级烟草专卖局（公司）33 家、上百家三产公司。此外，还包括多样化的工商企业下属各级及各类企业、种烟农户、卷烟零售网络，成为国家经济的重要支柱。几年前，很多企业开始进行数智化转型，实现生产、经营、制造的一体化规划和落地。重庆中烟作为行业内首家试点"云化 ERP"的企业，通过摸索行业标准，打造行业基线版，创造了行业的领先实践，大幅提升了整个行业的数智化水平。同时，烟草行业的信创正在如火如荼地开展。通过与用友合作，重庆中烟打造了烟草行业首个信创云底座，这也是积极推进软件国产化替代的新举措。

重庆中烟与用友的长期合作，不仅是信息技术的变革，更是双方创新思维的碰撞。重庆中烟表示，与用友的联手创新成果显著，尤其是数智化转型成效显而易见。过去，卷烟生产的成本核算往往因为流程滞后而缺乏及时性，这在用友 BIP 事项中台得到了根本性的改善。如今，相关费用如水电气等一旦发生便能实时入账，确保了成本系统能够即刻同步数据，极大提升了重庆中烟对成本和税利数据的实时控制。

随着数智化应用的深化，重庆中烟与用友共创的价值不断涌现。重庆中烟指出，数字化的成功在于创新实践应用，而不在于系统的数量。通过与用友的携手，重庆中烟引入了领先的管理理念和技术平台，实施了行业化变革，促进了烟草行业的创新发展。

正是这样的携手共进、协同创新，让用友与重庆中烟推出了一个又一个行业数字化首创，在高质量发展的道路上，双方用创新成就彼此。正如其所愿，双方将继续深耕行业，在帮助重庆中烟实现"36111"战略目标的同时，争取从行业的追随者跃升为领跑者，并为产业的转型升级和提质增效创造新的未来。

17 雅戈尔：

开创数智新纪元，迈向"世界级时尚集团"

【编者按】

雅戈尔与用友开展合作近 20 年，深入推进营销中台建设，对营销体系核心数据、业务流程进行集中统一管理，实现电商平台和实体零售店的深度融合，全渠道统筹，共享库存，以"数智"将企业商业价值转化为客户价值。

未来，以数字营销中台为新起点，雅戈尔持续与用友并肩前行，在数智化浪潮中积极推进数智化经营，以科技创新引领企业开创高质量发展的新格局，共展"世界级时尚集团"宏图。

在《就业、利息和货币通论》中，英国经济学家约翰·梅纳德·凯恩斯写道："消费是一切经济活动的最终目的和唯一对象。"消费早已成为拉动中国经济增长的第一驱动力，成为中国经济稳定运行的压舱石。基于此，消费品行业的数智化转型升级和高质量发展对于稳增长、促发展、惠民生至关重要。

40多年前，当改革春风拂过浙东大地时，宁波石碶镇的戏台下诞生了一家集体经济小作坊，取名"青春服装厂"，给镇上的国有服装厂缝制一些边角料。

经过几十年的发展，这家小作坊已成为涉及时尚、房地产、投资、康养、文旅和国际贸易六大产业，年销售收入超过 1 700 亿元的综合性国际化企业集团。它有一个响亮的名字——雅戈尔集团，旗下的雅戈尔集团股份有限公司（以下简称"雅戈尔"）为上市公司。

虽然衣食住行是人们日常生活的基本配置，服装作为第一消费热点，更是永不落幕的刚需，但由于综合成本持续走高、市场同质化竞争日益严重、消费者购习惯发生变化等，服装行业在过去很长一段时间内始终徘徊在低谷。作为服装行业龙头的雅戈尔，也不可避免地遭遇了"中年危机"。

与此同时，以移动互联网、云计算、大数据、人工智能、物联网和区块链为代表的新一代信息技术正在集群式、交互化地驱动着新一轮商业创新，企业数智化成为大势所趋。对中国企业而言，这既是机遇，也是挑战。

在 2019 年，也就是雅戈尔成立 40 周年的时间节点上，雅戈尔集团董事长李如成定下了未来 30 年的奋斗目标——成为世界级的时尚集团。在此前 40 年里，雅戈尔之所以能"青春不老"，一直保持着旺盛的生命力，最重要的原因就是企业一直走在技术革命的前沿。因此，面对新趋势、新目标，在危与机之间，雅戈尔再次毫不犹豫地选择了拥抱数智化浪潮，以科技赋能和数据驱动，引领企业开创高质量发展的新格局。

图17.1 雅戈尔门店场景

数智化重新定义雅戈尔

根据企业的发展，雅戈尔一直坚持"传统与创新结合"，这是我们雅戈尔的核心文化，所以我们考虑用智能制造、标准化、自动化、数字化、信息化来改造我们的传统生产模式，这是一个新的智能制造模式。

——雅戈尔集团董事长李如成

虽然通过推进数智化实现转型升级和商业创新，已经成为大多数企业的共识，但企业数智化没有标准答案，每一家企业都要结合自身的实际情况，因地制宜地制定战略与执行方案。

雅戈尔是一家以服装为主业的传统企业集团，规模大、业务多元、组织复杂。其中，雅戈尔的服装业务受技术变革、消费习惯变化等因素影响，面临着商业模式（包括生产制造流程、销售渠道、营销方式等）的整体重构，因此雅戈尔的数智化转型升级，需要将企业的传统模式和新的战略充分结合，实现企业资源整合优化、生产制造效率提升、品牌营销升级等目标。

基于这样的思考和判断，2017年，雅戈尔围绕着"建设世界级时尚集团"的战略，以中台建设、未来工厂、智慧营销为主要目标，按下了数智化转型的按钮。

根据规划，在制造方面，雅戈尔要推行"六个化"，即标准化、自动化、信息化、数字化、智能化、平台化，力争做到消费者可以直接跟工厂对接，消费者想要什么款式，工厂就可以在生产车间里以最快的速度制作完成，也就是C2F（消费者通过互联网向工厂定制商品的一种新型电子商务模式）。在智慧零售方面，企业要着手打造六个方面，即有号召力的品牌、有竞争力的成本、快速反应的体系、良好舒适的体验平台、高科技应用，以及线上线下深度融合，从而为客户提供最佳的服务。

在追求发展的道路上，数智化转型是关键的一环，而战略规划则是这一进程的启航点。然而，比规划本身更为关键的是策略的有效实施。在这个关键转折点上，选择一个相匹配的数智化转型服务提供商至关重要。对于大型企业而言，领先的企业服务提供商的支持不可或缺。在众多大型企业数智化转型的案例中，用友的服务和经验屡获推崇，其在行业中的领先地位为企业的数智化旅程提供了坚实的保障。

实际上，在雅戈尔早期的信息化建设过程中，用友一直是雅戈尔值得信赖的合作伙伴，双方的协作一路走来既合拍又融洽。现阶段，双方共同迈入数智化的新纪元，继续携手合作实属水到渠成。

图 17.2 雅戈尔智能工厂

大型企业数智化转型是一个长期持续的大规模系统工程，必须首先找到一个关键的突破口，而这个关键的突破口往往是财务数智化。事实上，这正是雅戈尔最为迫切的需求。早在 2017 年时，雅戈尔集团旗下就有 700 多家公司，因为缺乏统一的管控平台，导致每家子公司都成了一个信息孤岛，与集团总部之间互联的效率十分低下，这严重影响了业务的发展。

不过，幸运的是，财务不仅是用友起家和最早专注的领域，也是用友客户基础规模最大、知识和经验积累最丰富的领域。因此，雅戈尔数智化中台战略的起点就是财务共享中心的建设。

对于大型企业来说，财务数智化转型就是要逐步建立财务共享中心，要统一管理、统一核算，要实现企业财务工作的标准化、数字化、智能化，要打造全集团上下"一本账"，从而提升财务管理水平，为战略和管理者决策提供服务。

在用友的协助下，雅戈尔在三年多的时间内成功建立了财务共享中心。通过这一平台，实现了全国范围内的财务资源共享、集中式的财务管理以及实时的财务分析。如此一来，集团不仅确保了财务工作在全国范围内的共享与标准化，更是显著提高了财务管理的效率和水准。随后，在用友的助力下，雅戈尔成功构建了业务中台和数据中台，进一步加强了企业的核心竞争力及数据驱动能力。

基于业务中台，雅戈尔在构建统一、标准的业务服务的基础上，实现了全国库存共享、订单智能派送、统一价格管控、集中收支结算等功能，利用业务中台，构建了订单中心、库存中心、会员中心、政策中心等多个中心，很好地实现了业务数字化的建设工作。

立足于数据中台，雅戈尔通过前期数据治理、经营指标梳理、数据平台建设、数据可视化、数据智能应用等数据工作的开展，利用大数据、算法、AI等技术，初步实现了公司海量数据存储、大数据实时监控、智能决策等业务的开展。

至此，雅戈尔中台战略的三个支柱全部建成。通过财务共享中心与业务中台、数据中台的互联，雅戈尔实现了信息的高效流转，为企业数智化转型奠定了坚实的基础。

100年前，宁波"红帮裁缝"靠一把剪刀、一个熨斗、一卷皮尺闯天下，在中国服装史上书写了辉煌的一笔。今天，雅戈尔依靠数智化转型，实现了全产业链、全生产要素、全场景的升级与创新，为企业可持续发展和产业升级提供了可参考的样本。

人、货、场，全域连接

2018年，雅戈尔迎来了数智化转型的攻坚之年，并明确了做中国服装行业工业互联网先行者的战略目标。在智慧营销层面，结合董事长"六个方面"的指引，我们要积极探索人、货、场的全域连接，对营销体系核心数据、业务流程进行集中统一管理，实现电商平台和实体零售店的深度融合，全渠道统筹，共享库存，以数智力量将企业商业价值转化为客户价值。

——雅戈尔 CIO 王歆

作为宁波企业的代表，过去 40 余年，雅戈尔在传统零售领域已形成两大优势，即全产业链布局和全自营渠道建设。

在产业链层面，雅戈尔已构建起从棉花种子培育到棉花种植、纺纱、织布、成衣制造的全产业链能力。在渠道层面，雅戈尔自建门店已遍及全国 34 个行政区域。在 2 000 多家门店中，自营比例高达 98%，自营店估值更是超过 200 亿元。目前，雅戈尔在全国共开设近 1 400 家商场专厅，其中 80% 销售额排名男装前三。

但李如成认为这还不够。他时常问经营管理团队："服装零售的本源到底是什么？"而每一次得到的答案都是一致的，那就是满足消费者的基本需求。当顾客看上一件衣服后，店员要第一时间拿给他。这就意味着，传统的零售店需要备货。但如此一来，又造成了令目前所有产销合一的品牌服装企业最头疼的问题——库存。

雅戈尔数智化转型规划中的第二大部分——智慧营销体系的建立，就是要破解这个行业老大难问题。

到底该怎么破？雅戈尔营销中台应运而生。营销中台作为雅戈尔数智化转型战略的核心组成部分，是利用数智技术实现对新商业的实践与探索，寻找雅戈尔未来商业发展的新思路和新方向。

当时，雅戈尔急需通过建立数字营销中台来推动智慧营销战略和体系的落地。换句话说，随着新零售浪潮的兴起，企业希望通过线上微商城、电商网站、社交媒体、App 等平台与线下门店同步联动，达成跨平台、跨渠道、跨区域线上线下营销模式的无缝衔接，为会员提供更加个性化的增值服务。同时，充分应用大数据手段 360 度采集会员信息，进行全渠道营销。

有了明确的需求，雅戈尔又一次选择用友，共同构建数字营销中台。

作为用友面向企业与公共组织数智化领域打造的最新企业服务产品集，用友 BIP 拥有多项首创或领先的平台技术，以及领先的应用架构，提供覆盖财务、人力、供应链、营销等十大核心领域的众多创新服务，沉淀了众多细分行业领先企业数智化创新实践，并建立起大规模生态，全面保持了全球领先地位。

其中，用友 BIP 营销云面向集团型企业和创新型企业，提供全渠道、全链路、全领域的营销数智化服务，包括 B2B（企业对企业）订货服务、多级渠道管理、直分销 CRM 服务、营销活动费用管理、新零售、会员管理、电商服务、在线客服、售后服务和电商通等服务产品。

针对大中型企业推进数智化治理、数智化运营、数智化技术平台等方面的需求，用友不仅提供基于用友 BIP 的数智化营销产品与解决方案，还为行业头部企业与创新型企业提供了共建营销创新服务，以价值链增值和开源节流为目标，拉通端到端的产业链，探索产业互联营销新模式，提升产销效率与供需协同，优化一二次物流，构建数智化的产供销服一体化协同体系和可视化赋能的经营决策。

基于用友 BIP 营销云，双方按照前、中、后台的应用架构理念，建立了渠道中心、商品中心、订单中心、库存中心、结算中心、会员中心、绩效中心等中台服务，并通过分布式框架服务于前端应用，推进"智慧营销"系统的建设。

在建设的过程中，结合实际业务，用友团队为雅戈尔的数字营销中台注入了"数据整合、业务打通、总线集成、赋能到端、弹性流程"等功能，这让营销中台具备了更贴近于客户需求的能力。同时，打造了诸多关键业务场景，其中以线上线下订单协同、渠道扁平化、商品全生命周期管理、门店全生命周期管理最为典型。

线上线下订单协同，通过智慧营销中台整合订单和会员的统一管理，可以快速收集多渠道的线上订单，并统一按照预先设定的路线规则进行派发，同时在线上和门店业务部门之间实现业绩拆分，推动线上线下的紧密协同，为客户营造线上线下无缝化、一致化的购物体验。

渠道扁平化就是通过智慧营销中台，支撑雅戈尔渠道结构扁平化，可以灵活配置渠道架构和交易关系。同时，将全局库存管理权限收归总部，做到全局库存统筹管理，以加快商品流动，减少库存积压，支撑线上线下订单协同。

商品全生命周期管理，就是将原来分散在多个业务系统中的商品主数据进行统一管理，并实时同步到各业务系统。同时，对商品全生命周期的数据进行汇总，为后续大数据分析提供支撑。

门店全生命周期管理，就是对每一家门店从开店、装修到经营、关店的全过程进行统筹，便于为市场分析和布局决策提供数据支撑。

项目上线验收完成之后，雅戈尔对营销中台的反馈极为积极，认为其上线为实施企业数字营销战略发挥了关键性的推动作用。2023年初，一位雅戈尔库存经理曾激动地说："全流程、全周期信息化平台的运用，有效实现了商品物流、原材料采购的最优配置，大大降低了库存。近三年，公司销售量每年增长15%，库存量却低了2/3，销售与库存比接近1∶1.6，这些数据充分证明了营销中台创造的价值。"

让商业价值转化为客户价值

基于用友BIP营销云，雅戈尔与用友建立了渠道中心、商品中心、订单中心、库存中心、结算中心、会员中心、绩效中心等中台服务，并通过分布式框架服务于前端应用。

——雅戈尔CIO王歆

用友BIP数字营销中台帮助雅戈尔实现了电商平台和实体零售店的深度融合，打通了线上线下、厂内厂外产品信息数据共享通道，把市场后端的POS、

CRM 等平台与生产流程的 ERP、CAM（计算机辅助制造）等系统，以及市场前端的订单、物流、会员、定价、库存、财务等管理系统一体化集成，让消费端数据通过中台可直接调动生产流程，实现了 C2F 的反向协同生产。

王歆从四个方面阐述了用友 BIP 营销云为雅戈尔创造的价值：第一，构建了统一的数智化运营指挥中心，将营销体系的核心数据、业务流程和逻辑进行集中管理，为雅戈尔持续的营销创新奠定了坚实基础；第二，打破了线上线下壁垒，实现了电商平台和实体零售店的深度融合，包括政策协同、订单协同，促进了雅戈尔整体销量的提升；第三，打破了库存中心的组织壁垒，实现了全渠道库存共享及统一管理，最大限度地提高了库存周转率及营业员的积极性、能动性；第四，实现了电商仓配送、门店配送、区域仓配送等多种配送方式，系统可快速处理订单、智能匹配发货，大大提升了消费者体验。

以库存场景为例，从消费者视角来看，打通线上线下库存后，消费者可以在线上下单，线下离他最近的门店会进行配送，并享受一样的价格。同样，当消费者在线下门店看到一件心仪的衣服，但店里没有尺码时，也可以在线上下单，由线上或线下有货的门店配送。这样一来，就解决了消费者最初的需求——"看上必有货"；同时，任何一家门店都可以卖自己没有备货的服装，也就是只要整个"大盘子"里有，门店就能卖，且不用大量备货，库存问题就这样迎刃而解了，而且带来了货品周转的加快和营销效率的提升。

未来，雅戈尔还将持续不断地加大在数智化建设方面的投入，提升对渠道和消费者的服务能力，改善用户体验，同时加强营销业务的精细化、数智化运营能力，用数据驱动业务经营。更重要的是，雅戈尔也将不断加强和用友的合作，通过用友 BIP 赋能自身数智化转型升级。

争做新零售"弄潮儿"

我们跟用友合作了很多年，从财务软件到营销中台，每一次都选择用友。雅戈尔跟用友合作，是因为我们有一个很大的共性，就是大家文化相近，勤于创新，踏实前行。用友团队总能与我们进行多层次的交流和沟通，在了解雅戈尔的基础上，共同发展。

——雅戈尔集团董事长李如成

随着数字经济时代的大幕拉开，雅戈尔适时而变，迎合了这一历史性浪潮。正逢此关键时刻，用友亦早已备足马力。两强相遇，携手并进，从此编织起多年的紧密关系网。

这些年，雅戈尔始终保持着开拓进取和稳健经营的双重步伐，紧扣转型升级与科技创新的主线，稳固了其在高档品牌服饰行业的领军地位。在数字经济的巨浪中，雅戈尔与用友并肩，不仅实现了创新性的自我超越，其革新的速度与决心更是赢得了服装行业的瞩目。

雅戈尔与用友均为各自领域的旗舰，尽管业务模式迥异，却始终坚持以客户为中心，忠于初心，勇于创新，坚守品质。正如李如成所言，两者合作的共同点在于文化理念的契合、创新精神的共鸣和脚踏实地的进取态度。

如今，这些精神早已流淌在双方的血液中，根植在传统服装产业数智化升级和企业服务产业创新发展的土壤里。

18 郎酒：

蜀道佳酿的"千亿征途"

【编者按】

作为中国酒业头部阵营的一员，郎酒一直走在酒业数智化变革的前沿，从成立品质研究院以数智化赋能品质提升，到依靠会员系统实现了数字化营销闭环，郎酒在生产数智化、资产数智化、产品数智化、渠道数智化，以及消费者数智化等不同领域取得了全新突破。

从用友 U8 到用友 NC，再到用友 BIP，郎酒与用友 20 余年相伴成长，构建了集团管控及交易结算业财一体化平台，实现了内部结算"一根指挥棒"和"一体两翼"的供应链体系，帮助打通产供销协同闭环的管理流程，在业内率先采用 BIP 低代码平台，快速、敏捷地搭建知识产权管理平台，既保护了品牌价值，又防范了侵权风险，成为数智化助力企业高质量发展的行业标杆。

作为长江上游的一条支流,赤水河孕育出中国极为优质的酱香白酒,沿岸的数千家酒企为白酒产业贡献了超千亿元的产值,因此赤水河被誉为"美酒河"。

俗话说,每一个超级产区的背后,都有一个超级龙头。在古蔺产区,这个龙头就是古蔺郎酒。所谓"蜀中尽道多佳酿,更数郎酒回味长"。古蔺的郎酒历史可追溯到汉武帝时期,当时的宫廷贡酒——枸酱酒即古蔺郎酒的前身。随着不断地发展,古蔺郎酒被认定为中国两大酱香白酒之一。

这些年,四川郎酒股份有限公司(以下简称"郎酒")一直坚持品质、品牌、品味的"三品战略",秉持以消费者美好生活为中心的发展理念,立志成为一个以生产销售郎酒为主业,兼营房地产开发、能源开发的大型现代化企业集团。

早在 2006 年,郎酒只有 6 亿元营收时,郎酒董事长汪俊林就提出了"351工程",即十年之内营收达到 100 亿元。随后,企业虽经历了一些行业性波动,有波峰也有波谷,但仍在 2019 年完成了营收破百亿元的目标。

要从一家小企业一路成长起来,经历了低潮期又东山再起,除了企业自身的发展韧性,一定少不了一个成熟的信息化体系支撑,以及一个与之共同奋斗的供应商。对于郎酒来说,信息化伴随着它的成长而诞生、发展直至完全融入。在从无到有的过程中,始终有一个伙伴站在它的背后,这就是用友。

双方携手 18 载,信息化、数智化早已深入企业发展的基因,不仅提升了管理效率和质量,也在层层深入地影响着郎酒未来的命运,指引其战略发展方向。

初次携手，能厘清楚账就好

那个时代，企业对 IT 的核心诉求并不高，只要能实现以销售订单为核心的财务管理就可以了。言外之意就是把账算清楚，把成品酒的库存管理好，做到能发货，钱可以收回来就挺好。

——郎酒数字中心主任徐启银

中国白酒市场竞争激烈、消费者需求多样化已是不争的事实。为了提高自身竞争力和市场地位，郎酒需要推进信息化建设，寻求一家值得信赖、可靠的信息化服务商，而用友的出现恰逢其时，用友 U8 产品完全符合郎酒的业务需求，实现财务、供应链和人力资源等业务的线上处理，提高了内部工作效率和管理水平。从 2005 年开始，郎酒就与用友建立了合作关系，开启了双方合作的第一阶段。

但是，用友 U8 终究是标准化产品，回溯到 2010 年以前，它在行业化和个性化应用方面仍不完善。比如，郎酒想通过销售数据测算一下营销费用投入，这对于当时的用友 U8 来说就很难实现。

因此，徐启银凭借用友 U8 的数据沉淀，将销售订单、发货单数据提取出来，部署到另外的服务器上。直到 2009 年，仅三个人的 IT 团队即支撑了郎酒 20 多亿元营收规模的业务，那一刻公司管理者才发现，原来 IT 人员真的是坐在办公室里就能创造价值。

再次携手，将产品用到极致

2010 年前后，在卓越品质的基础上，郎酒致力于将古蔺郎酒打造成中国白酒领域的巨大影响者。因此，郎酒提出了更大的战略宏图，即到 2020 年实现销售收入 300 亿元。

显然，早期的用友 U8 已经带不动这艘即将高速行驶的巨轮了。为了古蔺郎酒的发展，企业不得不再次进行信息化选型。一时间，徐启银忙碌了起来，同步启动换平台、做规划、扩大 IT 团队。

对于二次选型，郎酒十分谨慎，不仅要找到一个可以匹配百亿元营收规模的产品，而且要解决企业最核心的管理诉求。这一次一定要借鉴平台化思路，建设郎酒 IT 的整体能力，尽可能用一个平台连接各类型系统，创造更大的价值。

这场至关重要的选型，看起来是产品之间的对决，其实从某种意义上来说是国外产品理念与国内企业管理模式的"较量"。纵使国际产品再成熟，当面对国内企业复杂的管理模式、组织架构，以及诸多个性化需求时，也会显得力不从心。最后，胜利的天平倾向用友。用友凭借在四川本地设有实施服务团队以及本土化软件两大优势，在最终的决战中胜出！

当然，用友也没有让郎酒失望。双方团队通力合作，在 2010 年升级到用友 NC 系统，实现多组织间协同，完成交易结算快速处理。据徐启银回忆，在升级过程中，双方就如何平稳地完成系统迁移进行了多次交流，同时对用户培训工作进行了周密的部署和落地，目的就是避免因切换系统而对业务产生过大的影响。正是通过全局的规划与逐步的执行，用友 NC 升级项目圆满交付。项目让各个部门之间的工作更好地协同在一起，提升了业务流程的效率。当时所达到的效果在行业内属于领先，并沿用至今。

从 2011 年开始，徐启银就带领 IT 团队深入工厂做调研，对酒厂的信息化诉求和业务流程进行梳理，也是在当年就完成了对工厂的全线上管理，支撑了近 100 亿元销售规模的生产和交付。到了 2013 年，他们又完成了对内部供应链系统的改造，整个 IT 团队增加至七人。

然而，即使有了基础平台，对于郎酒来说还是远远不够的。随着业务场景的层出不穷，郎酒对用友 NC 平台的能力要求越来越高。这不仅体现在标准模块的应用广度和深度上，还需要它能实现个性化需求。好在，用友 NC 具备开发底座——用友 UAP（也就是现在的用友 iuap），借助它，徐启银带领团队创新开发了不少经典应用，比如，当时郎酒急需对营销费用进行管理。因此，郎酒 IT 团队就在用友 UAP 上自主开发了相关应用。到后来，这个应用便成为用友 NC6.5 版本全面预算管理的原型应用。

郎酒分为三种香型，每种香型酒品的工厂财务核算是相对独立的，但是八条产品生产线共用一套班组。因此，往往会出现来回切换生产线的问题，也许上午还在用"酱香型"生产线，下午可能就切换为"浓香型"生产线了。这就给生产计划、生产订单、排产等带来了不小的难题。借助用友和郎酒的创新策略，工作人员在用友 NC 的框架下，实现了在一个主体中的跨组织布局，这在当时被视为行业前沿的创新。

除了营销侧和生产侧，在内部供应链方面，郎酒也基于用友 NC 平台实现了巨大的提升。在面向各类酒品配套厂、生产工厂、经销商的交易全链路上，酒厂做到了面向业务的内部复杂供应链管理。因此，他们不仅优化了库存，让业务财务完全一体化，而且也为白酒行业流通供应链的升级与创新提供了全新的路径。

2010—2016 年，经过多年的精心打磨，郎酒已将用友 NC 的价值发挥到极致。在企业信息化发展的第二阶段，它所创造的价值甚至超乎了所有人的想象。

三次携手，助推发展变革

对于郎酒来说，这是至关重要的一步。我们将管理经营的触角第一次延伸到经销商，把与经销商之间的协作全部搬到线上，从而准确而敏捷地保证业务正常开展，也让经销商管理上升到一个新的高度。而且，我们还依托供应链金融帮助中小经销商融资发展，这在之前是不可想象的。

——郎酒数字中心主任徐启银

2017 年，一场席卷所有企业的变革风暴来袭。

从宏观经济来看，数字经济蓬勃发展，数字技术深刻改变了传统产业的生产和管理方式，为企业提供了更多机会。在"数字中国""制造强国"的国家战略推动下，数智化转型已成为企业实现高效、灵活、创新的必由之路。

从产业创新来看，随着智能制造、大数据、人工智能等技术的发展，白酒产业链逐渐向数字化、智能化、平台化方向转型。打通产业链中的断点、堵点，以数据驱动产业创新成为头部企业义不容辞的责任，也是企业提高全球竞争力的砝码。

从企业自身发展来看，中国酒业市场竞争激烈，企业必须通过数字化转型提高内部生产效率、降低成本、打通供应链、打造营销通路、运营消费者，从而提升自身的核心竞争力。

当时，徐启银已深深感觉到，随着应用场景的不断延伸，即使用友目前的产品再好，也无法继续匹配郎酒未来的发展了。因此，郎酒对 IT 能力建设提出了更高的要求。

在技术方面，早期以用友 NC 为核心的 ERP 系统急需更换和升级；在业务流程优化方面，如何在多组织、多地域的业务场景下实现协同工作，提高业务流程的效率和透明度，也成为亟待解决的问题；在营销创新方面，快速、准确地抓住市场机会，提升品牌知名度和客户满意度，成为企业数字化转型中重点关注的方向。此外，在信息安全保护方面，随着数字化转型的深入，企业面临着信息泄露、数据被盗等风险，如何保障企业信息安全成为郎酒必须面对的挑战。

在需求的推动下，郎酒迎来了 IT 建设的第三个里程碑，开始了从信息化到数智化的变革。为此，郎酒再度选择用友这个老朋友，作为其数字化转型的战略伙伴。双方计划基于用友 iuap 平台开发创新应用，并连接用友 BIP 满足全场景的数智化诉求，实现全面的商业创新。

1. 向消费者再靠近一点点

随着零售行业线上线下融合趋势愈演愈烈，郎酒需要进一步拓展营销渠道，以满足不断增长的市场需求。为此，2018 年，郎酒借助用友 iuap 打造了全渠道数字营销服务中台，构建了面向经销商、联盟商、终端和消费者的营销管理闭环，实现了对合同、订单、支付等交易的全生命周期管理。这样一来，郎酒可以更加全面地了解市场需求，更好地与经销商等渠道伙伴协同工作，提高订单处理的效率和质量。

以前，郎酒收到经销商订单后，会转交给第三方物流送货。经销商库管员收到货后在订单上确认签字，而后由物流人员带回至郎酒储运部进行费用结算。储运部在核实物权转移后，才能在系统中确认销售收入。这个流程走下来，至少需要七天。到年底核算时，耽误了几十亿元的销售收入确认。有了营销中台后，通过采用电子签章，销售订单确认的时效性得到了很好的保证。

更重要的是，从员工定位来看，营销中台让业务员角色发生了转变，让工作移动化、前置化、过程化、下沉化，最终帮助他们成为由数据决策支撑的区域经营者。事后，该中台也成为用友快消品行业 CRM 产品原型，并通过进一步孵化，成为用友 BIP 上的领先实践，后续在众多客户群体中推广实施。

2. 建立良性循环的供销管理

2021 年，随着郎酒业务的扩张，其采购需求的规模不断扩大，同时也面临着供应商众多、管理难度大等问题，采购业务遭遇到了前所未有的挑战。

为了提高采购效率和管理水平，2021 年郎酒决定建设供应商协同平台——SRM，实现从生产计划到采购需求发布、供应商报价、生成要货计划、电子合同签订等全流程的协同管理，从而降低采购成本，提高采购效率。

这样的想法在用友 iuap 上得以实现。基于新一代架构的用友 BIP，郎酒构建了云原生技术下的供应商线上全业务协同平台，实现了采购全链路管理目标。

3. 知识产权管理促进企业创新

知识产权保护是企业创新发展的重要一环。2022年，依托于用友BIP的低代码开发平台iuap，郎酒建成了知识产权管理平台。它不仅可以保护企业专利、商标和著作权等，还可以提高知识产权管理效率，降低管理成本和风险，促进企业创新和发展。

徐启银说，用友BIP提供的低代码开发环境，可以快速帮助IT人员开发和部署业务应用，支持业务流程自定义和自动化执行。此外，该平台还提供了知识产权数据管理和分析功能，可对业务情报进行沉淀和分析，为公司的战略和决策提供数据支持。

总体来说，用友NC与iuap强强联合，推动郎酒信息化平台全面升级为数智化平台，并在此基础上打造了多个具有郎酒特色的信息系统。它们可实时监控生产制造、供应链、销售渠道等关键环节，提高业务的数智化程度和管理决策效率，降低成本，增强企业可持续发展能力。

从具体应用效果来看，用友带给郎酒的商业创新和管理创新价值有五个方面。

第一，截至2021年12月，营销中台上共注册经销商5 385家，终端数达100万个以上，覆盖青花郎、小郎酒、郎牌特曲三大事业部的客户拜访、活动管理、业务员行为管理，经销商合同签订、下单、费用兑付、付款、对账、物流查看等场景。

第二，通过移动应用提高业务员工作效率，提高客户经营能力，同时通过绩效看板，激发员工能动性。

第三，融入供应链金融模式，为经销商抵押担保，让银行授信，约有1/3的业务通过该方式实现，直接促进了郎酒市场的铺货与销量增长。

第四，提升渠道服务能力，同时保障费用的真实与精准投放，避免了过程中的"跑冒滴漏"。而且，将原来历史费用核报的30天缩短至5天，大幅提升了渠道客户服务满意度。

第五，沉淀了郎酒终端经营数据，为后续大数据分析提供支撑。比如，截至 2020 年 5 月 20 日，郎酒总拜访业务量 740 万次，签到业务量 1 000 万次，终端档案量 119 万个，活动执行量 38 万次，用户总量 3 万户，这在未来都会变现成一笔巨大的财富。

破千亿元，需要"航母级"平台

从 2005 年的 5 亿元到 2022 年的 200 亿元，郎酒营收增长了近 40 倍，用友也随之服务了近 20 年。进入 2023 年，郎酒再次提出了更高的"新 351 工程"，即 2030 年实现 1 000 亿元的营收，并进入《财富》世界 500 强。

随着智能制造、柔性生产、F2C 等概念层出不穷，郎酒在生产端的升级诉求也被彻底激发，开始筹备智慧工厂建设。当生产设备自动化以后，生产效率会大幅提升，但也会暴露出供应链上下游业务难协同的问题。比如，如果生产计划不准，白酒生产就会遇到问题，包材也会供应不上，到时候不是出现终端缺货，就是出现库存积压的情况。

"当 2024 年郎酒达到 300 亿元营收后，信息系统的瓶颈就会越发明显。我们现在就要争分夺秒，以全新的视角进行企业数智化平台重构。"徐启银说。

那么，这个所谓的"视角"到底是什么？这是一个很大的课题。就目前来看，郎酒打算以全供应链的视角对数智化平台进行重构，横向贯穿整个内部供应链体系，包括酿造、酒曲、包装、储运、销售、出货；纵向贯穿生产体系，包括工业互联网、自动化设备、MES 等，最终形成郎酒全流程、全业务的数智化覆盖。

在这个过程中，双方继续深化平台化发展思路，打造郎酒自主可控的商业创新平台，左手连接 SRM，右手连接 CRM，满足每个业务板块的需求，这就是郎酒未来数智化升级的核心。

数智化助力郎酒站上千亿元目标新起点

我们要让生产老总、销售老总、媒介老总变为数字老总,把所有业务数字化、所有数字业务化。让科技赋能郎酒,让数字赋能郎酒。

——郎酒集团党委书记李明政

过去两年,对于中国白酒行业来说,是极其不平凡的两年。不少企业积极应对新冠肺炎疫情带来的挑战和市场的变化,在守正创新中突破,在转型升级中奋进。

2022 年,郎酒在变革与重塑中积聚势能,在系统焕新再造中奋楫笃行,迎来了史无前例的 200 亿元里程碑,开启了高质量发展新纪元。

作为中国白酒头部阵营的一员,郎酒一直走在企业数智化转型和商业创新的前沿,始终保持着行业领先地位。特别是郎酒业务,几年前就通过新技术和大数据应用,打造了全流程的高效协同和智能化管理,推动了企业整体数字化转型。

随着转型的层层深入,从成立品质研究院,以数智化赋能品质提升,到依靠会员系统实现了数字化营销闭环,郎酒在生产数智化、资产数智化、产品数智化、渠道数智化,以及消费者数智化等不同领域都取得了显著成绩,让技术融入每一个场景,实现了领先于行业的突破。

正如郎酒集团党委书记李明政所言,未来郎酒的所有业务都要数字化,所有数字都要业务化。数智化不仅要支撑郎酒成为白酒行业的佼佼者,还要协助公司其他业务发展,最终实现"酒业 + 商旅配套"的整体发展愿景。

郎酒与用友的合作,从当下的角度回顾,其价值不可估量。在这个过程中,企业对于供应商的选择是极其重要的。作为企业服务提供商,首先,在其专业领域应达到全球领先水平,并具备基于行业的深度思考能力;其次,要能结合业务场景,让 IT 回归业务本质;最后,要具备贴身服务客户的能力,与客户共创共赢。而用友刚好具备了以上三点。徐启银曾说，选择用友就是选择了"团队＋产品＋专业"。当然，始终如一地坚持国产化也是其走独立自主路线的必然选择。

回顾过往，基于对用友的认可，基于共创的价值，郎酒与用友携手走过了近20年。展望未来，以250亿元销售额为新起点的郎酒，还将依靠数智化书写更多精彩故事。

19 丞天下：

让每一瓶白酒"数智飘香"

【编者按】

丞天下与用友相伴十年，以数智力量实现商业模式创新，通过线上线下、防伪供应链、订货运营、业务财务四个一体化，扫码验真"全追溯"，打造营销全闭环管理，基于用友 YonSuite 实现了从零售、供应链管理，到涵盖生产、制造环节的"产供销一条龙"，完成了从传统白酒企业到新零售企业的转型升级。

丞天下依托"美酒丞天下，豪饮八佰樽，共享金虹利"的战略布局，在重塑商业模式过程中，通过研究市场动向，维持企业数智化平台的领先性，让旗下每个品牌在每一个社交场合都是焦点，成为白酒、茶礼行业的全国领先者。

说到重庆，人们会想到令人垂涎欲滴的火锅，让导航都迷失的道路，爬不完的台阶……事实上，重庆还有喝不完的美酒。据史书记载，重庆一带有着3 000年的酿酒历史，对酿酒技术也有着极高的造诣。

江津的《白沙镇志》曾这样描述："清朝初年，白沙酿酒业兴起，当其盛时有槽房300余家。白沙烧酒驰名全国，槽房多建在镇西驴溪河畔，长约一华里，甚是壮观。"这就是所谓的山城重庆，渝酒飘香。然而，此一时彼一时，当下全国的名酒畅销重庆市场，并无本地白酒品牌一枝独秀。

一直以来，重庆酒类市场极其庞大，有超过4 000家批发企业、6万多家零售企业，每年有500亿元的酒类消费。其中，白酒消费规模在100亿～150亿元。作为当地知名的白酒企业，重庆丞天下供应链管理有限公司（以下简称"丞天下"）就是在这样绝佳的环境下孕育并成长的。

大曲坤沙酱香白酒，产自优质酱香型白酒圣地——贵州仁怀茅台镇，品牌出自重庆丞天下。

这家典型的成长型企业成立于2008年，总部位于重庆市璧山区，在贵州拥有占地1 200余亩的大规模白酒生产灌装基地。多年来，丞天下坚持创新，已发展成为一家集白酒生产、储存、包装、营销和产品研发于一体的传统酱香型白酒酿造企业。目前，公司以丞天下、八佰樽、金虹利三大子品牌为核心向全国市场延伸，致力于成为中国白酒、茶礼行业的领先者。

在数智化时代，千行百业都在不断追求创新和变革。当醇香的白酒遇到潮流的数字科技，传统酒企搭上了"数智快车"后，丞天下究竟能"酿"出怎样的"新味道"呢？

守护每一瓶酒的醇正原味

在创立八佰樽前，我也是一名普通消费者，很清楚消费者的痛点。因此，我的创业初心，就是希望大家能买到放心酒。

——丞天下总经理赵擎林

从一粒种子变成酿造原料，从生产出厂到最终成为消费品，一瓶白酒被摆上餐桌，看似简单，实际上并不那么容易。因为，要让消费者喝到一杯放心酒，每个环节的追踪溯源都显得极其重要。过去，很多企业只能依靠"铺人"对各个环节进行监督，很难实现全链条的自动化溯源。这也成为制约白酒产业发展的一大"痛点"。

作为一个爱酒之人，赵擎林一直把"防伪保真"当作企业的立身之本，通过它来塑造产品的核心竞争力。

2013年时，重庆的白酒行业还没有连锁品牌，也没有一家企业把"防伪保真"当作经营理念。于是，赵擎林和他的创业团队快速切入这一空白领域，开出了"八佰樽"连锁品牌的第一家门店。一时间，他们赢得了不少消费者口碑，也在市场上站稳了脚跟。

起初，业务人员每天都要为每一瓶酒"记号"。他们会串联产品流通的全部环节，通过记录编号保证每一瓶酒从采购到入库，多店调拨，最后到消费者手中仍是最原始的状态。虽然，这个过程需要大量的手工输入，但由于当时门店规模较小，这样做并没有给企业发展带来多大影响。

随着门店数量不断增多，仅依靠人工追踪溯源的弊端逐渐显现。其实，谁都知道，这样做耗时费力不说，整个环节也难免有疏漏。赵擎林看在眼里，急在心里。为了解决这个问题，丞天下通过一套小软件建立了基础的防伪系统，暂时解决了"保真"难题。

2015 年，整个白酒市场刮起一股"一物一码"的营销风潮。通过打造新营销系统，可以方便企业追踪溯源，加强防伪。这对于丞天下来说，可算是天大的好事。于是，丞天下采用了"用友 U8 ＋ 友零售 ＋ U 商城 ＋ U 会员 ＋ 条码"的组合方案，实现了零售终端、供应链和防伪系统的三者合一。这样一来，企业不仅可以对采购入库、调拨、门店销售全程溯源，而且为每瓶酒定制了专属的"身份证"，极大提升了产品防伪溯源的效率。

直到 2018 年，在丞天下门店规模进一步扩张的情况下，企业的追踪溯源工作仍有条不紊地进行着。这期间，用友的产品不断迭代，丞天下也跟随用友把防伪溯源系统升级至第五代。就具体的场景来说，一瓶白酒在总仓采购入库后，会被贴上一张防伪码，同步绑定箱码、暗码，后续在调拨门店、门店验货、门店零售、门店盘点等环节，业务人员只需要扫箱码就可以自动解析瓶码，从而保证每一瓶酒货真价实。同时，顾客只需用手机扫一扫，就能实现全程追溯，买得更加放心。此外，消费者扫码验真还能获得会员积分和抽奖机会，更有效地刺激了产品的复购率。

升级"一物一码"防伪溯源系统后，效果立竿见影。丞天下不仅守护了每一瓶酒的纯正原味，而且获得了巨大的营收增长。2019 年，八佰樽获评"重庆市放心酒示范企业"，2020 年获评"国家级放心酒示范企业"。值得一提的是，丞天下是重庆第一家获得该项国家级荣誉的民营酒类零售企业。

创新引领行业颠覆传统

用友 YonSuite 助力企业商业创新的能力十分强大，它可以支撑我们打造一个不同于以往的、全新的业务模式。比如，制造云可以打造工序级的生产过程管理和精细成本核算；产供销一体化可以以销定产，实现客户定制化生产业务；集成条码可以支撑生产环节多包装规格的唯一标识赋码，这样做可以轻松实现防伪溯源、仓储物流作业、码上营销三位一体应用。这些能力将更好地支撑创新业务量能释放。

——丞天下总经理赵擎林

　　从 2013 年在重庆开创第一家连锁门店开始，集团公司便在白酒行业叱咤风云，开启了自己的逆袭之路。赵擎林回忆说，他们先后开创了连锁品牌"八佰樽畅销酒直供"，设立了酒类供应链管理公司"重庆金虹利"，收购了贵州酱酒生产企业，入股大唐酒业，开办丞天下都市酒庄，成立消费品创新研发中心等。总之，在打出了一系列"运营牌"后，一举成为重庆地区酒类行业名副其实的集团企业。

　　当下，秉持"呈现天下美酒好物"的品牌使命，丞天下希望通过自身的探索和实践，开辟一条全新的创享之路。然而，要实现这一愿景，没有数智化平台的支持怎么行！

　　早年试水时，丞天下只开了一家门店，产品的进货、出货、记账靠一个本子就完成了。但是，接下来要开的是连锁店，这种最初级的方式显然行不通了。因此，在对比了几家轻量级信息系统后，丞天下选择了用友畅捷通 T+，实现了连锁店前台零售与供应链一体化管理，并稳稳当当地踏上了信息化之路。

　　2018 年，零售行业风云突变，消费升级的背后比拼的仍是企业内功。正是基于市场的强烈需求，用友推出了"用友 U8 + 友零售"整体解决方案，帮助客户建立财务与供应链的一体化、"供应链与友零售 + U 商城"的一体化。当然，善于第一个"吃螃蟹"的丞天下，怎么会错过这次难得的升级机会呢？

　　通过友零售与用友 U8 的集成，丞天下实现了前、中、后台的业务联动，也就是线上线下一体化。此外，原有割裂的防伪系统也实现了融合，与供应链形成一体。

　　有了信息化的支撑，在随后几年内，公司业务规模快速扩张，并开始逐步向产业链延伸。当时，赵擎林和他的团队打算涉足供应链，先后收购了两家企业，并打通线上线下渠道，初步打造了从生产到供应链，再到营销一体化的酒类生态圈。

一直发展到现在，丞天下酒业集团旗下共有三家企业，其中八佰樽有 60 多家门店，丞天下名酒荟有 50 多家门店，同时在京东、美团、饿了么等第三方电商平台布局。

然而，当组织规模到达一定量级后，新的问题又开始出现了。相比专注于零售端的八佰樽，走向集团化发展的丞天下将面临更多的挑战。例如，同集团不同企业的业务往来，往往需要员工跨系统查询和录入，才能实现同一订单的协同转化，这样做沟通效率较低；顾客线上下单后，要实现多平台就近配送，运营人员就需要进行跨平台下单、库存同步、商品上下架等操作，这也非常考验企业平台化的协同管理能力。

然而，最直接影响业务发展的还是丞天下集团的内部账务往来。当时，不同业务单元有多个账套在同时运行，这直接导致集团总账难以统计，含混不清。

正是在这样的背景下，丞天下迎来了发展史上的第三次系统升级。这一次，丞天下看中了用友 YonSuite，希望通过公有云 SaaS 的方式，为企业未来的发展注入专业的管理能力、运营能力和创新能力。

从 2020 年开始，丞天下全面启动迁云计划。基于用友 YonSuite，企业打通了内部运营管理，从生产采购到库存管理、贴码溯源，再到产品销售，实现全流程的数字化。同时，丞天下深入挖掘智慧财务、智慧采购、智慧零售、智慧生产等领域的新需求、新场景。更重要的是，丞天下依托用友 YonSuite 连接外部产业链和社会资源，从而构建了社会化的商业基础设施，推动企业迈向数智化发展新阶段。

十年间，从"端"到"端＋云"，再到公有云，丞天下完成了从基础办公到信息化，再到数智化的升级。如果说原先部署的产品伴随的是丞天下暂时的阶段性发展，那么选择用友 YonSuite 后，它将伴随丞天下长期共同成长。

"未来，我们想把丞天下打造成一个全品类的酒类平台，对市场需求的把握、对客户的经营管理，不可能用人工来实现，只能通过数智化赋能。"丞天下董事长彭永胜说道，"丞天下正在与用友 YonSuite 筹备数字门店和数字酿酒工厂。我们将借助用友 YonSuite 全云化的能力，打破不同业务组织与板块间的隔阂，让管理层基于数据获得更可靠的预测性和洞察力，以灵活应对企业未来的发展。而且，用友 YonSuite 平台的开放性还将进一步助力丞天下酒业集团打通上下游产业链，完成平台生态发展模式的转型。这也将成为整个白酒行业数智化升级的典范。"

从一家酒类连锁企业到引领白酒行业颠覆传统，彭永胜和他的团队对白酒行业的初心从未改变。他曾说，只有与强者同行，与智者为伴，坚定不移地携手走下去，才能聚焦主业，实现在行业内的快速转型和突破！

创新迎接消费群体迭代

消费者需求的不断升级和中国白酒市场竞争的加剧，使得数智化转型成为白酒企业提升核心竞争力的关键。消费者需要在线上线下的流量闭环中获得全渠道的购物体验。未来，消费市场一定是年轻人说了算，我们要用一种新的模式、新的概念，重新定义白酒。

——丞天下总经理赵擎林

随着时代的发展，消费者的饮酒观念正在发生巨大变化。从"一醉方休，不醉不归"到"适量饮酒，健康微醺"，白酒企业见证了酒类市场向更细分方向迈进的步伐。然而，对于市场环境、消费者心态的这种转变，丞天下早已开始积极应对和布局。

在丞天下看来，新的消费者群体正在崛起。美酒仿佛被施以神奇的魔法，正在焕发全新的味蕾刺激。通过对产品的不断探索与创新，丞天下通过美酒连接世间美好事物，带领消费者享受此时此刻。

作为酒业流通企业，丞天下在原有八佰樽的基础上，积极探索线上销售渠道，将数字营销应用于企业销售，并积极运用电商平台，让消费者更加便捷地购买产品。同时，企业设立了酒类供应链管理公司"重庆金虹利"，形成了"美酒丞天下，豪饮八佰樽，共享金虹利"的战略布局。

正是通过这种线上营销和线下品牌拓展的方式，丞天下重新定义了年轻化消费群体对白酒的认知，一步步完成白酒品牌对年轻群体的影响。

在组织发展与变革过程中，丞天下借助用友 YonSuite 平台实现了线上线下业务的无缝对接，实现了经销商和零售商数据和信息的共享。只有这样，丞天下才能更好地掌握终端门店的销售情况和消费者的反馈。这种一体化的经营模式不仅提升了运营效率，还为消费者带来了更加便捷和个性化的购物体验。

创新才是最好的传承

创新才是最好的传承，数智化赋能让我们能够做出最好的改变。尤其是在这个信息爆炸的时代，数据已经成为企业的重要资产。通过数智化转型，企业能够更好地收集、分析和利用数据，从而提升业务效率和收益。

——丞天下董事长彭永胜

随着社会经济的发展和人们生活水平的提高，白酒行业迎来了空前的发展机遇。丞天下正是迎合了数字经济的新浪潮，让售出的每一瓶白酒都充满着"数智化的味道"。总之，丞天下用技术在激烈的市场竞争中满足新需求，从而打造出重庆酒类行业的一张新名片。

丞天下的信仰不仅体现在对优质酒的追求，更体现在对消费者需求的敏锐捕捉和深切的企业责任感。这一切都源于企业每一名员工对白酒行业的初心与梦想。丞天下认为，白酒既是自己与消费者的连接载体，也是人们对美好生活向往和追求的通道。

正如彭永胜所言，过去十年，如果没有信息化平台，企业不会发展得如此之快。未来十年，继续推进协同化发展、精细化管理、数智化赋能，并支撑新业务版图的拓展，是刻不容缓的。

重庆，是全球企业家的逐梦之地；璧山，是中国的小而美之城。它们见证了丞天下的起源、发展、壮大，一步步托举它逐步实现白酒行业、茶礼行业领先者的远大理想。未来，丞天下将不断前行，持续创新，走出璧山，走出重庆，走向更广阔的舞台！

20 长城新媒体集团：

抓住"Z 世代"，新媒体打出"技术牌"

【编者按】

在长城新媒体集团与用友七年的合作中，双方共同参与了企业财务数智化建设从无到有的全过程。这段"顺理成章"的合作历程可以归纳为 12 字诀：需求标准、产品给力、事事顺畅。

长城新媒体集团通过"用友 U8 cloud ＋ YonSuite"的融合应用，建立了统一的集团管控平台，实现了"业财税金档"一体化管理，同时借助费用报销系统实现全流程线上审批，有效节约了时间成本和交通成本，同时提升了全员对数智化的认知及应用水平，助力长城新媒体集团数智化转型迈上新的台阶。

当下，了解和适应"Z 世代"的特点，是新媒体企业践行初心、获得成功的重要因素。所谓"Z 世代"，就是新时代人群。他们对数字技术的应用和数字世界的认知与上一代人有着明显的不同。

为了抓住这个群体，新媒体企业纷纷通过数字化营销、内容创作和社交媒体的运营，与用户建立更加紧密的联系和沟通。然而，在业务发展的背后，企业还需要整合资源配置，加强管理，着力推动内部管理体制改革，再造策划、采编、播发、反馈业务全流程，打造全媒体时代的生产力和传播力。

2023 年是媒体融合作为国家战略整体推进的第十年。十年前，我国做出"加快传统媒体与新兴媒体融合发展"的重要决定，一举开启了媒体深度融合之路。十年间，主力军全面挺进主战场，一批内容生产能力强、技术引领能力强、舆论引导能力强的新型主流媒体迅速成长。

2017 年 10 月，一家省级新媒体集团挂牌成立，这就是长城新媒体集团有限公司（以下简称"长城新媒体集团"）。它是河北省委宣传部领导的、河北省第一家以互联网为主体的新媒体集团，是省属文化类一级企业，与《河北日报》、河北广播电视台并列为"河北省三大主流媒体"。

截至目前，长城新媒体集团拥有省内用户量最多的新闻客户端"冀云App"和冀云融媒体平台，总用户数突破 1.3 亿，总传播力超过 110 亿次。集团下设 6 家子公司、11 家分公司，管理 1 家事业单位。

这些年，为了更好地探索融合发展新路径，塑造主流舆论新格局，长城新媒体集团进一步优化战略，一方面探索"新闻＋政务"的全新战略发展模式，通过创新传播形式、表达方式，实现主流声音在"Z 世代"群体中的有效传播，另一方面，通过新技术引领，探寻集团事业与产业之间相互促进的发展模式。同时，集团积极践行数智化建设，助力经营和管理能力不断提升，塑造自身在新媒体产业的核心竞争力。

新新组合

我们没有历史包袱，一切从零开始，但对数智化建设的要求很高，就是让系统在集团内部不留死角地全上线。

——长城新媒体集团财务管理部副主任刘苗苗

新媒体的故事都是从新技术开始的，新技术也是新媒体的驱动力。从自主研发新技术服务业务到借力新技术、新平台增强组织管理能力，助推财务数智化建设，长城新媒体集团展现出了一家新媒体企业的新文化、新力量。

企业数智化转型，财务先行。其核心目标是基于数字技术的融合应用，使财务在交易、核算职能的基础上，更好地辅助决策，赋能业务，防控风险，精益管理，从而推动企业加速实现价值创造。当然，长城新媒体集团也不例外。

从成立之初，长城新媒体集团就一直在财务数智化建设方面大胆尝试、勇于创新。其以用友 U8 cloud 为基，实力打造数智化管理和办公的诸多场景，让企业的经营越发规范起来。

"2017 年，集团刚刚成立，说实话，我们在管理上没有'包袱'，对数智化建设也没有太深入的思考，都是一步步地摸索。但是，公司从上到下的思想十分统一，就是乘政策东风，利用国有企业高质量发展的有利契机，让企业数智化建设早一步开始。"刘苗苗说。

回忆当时的选择，刘苗苗称是"天时地利人和"。"天时"，也就是在 2017 年前后，用友 U8 cloud 刚发布不久，正处于市场扩张期，急需客户验证。而与此同时，长城新媒体集团也刚成立不久，正是"打地基"的阶段，需要用新一代产品解决管理上的难题。所以，这是一个占尽了"天时"的"新新组合"。"地利"，也就是说，当时以"新一代企业云 ERP"立足市场的用友 U8 cloud，产品优势十分明显，摆脱了传统架构，可以帮助成长型企业一步上云。在刘苗苗眼里，这可谓价廉质优，是符合集团财务管控需求的最优选择。"人和"，就是双方在接洽的过程中，互相认可，相互坦诚，为彼此留下了深刻的印象。

因此，在多种因素考量下，最终长城新媒体集团选择了用友 U8 cloud。当时，整个项目的实施推进由集团财务部门牵头。刘苗苗认为，为了更好地实现数据驱动，用数据反馈业务的真实状况，凭借对数字的天然敏感性，财务部门更了解哪些数据是有用的，哪些数据之间相互关联，这将有利于业财数据的一体化融合，有利于提升数据分析的实用性。

有了一个良好的开局后，随着应用的逐步深入，2020 年，企业在原有财务管理的基础上，结合媒体集团的业务属性，又上线了费用预算管理和固定资产条码管理。2021 年，长城新媒体集团申请成为河北省增值税电子发票电子化报销、入账、归档试点单位。这对于该集团来说，是一个财务数智化再升级的绝佳契机。

因此，集团再次找到用友商谈实践方法，这一次，用友给出了一个标准化的答案：上线用友 YonSuite 费控管理系统和电子会计档案管理，并结合"云＋端"的融合优势，让企业的数智化建设更加完善，并打造新媒体行业数智化转型的全新路径。

鉴于用友对专业的把握度，长城新媒体集团采纳了建议，成功上线了用友 YonSuite，并加购了用友 U8 cloud 的报销管理，最终实现了票据电子化接收、验伪查重、费控报销、记账、归档等全流程的打通，让财务工作全部线上完成。

当时，电子发票和电子化报销、入账、归档的试点工作在河北省内极其重要。因此，在项目推进的过程中，长城新媒体集团的管理层十分看重项目实施后的效果。时间紧、任务重，按照既定的项目计划，集团内设定了专人专岗与用友对接，全程跟进项目，疏通每一个断点和堵点。用友实施人员不断地输出经验和能力。最终，历时三个月，项目在规定的时间内顺利完成。据刘苗苗回忆，后来，该项目在向省财政厅汇报时，得到了极高的评价。

2022 年，长城新媒体集团从企业实务出发，考虑到财务人员与银行之间资金结算、明细查询、回单下载等工作痛点，于是选择购买了用友银企联服务，打通了财务系统与商业银行业务系统之间的连接，让结算更高效、成本更低廉、风控更全面。

现在，盘点这七年以来财务数智化建设的发展历程，刘苗苗表示，长城新媒体集团经历了数智化从无到有的过程，与用友携手，没有经历太多的坎坷，一切都是顺理成章，而最终也化为了她的 12 字评语：需求标准、产品给力、事事顺畅。

新技术塑造新形象

国有企业对内控的要求很高，长城新媒体集团管理升级最大的需求就是加强内控，让管理和业务更标准。

——长城新媒体集团财务管理部副主任刘苗苗

作为一家新媒体集团，在推进数智化的进程中，长城新媒体集团也着实遇到了一些挑战。

比如，集团下设 19 个财务核算组织，而财务中心又分别在南、北两院办公，以至于业务人员往往要在多地来回奔波，极大地消耗了他们的精力和时间，交通成本居高不下；再如，国有企业对项目管理有着严格的要求，不仅要标准化，而且要规范化；另外，大量的业务人员分散在省内各地，企业对于不同岗位和级别的员工，在差旅食宿方面有着严格的管控标准。这些需求要在系统中一一呈现。此外，员工数智化意识不强，及来自以往工作习惯带来的阻力，给数智化项目的推进带来了一些影响。

因此，在项目实施过程中，结合业务人员的使用习惯和需求，项目组成员通常会反复打磨产品、梳理流程，诸如上传附件应该出现在哪个场景；改由哪个会计岗位审核；打印银行回单到底是由出纳人员完成，还是会计人员的职责？类似问题，他们都会反复与用友交流和碰撞，听取实施顾问的建议。刘苗苗常说，携手一个正确的伙伴，才能保证数智化的应用效果。

排除了千难万阻后，在这场由技术带来的管理变革中，用友为长城新媒体集团创造了丰富的应用场景。

场景一，简化会计凭证入账过程。用友 YonSuite 总账系统帮助集团自动生成记账凭证，并与原始凭证关联，大大降低了人工记账负担，提高了工作效率，而且让财务人员可以将更多精力投入提升财务工作的管理和服务水平。

场景二，系统自动留痕管理，全过程可追溯。集团所有审批流程的每一个环节均在系统中可查，电子档案归档、借阅、下载等也可通过授权审批以及管理日志等多种方式查询到相应的记录。

场景三，业务人员不再劳碌奔波。通过线上审批，业务人员付款时终于不需要在两院之间跑办签字，通过打造"信息多跑路，职工少跑腿"的高效审批模式，节约了审批过程中的交通成本和时间成本。

刘苗苗欣慰地表示，新技术让长城新媒体集团发生了翻天覆地的变化。目前，长城新媒体集团在业务数智化，也就是冀云融媒体平台，以及财务数智化方面，均走在河北省级文化企业前列。

从业务角度来说，以冀云融媒体平台为核心建立起的生态圈，更符合网络时代的商业发展规律和模式。为了推进冀云融媒体平台的建设，集团专门设立技术研发部门对平台进行不断的迭代升级，完善功能，丰富生态圈。

在数字财务体系搭建方面，集团通过积极践行财务数智化建设，借助用友U8 cloud、用友 YonSuite 等产品，一方面保证了业务流程的规范，提升了内控有效性，另一方面，打破了地域限制，让员工随时随地办公，大大提高了工作效率，即使在新冠肺炎疫情期间居家办公，也未对财务工作造成任何影响。另外，员工提高了对数字化的认识和应用水平，传统的线下方式几乎被取代。

"云＋端"融合的价值

这些能力的打造将强有力地助推集团树立守信、负责、高效的文化企业新形象。

——长城新媒体集团财务管理部副主任刘苗苗

对于长城新媒体集团来说，用友作为服务商到底发挥了怎样的价值呢？

刘苗苗曾多次表示，用友是一家值得信赖的伙伴，不论是产品的质量，还是实施团队的能力，或是行业解决方案的成熟度，都具有较高的水平。正是基于这些能力，双方从财务核算开始，到费控、电子发票、合同管理、OA、人力资源管理、项目管理等合作不断深化。这也使得企业的数智化程度越来越高，数据驱动的目标也即将达成。

以报销归档、集团财务管理为例。在报销归档方面，长城新媒体集团建立了项目预算体系，实现了事中控制、事后分析；建立了完整的费用报销体系，内置了报销制度，彻底改变了报销模式；一键采集的电子会计档案解决方案，解决了纸质档案存储的难题。

尤其是在集团财务管理方面做到了以下五点。

第一，长城新媒体集团打造了财务政策与制度管理"统一化"的执行监控平台，也就是说将全集团所有企业集中在同一会计平台上，执行统一的会计核算政策、会计科目，真正实现了全集团会计管理的"大集中"。

第二，集团建立了财务共享服务协同增效的自动化机制，提高了管理效率。通过财务核算系统的各种单据、凭证协同功能，保障内部交易准确、及时；通过集团对账服务，从根本上解决了内部交易对账难的问题。

第三，集团可快速、准确、实时出具各种财务报告，可面向不同的管理需求，建立管理报表体系和管理报告自动生成的任务机制，支持决策分析与绩效考核。

第四，集团实现了对新会计准则的全面支持与适配，既包括固定资产建卡、变动、减值、评估、拆分合并、折旧与摊销、盘点等日常业务应用，也能对包括资产追溯调整、资产组减值、模拟折旧等高级业务进行处理，并与总账无缝集成，保证数据准确一致。

第五，集团实现对往来业务的挂账、收付款、核销、客商账龄分析及查询统计，方便对往来业务进行全过程预警、监督。

截至目前，通过费用线上审批，长城新媒体集团减少了线下收集发票、审批跑腿等工作，审批时间缩短到了四个工作日；通过费控的发票接收能力，集团一年节约 4.9 万元纸张油墨成本，3.8 万元快递费用；通过电子档案，一年节约了 90% 的档案存储空间；通过资产移动扫码，提高了资产的盘点效率；通过合并报表，在结账后两天可出具集团合并报表，大幅提升了效率。

展望未来，刘苗苗有更长远的打算。她说，集团与用友要强化"云 + 端"的融合优势，为业务创造更大的价值；在数字中国的大背景下，利用新技术，如低代码开发平台，在系统打造上取得更大的突破。此外，她希望长城新媒体集团能与用友在"用户之友"的基础上再往前走一步，打造新媒体行业的领先实践，从而赋能更多同行，创造产业价值。

坚守初心，向"新"而行

互联网、移动互联时代，取得商业成功的秘籍是用户思维。用户之友，是用户思维的直接体现，是保证用友产品长盛不衰的不二法宝。

——长城新媒体集团财务管理部副主任刘苗苗

在"万物皆媒"的全媒体时代，媒体融合发展的浪潮御风而来。长城新媒体集团坚持与时代同行，深入推进媒体融合发展，拓展媒体新平台，构建传播新格局。

在数智赋能的前提下，长城新媒体集团让互联网这个"最大变量"成为企业做大做强的"最大增量"。刘苗苗认为，用友 U8 cloud 作为用友较成熟的产品之一，在会计核算、资产价值管理、预算管理、电子档案管理等方面有着突出优势，对于长城新媒体集团这种企业来说，使用较方便，也能够满足所有的业务需求。更重要的是，用友总能站在客户视角思考问题，不仅体现了其服务的专业性，更充分体现出"用户之友"的精神。

长城新媒体集团将借助用友在企业数智化服务领域 35 年的专业经验和技术实力，实现数智化转型，提升企业品牌。

当下，"Z 世代"为新媒体打开了前所未有的机遇窗口。在发展的过程中，新媒体应当坚守初心，不断创新，既在内容创作上深耕不辍，又在技术变迁中进行业态重塑、企业变革，怀抱着"苟日新，日日新，又日新"的信念，于微光片刻间凝聚奋进之力。

笃行七年，长城新媒体集团携手用友向"新"而行！

21 帝凡之美：

以"数智力量"开启卓越成长

【编者按】

自 2019 年起，帝凡之美通过用友畅捷通"好生意"，从商品智能分析到商品的智能采购，再到上下游客户的合作管理，以数智力量赋能企业进、销、存各环节，全面提升经营效率，实现九个人管好 7 000 多种商品和 2 000 多家客户，同时，深入洞察客户的消费心理和行为习惯，为未来的消费趋势提供了更精确的预测。

随着消费市场的持续扩张和新零售行业的快速发展，帝凡之美得益于数智力量的赋能，有望打破公司成长的"天花板"，迈向更加辉煌的未来。

郑州素有"中丰通古商"的特点。中，即地处中华腹地；丰，即物产丰富；通，即九省通衢；古，即中华文明的重要发源地之一；商，即拥有悠久的商业传统。

3 600 年前的郑州，是商王朝开国之王成汤的亳都，孕育了以黄河流域为中心的商文明；中华人民共和国成立后，郑州作为九省通衢之地、我国最早的铁路口岸城市、国内最早开通中欧班列的城市之一，以及国家跨境电商试点城市，凭借优越的地理位置而发展出繁荣的商业文化。

从 1988 年第一家由郊县国营商业企业进城经营的综合性多功能大型商业设施——黄和平商场的开业，到 20 世纪 90 年代亚细亚与国营商场之间的"中原商战"，再到金博大和丹尼斯的你追我赶，改革开放后的郑州商业迅猛发展，让这里的每一家企业都流淌着时不我待、居安思危的血液，即使像郑州帝凡之美商贸有限公司（以下简称"帝凡之美"）这样的企业也不例外。

尤其在进入新零售时代的今天，渠道日趋多元化，商贸企业需要搭建线上与线下全渠道的销售及物流网络，更精准地进行品类管理、库存管理、供应链管理等，以实现商品的高速流转，并将商品准时送达最终消费者手中。

面对新零售浪潮，几乎所有的商贸企业都在积极创新，以获得持续成长的新动能。而帝凡之美也在推进数智化转型，以保持与新时代同频共进。

从代理到自营，直面"成长的烦恼"

作为国内第一批做进口化妆品的代理商，截至目前，我们上游的合作厂商已经有 80 多家，代理品牌 120 多个，相关条码超过 2 500 个。

——帝凡之美总经理马卓亚

马卓亚与帝凡之美的故事，还要从 2010 年之前说起。彼时，我国社会消费品零售总额持续攀升，人均零售额逐渐超过 1 万元。由此，我国消费品市场进入了一个新的发展阶段，消费结构升级成为拉动消费增长的重要因素。

消费结构的持续升级，带来的是消费者对于商品品质、品牌、服务等方面越来越高的要求。商业嗅觉敏锐的马卓亚发现，在消费升级浪潮面前，当地市场供应的进口化妆品很少，远远无法满足消费者需求。恰巧，当时丹尼斯百货开始探索开设区别于传统综合性大卖场的精品超市，于是马卓亚迅速把握这一机会，成为进口化妆品的代理商。

"作为国内第一批做进口化妆品的代理商，截至目前，我们上游的合作厂商已经有 80 多家，代理品牌 120 多个，相关条码超过 2 500 个。"马卓亚表示。在代理进口化妆品的同时，马卓亚也在通过开设自营店的方式，进行全渠道销售，触达终端消费者。2015 年，他正式成立帝凡之美，并担任公司总经理。

"我们已经开设了三家自营店，今年我们计划将自营店扩展到十家。"马卓亚表示。从商场和终端零售商的供应商到开设自营店，帝凡之美的年销售额已经达到四五百万元，但随着全渠道销售网络的搭建和业务的持续增长，公司也面临着一系列"成长的烦恼"。

由于帝凡之美过去的业务以线下为主，因此系统也主要部署在 PC（个人计算机）上，员工到店后计算机开机才能开单、打单。一旦遇到节假日或者员工请假，常常会出现客户联系不到公司员工、无法开单的情况。如果开不了单就无法出货，无法出货就会导致生意间断。马卓亚没少因为这一点接到客户的投诉，帝凡之美也因此损失了一些客户。

不开单仓库不会发货，即使开了单，仓库也经常找不到准确的条码。很多客户要货少则三五十种，多则三四百种，帝凡之美有三个仓库，但三个仓库之间的数据不透明，员工不得不拿着单子挨个仓库找货、配货，这种库存管理方式的效率和质量都很低，不仅烦琐，且容易出错。

除此之外，定期的商品管理也不到位。美妆日化商品系列、规格、色号等数量多。对于零售店来说，如果一件商品的周转时间超过三个月，基本上就可以定义为滞销产品，但仓库对商品的周转周期并不太关心，所以经常会有一些滞销产品或者过期产品积压在库房，导致商品损耗过多，进而影响到公司整体利润。

凡此种种，都让帝凡之美不得不做出改变。

应对挑战，数智化建设要与企业相伴成长

如今，我拿起手机随便一翻，就能了解今天的经营状况，比如开了多少单，是哪些客户在开单，这些客户近三个月的开单情况如何等。不仅如此，我们在客户打款之后，也能够及时给客户开具电子发票，并与税务系统顺利对接，这些智能化应用也给我们的业务运作带来了很大的便利。

——帝凡之美总经理马卓亚

为了更好地化解企业成长的烦恼，马卓亚想了各种各样的办法，从口头提醒到出台奖惩制度，但他发现这些都无法从根本上解决问题，而且严格的制度也不适用于像帝凡之美这样的小微企业。

"过去，我也经常控制不住自己的情绪，但看到堆积如山的化妆品时，也就不再去责怪库存管理人员了，他们每天的工作已经很辛苦了。"马卓亚表示，"大企业靠制度，小企业靠情怀。因此我们没有那么多的规章制度，也没有一个人被罚过款，每个人都知道自己的职责是什么，也都尽心尽力。"

他意识到，当员工频繁出错时，管理者应该深入了解问题出现的原因，并提供适当的解决方案来改善工作环境和流程，从而帮助员工更好地完成任务，

减少错误的发生。为了降低员工的工作强度，提升工作效率和质量，帝凡之美决定进一步启动数智化建设。

事实上，在进入新零售时代以后，数智化转型就已经成为大部分零售和商贸企业重要的战略方向之一。从拓展线上渠道到开展全渠道管理，企业越来越注重核心运营能力的全链路数智化改造，不断提升客户体验、提升工作效率、优化工作流程，从而提升企业核心竞争力。

其实，在开展数智化建设之初，帝凡之美的需求很简单，就是记录一下公司的收入和支出，所以，当时公司只选择了一款简单的记账软件。而随着公司的持续发展，产品品类越来越多，单纯的记账软件已经无法满足企业的发展需要，帝凡之美又上线了一款品类管理软件，用于多品牌管理。

在用了一段时间之后，马卓亚又发现，公司需要的不仅仅是一套记账软件或者品类管理软件，而是一套集财务、进销存等于一体的综合性软件，从供应商管理到入库管理，从开单到出库，从财务到税务，能够覆盖企业经营管理的方方面面。

2019 年底，一次偶然的机会，马卓亚接触到了畅捷通的销售人员，后者介绍了一款新产品——畅捷通好生意（以下简称"好生意"）。

好生意是畅捷通专为商贸企业量身打造的智能生意系统，可以帮助客户更好地进行库存管理、销售管理、资金管理、经营管理和线上营销，让公司的经营管理变得更加高效方便，引领企业从内部进销存管理向外部智能营销转型，具备免安装、免备份、自更新等特性。

马卓亚在深入了解了产品功能特性后眼前一亮："没错，就是它了！"不过，打动马卓亚的不仅仅是好生意本身的功能特性，还有其背后的用友公司。从 2016 年起，用友进入 3.0 发展新阶段，通过普及全球领先的数智商业创新平台——用友 BIP，力求服务超过千万家企业的数智化，并成为全球领先的企业云服务与软件提供商。

"我们本身就是做海外高端化妆品品牌代理的，所以品牌意识非常强，因此在选择软件产品时选择了用友。"马卓亚强调，"虽然现在我们只是小微企业，但未来我们会成长为规模更大的企业，用友有更丰富的产品和服务可以伴随我们一起成长。"

迎难而上，畅捷通好生意如何成就好生意

说实话，用友的服务真的没有让我失望，大企业就是有大企业的样子。

——帝凡之美总经理马卓亚

尽管公司代理品牌 120 多个，相关条码超过 2 500 个，还有三家自营店和线上销售渠道要管理，但意识到数智化建设重要性的马卓亚并没有对这些难题产生畏难情绪，而是迎难而上，切实推动畅捷通好生意的上线。

畅捷通好生意也不负众望，成就了帝凡之美的好生意。

在开单上，畅捷通好生意支持手机、计算机、PDA 快速开单、远程开单/打印，实时响应出库。这样一来，不论帝凡之美的门店是否处于营业状态，工作人员都可以通过好生意随时开单，不仅提高了工作效率，杜绝了生意间断，也能够更加及时地给客户反馈，提升客户体验。

在库存管理上，好生意产品可以实现多仓/异地管理和智能补货，让库管更高效。借助这一特性，帝凡之美的仓库管理人员可以实时了解每个仓库的产品库存情况，大大提升了商品的出库效率，并严格对商品进行批次管理，实现精细化的库存管理，进一步提升了库存周转率，让商品管理更加便捷。

在商品管理上，帝凡之美借助好生意产品，可以精确地查到零售店的库存状况，对于那些滞销产品，公司可以及时制定促销政策，推动商品销售。同时，对于仓库中一些存放时间较长的商品，系统也会及时提醒，避免商品滞销或者过期，大大降低了临期、过期商品给企业造成的损失，提升了公司的利润率。

帝凡之美借助好生意，已经实现从商品智能分析到商品智能采购，再到上下游客户的合作管理；对进—销—存的各个环节赋能，全面提升了经营效率，实现了九个人管好 7 000 多种商品和 2 000 多家客户。

在好生意的帮助下，即使在新冠肺炎疫情暴发期间，帝凡之美的业务也没有受到太大的影响，一直在正常运转。马卓亚坦言："员工只要拿着工作手机，客户就能及时联络到他，他也能随时在系统中开单、查单；仓库管理人员则能够根据订单及时安排发货，只要物流不断，我们的生意就不会受到影响。"

不仅销售人员、仓库管理人员的工作效率得到了提升，马卓亚作为公司的管理者，也能够更加清晰地了解公司的运营状况，随时进行决策调整。马卓亚表示："过去三年，畅捷通好生意已经给我们公司带来了实实在在的好处；同时我个人的感触也非常深，公司的经营管理变得更加方便，各部门只需要各司其职，最终所有的财务数据、销售报表、利润分析、客户情况等信息，我都可以轻松地查看到。"

在数智力量的支撑下，帝凡之美正在做好更专业的自己。借助数智化系统，帝凡之美一方面实现了进销存的数智化管理，提高了公司运营管理的精细度，让员工有精力提升自己的专业度，另一方面可以更加深入地了解客户的消费心理、消费行为和消费习惯，从而对未来的消费预期有更加精准的预判。

在帝凡之美因为好生意获得了全方位的效率提升的同时，马卓亚团队还在与用友合作的过程中切身感受到了一家全球领先企业的服务专业性。马卓亚直言，帝凡之美各部门的业务人员与用友的服务团队沟通非常频繁，遇到问题总能得到用友服务团队的及时反馈。

用友的核心价值观是"用户之友、持续创新、专业奋斗"，其中"用户之友"的内涵就是倾听客户，达到设身处地的程度，通过服务赢得信赖，实现长期合作，最终成就客户，超越客户的预期。

"许多小型日化企业因为缺乏抵御风险的能力被淹没在三年疫情的严酷洗礼中，这也让我们意识到，必须改变传统的经营模式，重新思考在全新的市场环境中需要怎样的数智化能力与思维。畅捷通好生意看到了我们这些小生意的'难'，帮助我们分析诊断痛点，有针对性地出具解决方案，逐一落地跟踪效果，从商品智能分析到商品智能采购，再到上下游客户的合作管理，全面提升了我们的经营效率。因此我们认为'用户之友'也有接地气、有人情味的含义。"马卓亚真诚地表示。

与用友合作的巨大收获，也坚定了马卓亚对于帝凡之美未来的信心。"尽管我们现在规模还很小，但我们有方向、有目标，我们的员工和客户对于数智化的认知都是积极向上的，他们同样会认可我们的专业度，并与我们长期合作。"马卓亚表示，"我经常跟客户讲这样一句话，我们要做好一件事情，肯定是先从专业的角度去考虑，而不仅仅是从产品和价格的角度去考虑。"

内需是经济发展的基本动力，扩大消费是满足人民日益增长的美好生活需要的必然要求。党的二十大报告提出，要着力扩大内需，增强消费对经济发展的基础性作用。郑州市在发展规划中提出，到 2025 年，力争当地社会消费品零售总额达到 7 000 亿元；到 2035 年，建成全球先进的制造业基地和国际重要的金融商贸物流中心。

消费市场的持续扩大和商贸产业的快速发展，无疑给消费品企业进一步做大做强提供了"土壤"。而拥有"数智力量"的帝凡之美也有望打破公司成长的天花板，迈向更加美好的未来。

第四篇

---◆---

专　业

　　企业服务是有一定专业门槛，需要持续深耕方能创造高客户价值的领域。35年来，用友始终聚焦企业软件与服务产业，持续为客户创造更大价值。

　　因为专注，所以专业。用友BIP能够为客户提供更懂业务的企业数智化底座，拥有业界首个企业服务大模型及全球最全的一体化数智服务，涉及财务、人力、供应链等十大核心领域，覆盖制造、能源、交通等近30个行业，40多个国家与地区。通过普及用友BIP服务中国企业和全球企业的数智化，用友把融合众多行业领先企业的成功实践，更具普适性推广价值、更贴合企业数智化建设和运营需求的成果规模复制到千行百业，赋能客户的数智商业创新与进步发展，让数智化在更多的企业成功！

22 中国电子：

以全面信创，立于世界之巅

【编者按】

从 2004 年起，用友作为亚太地区领先的企业服务提供商，采用自主创新的信息技术，为中国电子提供财务系统、质量系统、物资系统、生产系统等相关产品与服务，并积极投入信创产业生态建设，与中国电子共同构建国产化认证体系，树立自主可控的样板工程。

进入数智化新时期，双方强强联合，依托各自在应用软件、基础硬件与基础软件层面的优势，加速构建完善的信创产业生态，合力推动信创产业高质量发展。

历经 34 年激流澎湃般的发展，中国电子信息产业集团有限公司（以下简称"中国电子"）见证了我国电子信息产业的变迁与成就。从部分技术引进创新到完全独立自强，从穿着"白大褂"才能进机房到如今飞入寻常百姓家，中国电子以其技术创新和领先实践，在产业浪潮中立于不败之地。

中国电子成立于 1989 年，被誉为我国民族电子工业的摇篮，是党领导下人民军事电子工业的开拓者，也是中央直管的、以网信事业为核心主业的中央企业。目前，集团拥有 21 家上市公司、663 家成员企业，总资产超过 4 216 亿元，业务覆盖全球 6 大洲 60 多个国家，并连续 13 年入选《财富》世界 500 强。

近年来，中国电子主动服务国家战略，持续优化产业结构，围绕以数字技术支撑国家治理体系和治理能力现代化、服务数字经济高质量发展、保障国家网络安全三大核心任务，着力发展计算产业、集成电路、网络安全、数据应用、高新电子等重点业务，打造国家网信事业核心战略科技力量。

新时期，央国企纷纷积极对标世界一流，加速数智化转型，建设世界一流的管理体系。对于中国电子来说，面对复杂的内外部形势，探索建立一个安全自主可控的智能财务体系，是企业实现高质量发展的必由之路。同时，中国电子拥有国内规模最大、产业链最完整的自主安全计算体系，选择数智化与信创化相结合的发展路径，也是企业的最优之选。

中国电子携手用友基于全套信创安全自主体系，包括中国电子云、CPU（中央处理器）、操作系统、中间件、数据库、数据中台、技术中台、业务中台等，打造了中国电子的财务数智化系统，即集团财务云管控平台，并于 2022 年底成功验收上线。

对于一个如此庞大的工程，用友与中国电子精诚合作，不仅创造了显著的数智化价值和深远的社会意义，还为产业的发展和社会经济的繁荣做出了重要的贡献。

要数智化，更要自主可控

在数字经济大潮中，数智化转型已不是企业的"选择题"，而是关乎企业生存和长远发展的"必修课"。作为"十四五"时期业务规划的重要内容之一，数智化转型是央国企强化自身增长动能、引领新一轮科技革命和产业变革浪潮的重要举措，已成为企业关键战略和衡量国企改革成效的重要指标。

中国电子不仅承载着赋能千行百业的使命，而且积极把握数智化转型带来的机遇，全面推进"数字CEC（中国电子）"建设。中国电子致力于用数智化提高效率，用数智化提升能力，用数智化降低成本，用数智化加强风控，在谋划好企业改革发展各项工作的进程中，实现从"物理量变"到"思想质变"的飞跃！

为了更好地推进此项工作，建设价值创造型财务管理体系，成为企业当下之急。中国电子认为，财务转型作为数智化转型的排头兵，也需要适配信创体系。只有在全套信创安全自主体系之上，打造对标世界一流的财务管理体系，才能更好地推动企业高质量发展。为此，公司携手用友，以用友BIP财务云为基础平台开始了项目建设。

在系统正式实施前，中国电子基于财务集中管理的各种诉求，结合多业态、多板块布局的业务特征，与用友共同设计出"多业态下分散业务系统与集团财务集成"的融合解决方案。该方案依托用友BIP打造财务、集团报表、费用报销、全面预算、财资管理、友报账、税务云、银企直联、电子会计档案等服务，从而推动目标的达成。

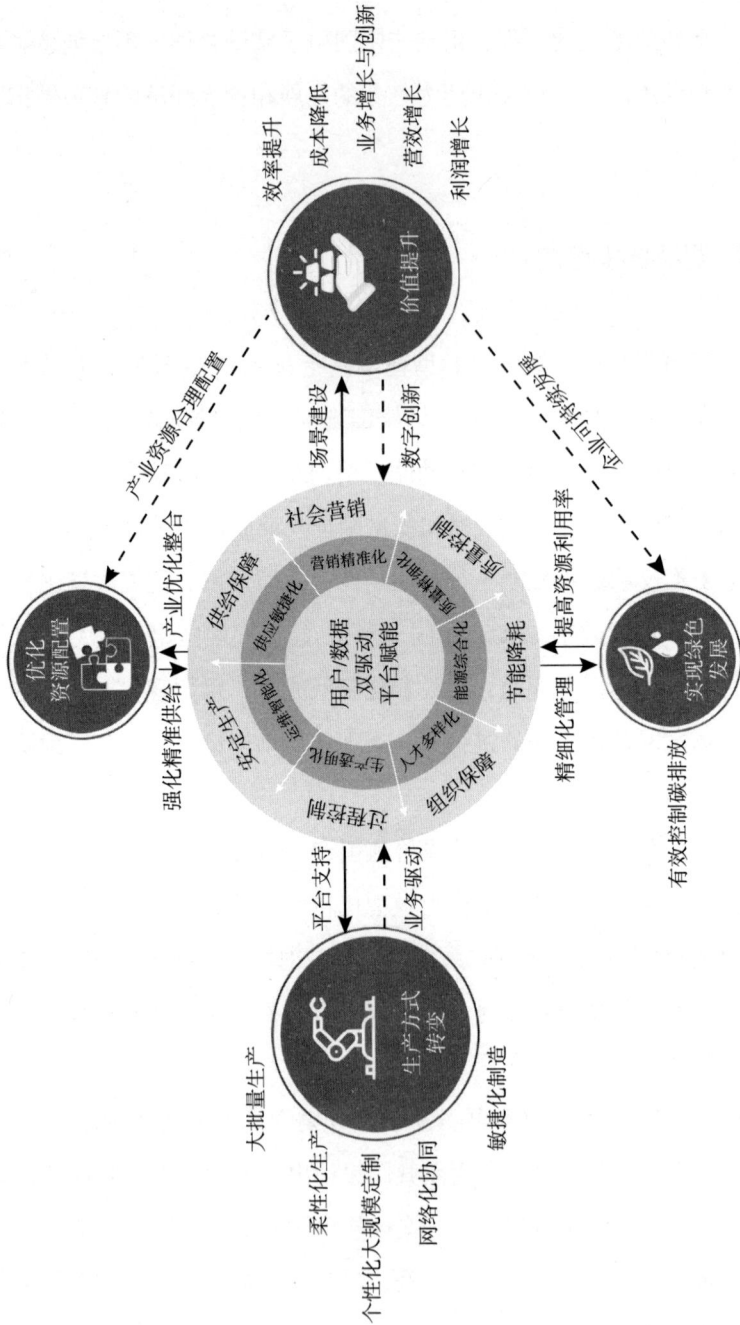

图 22.1 用友 BIP 离散制造行业解决方案全景

然而，作为大型集团企业，中国电子财务数智化转型也面临着不少挑战，主要表现为财务管理效率低、风险管控差、价值创造低等。中国电子核心业务分布在多个领域，如集成电路与关键元器件、软件与系统集成、高新电子、计算机及核心零部件、移动通信终端与服务等，因此，在信息化时代，二三级企业、各部门自行主导系统建设，虽然解决了信息从线下到线上的转变，但这也导致了系统应用分散的问题，形成了大量信息孤岛，以至于影响了财务垂直一体化的纵向管理。

在当今数智化时代，中国电子从数据层面更加关注数据标准与集成，更加追求高效的数智化运营。通过建立集团型的共享应用平台，不仅可以加强集团管控，让员工更加关注价值创造，也可实现数据贯通、数据共享，在帮助企业持续挖掘数据价值的基础上，赋能业务更高质量发展。

"财务数智化转型的核心就是数智共享，这被不少客户看作实现世界一流的第一步。就中国电子而言，财务数智化转型的蓝图是通过横向融合、纵向贯通，实现集团范围内的数据联通、场景驱动和资源连接。具体到第一阶段就是要完成财务信息化建设，实现核算集中、资金集中、数据集中。因此，我们将以中国电子 PKS-M 体系（一套基于国产硬件和国产操作系统的全国产体系）为基础，和客户共同建设财务共享平台，在实现集团对二级企业战略管控的同时，兼顾二级企业对下级单位的经营管控，从而逐步推进集团财务数智化转型。"用友实施经理说。

经过深入调研，中国电子提出了以数据驱动推动财务数智化转型的六个主要层面，即核算标准化与核算集中、一键合并报表、财务分析与管理会计、司库管理、财务共享以及财务数据仓。同时，双方制定了平台建设三步走路径，即第一年建标准、搭平台，第二年强落实、推共享，第三年提管理、达目标。

2021 年，双方正式开始合作。在项目推进的过程中，合作团队克服了项目复杂程度高、覆盖面广、技术要求严格、涉及人员多、沟通协调烦琐等各类难题，并取得了阶段性成果。

从具体应用上说，中国电子财务云管控平台帮助集团内上线企业实现了财务科目标准化管控和严格执行，规范了财务主数据。通过集中核算，实现了数据的实时集中、实时共享，初步建立了数据智能分析和决策支持体系。现在，可一键生成集团单体报表，可移动报销和审批费用，可智能化识别查验发票，可事前控制费用预算，银企直联可在线支付，电子会计档案可自动归档。

以员工费用报销为例，基于用友 BIP 友报账打造的中国电子报销系统，是支持全员、全组织的统一平台，实现了自动智能报账的全流程管理，简化了员工的操作；以数据共享为例，集团建立了统一的数据中心，打破了各层级、各部门的壁垒，统一财务数据口径和标准，通过实时发送和传输数据，提高了工作效率，实现了敏捷响应。同时，借助大数据整合分析，优化了企业决策，改善了资源分配，可帮助管理者实时监测运营状态，掌握经营情况。

项目经理深知，此项工程的复杂程度远超预期。用友团队怀着"一切基于创造客户价值"的决心，三年毕其功于一役，以"用户之友"的精神努力奋斗，力争打造首家国企信创标杆。在信创产业崛起的今天，用友 BIP 财务云成功适配了中国电子自主可控的 PKS 体系，充分验证了其在中国电子云环境的高可用性、稳定性，并在中国电子全集团内得到推广。

截至 2022 年 6 月，集中核算已上线 271 家、372 个核算账套，占所有 643家企业的 62%。单体财务报表已自动编制，而且实现了中电金信、中国系统、中电信息合并报表自动生成，共处理费用报销 4 312 笔。

更重要的是，通过集中的财务管控，中国电子避免了各家企业系统的重复建设，从经济上节省了约 1.2 亿元的建设成本。

首家全面信创，树央国企典范

财务集中核算在中国电子云的先行示范，为建设自主安全可控的信息平台提供了有力支撑，成为"数字 CEC"的先行者和实践者，对打造国家网信产业核心力量和组织平台有着重要的意义。感谢用友团队富有成效的付出。

——中国电子财务部项目组

近些年，在推动数字经济和智能化发展的历程中，中国电子为中国和全球的信息化推进做出了重要贡献。此次联合用友 BIP，基于中国电子 PKS 自主可控体系，打造的财务数智化转型、对标世界一流的实践成果，为国企、大型企业信创提供了杰出样板。

中国电子财务云管控平台拥有六项核心价值。

第一，用友提供的产品和解决方案完全适配中国电子全套的信创安全自主体系。也就是说，用友 BIP 适配了以安全为核心的中国电子 PKS 体系，形成了零信任、纵深防御、云安全架构体系，真正做到在自主可控环境下的财务集中管控。这不仅是我国信创产业的领先实践，更为国企的数智体系国产化树立了信心和标准。

第二，从应用的角度来说，用友帮助中国电子实现了财务集中管控与多业态业务的融合。以前，中国电子业务系统和财务系统往往按产业板块部署，较为分散，导致集团财务管控缺少统一的抓手。而基于用友 BIP，中国电子实现了多业态下的财务集中部署、实时集中管控。更重要的是，各板块 ERP 系统与集中部署的财务系统深度融合，不仅没有形成信息孤岛，而且满足了各板块业务系统灵活建设的要求。可以说，此次合作是央企"财务管控纵向到底、业财融合横向集成"的最佳实践，解决了央企长久以来财务集中管控无法纵向到底的难题。

第三，项目采用去中心化的分布式架构，支撑企业快速发展。系统架构敏捷，更具弹性，是企业上云的领先实践。未来，当中国电子业务、财务发展到特大用户量后，如在线用户超过 2 万人，也可通过调整配置，平滑转换成微服务、云原生架构。

第四，通过采用技术中台、数据中台、OCR（光学字符阅读器）识别、

RPA、VPA、机器人等多种新技术，中国电子实现了业务处理的自动化和管理决策的智能化。

第五，用友 BIP 帮助中国电子实现了跨越式发展。一般中央企业的集中核算、财务共享、业财税资档一体化、财务数据治理、国产化适配需要在十多年时间分多步实现，而与用友合作，双方将数智化融入信创化，让中国电子在短期内就实现了多个步骤。

第六，从用友自身的角度来说，为了推动信创产业发展，抢抓"数智化"与信创国产化的历史机遇，用友 BIP 已与国内近百个国产产品实现兼容认证，形成了安全可信的数智化解决方案。这一次服务中国电子的财务数智化建设，进一步体现了用友产品在国产化、信创方面的实力。这是用友在国产化、信创领域的又一次重大飞跃，为国企的国产化替代，为国内信创产业的发展提供了可参考的实例。

中国电子财务部项目组曾在一期项目总结会上表示，财务信息化项目历经了一年多的建设，取得了可喜的阶段性成果。财务集中核算在中国电子云的先行示范，为建设自主安全可控的信息平台提供了有力支撑，成为"数字 CEC"的先行者和实践者，对打造国家网信产业核心力量和组织平台有着重要的意义。

与领先企业同道，屹立于世界之巅

中国电子与用友已有 20 年的合作历史，在自主创新、生态合作层面进行了深度、广泛的探索。从 2004 年起，用友作为亚太地区领先的软件服务提供商，为中国电子提供了财务等相关产品服务，并在 2018 年帮助企业实现了国资委要求的大额资金监控系统的实施和开发。

进入数智化新时期，中国电子旗下公司中国振华、中国长城也牵手用友加速数智化转型。其中，中国振华基于用友 ECM 协同办公管理平台、用友 NC

系统，打造了集团信息管控平台，建立了两个总部及八家子单位的统一会计核算体系和标准的核算流程，提高了集团信息资源共享和知识管理的能力，并加大了对子单位的管控力度。同时，通过整合供应链，中国振华还实现了销产协同、供应链质量跟踪，使生产计划安排得更合理，质量控制得更规范。

2021年，中国长城基于用友NC Cloud构建了安全可信的实时企业，推动相关业务从信息化走向数智化。而且，双方还将共同构建国产化认证体系，树立自主可控的样板工程。

除了在企业数智化转型方面展开合作，为进一步建立长期稳固的合作关系，寻找战略合作机遇，共享优势资源，中国电子与用友在产品生态、市场拓展领域开展了深入合作，构建了互利双赢、可持续发展的战略合作伙伴关系。

早前，用友与中国电子成立了联合创新中心，联合开展PKS体系在商业创新领域各类系统和服务中的研发、应用及推广。其中，在产品生态领域，双方充分发挥中国电子在信息技术领域的技术优势，深度融合用友成熟的行业解决方案，推动用友核心产品与PKS体系的深度适配，打造行业解决方案，发布相关规范，并推出基于PKS体系的自主商业创新平台产品体系。

在行业化方面，面向党政、电力、电信、金融、航空航天、交通、石油、教育、医疗等信创产业市场，用友凭借在行业中深耕细作的领先实践，协助中国电子拓展PKS市场，推动客户底层架构基于PKS体系优化，共同打造产业重点案例，推进研究成果的产业化应用。

在当前数智化时代，作为信创产业的头部企业、产业生态的主导者，中国电子以自身为样板，不仅打造了"信创+国产化"的新高地，而且积极携手用友，开启了信创产业的新格局，赋能千行百业更高质量发展。而用友也正努力将数智化与信创化相结合，使企业利用新一代技术和产品实现数智化转型，为中国企业创造更大的国产化系统应用价值，为企业走向全球领先而打造数智商业创新。这为用友提供了跃升成为全球领先的企业数智化服务产业领军者的机遇。

未来，用友将携手更多中国企业进军国际市场，屹立于世界之巅！

23　港华智慧能源：

从传统燃气到数智能源的百年之旅

【编者按】

港华携手用友十余年，共同打造港华集团工程管理一体化云平台，深度覆盖财务、供应链、工程管理、成本管理等九大应用领域，首创业内工程移动产品应用，进一步支撑项目全生命周期管理，为管道建设安全保驾护航。

未来，用友BIP将持续通过数据驱动智慧工程与敏捷服务，帮助港华提升项目绩效，完成数智化浪潮下的创新与成长，助力企业高质量发展。

燃气是人们日常生活的必需品，也是城市基础设施的重要组成部分。包括燃气在内的公共服务数智化转型升级，对提高城市服务水平、打造高质量民生保障至关重要。《"十四五"数字经济发展规划》和《数字中国建设整体布局规划》都明确提出，促进数字化公共服务更加普惠均等。

香港中华煤气有限公司（简称"香港中华煤气"）于 1994 年在内地开展燃气业务，这家大名鼎鼎的企业于 1862 年创立，是中国香港历史最悠久的公用事业机构，亦是当地最大的能源供应商之一。在过去的 160 多年里，它与中国香港一起成长，在能源行业遥遥领先。

2002 年，为了更好地管理集团在内地的投资项目，港华投资有限公司在深圳成立。近年来，随着集团积极推动业务转型，加快发展智慧能源的步伐，于 2021 年底正式更名为港华智慧能源有限公司（以下简称"港华"），一举铺设了一条通往绿色的、可持续发展的康庄大道。

目前，公司业务涵盖智慧能源、城市管道燃气、上中游供水、城市废物资源化利用、天然气加气站及新兴环保能源等，共逾 600 个项目，遍布全国 28 个省级行政区，已成为内地极具规模和影响力的智慧能源集团之一。

2023 年是香港回归 26 周年，正如香港中华煤气常务董事暨行政总裁、港华执行董事暨行政总裁黄维义所言，他们将以广阔的国际视野、前瞻性的战略眼光和丰富的管理经验推动集团业务蓬勃发展。

企业发展总会面临各式各样的困难和挑战，只有敢于打破常规才能始终领先。早在 2011 年，港华基于香港中华煤气百年的管理积淀，结合几十年的锤炼，通过运用新一代信息技术创新管理，自主创造了港华管理信息系统 TMS（全称：Towngas Management System），为企业谋求更高的价值。

当时，以"港华蓝天下，共享一片云"为基调建设的 TMS，让港华的管理和运营水平与世界级快速对齐。它不仅是企业管理智慧的结晶，更是经验的厚积沉淀，与香港中华煤气一脉相承。

所谓善用资源，方成大智。在 TMS 建设和推广的过程中，港华上下倾力合作，从集团总部到区域公司，从高管团队到基层员工，每一个人不计得失、甘于奉献，为 TMS 的落地保驾护航。

信者，因信赖而托付。一项宏大且具有开创性的管理平台横空出世，不仅仰赖一次次坚持不懈的耕耘，更离不开那些在幕后默默支持的行业专家和技术先驱。对于港华而言，这个不可或缺的信赖伙伴正是用友，它的存在让每一个托付值得期待。

一拍即合，"用户之友"赢得信赖

很高兴看到企业能够转变观念，运用现代科技手段，全面落实和充分发挥好 TMS 的应用价值，提高效率，优化管理，推动港华获得长久稳定的发展。

——香港中华煤气常务董事暨行政总裁、

港华执行董事暨行政总裁黄维义

2011 年，随着我国城镇化的不断发展，燃气行业规模逐步扩大。当时，港华每年都会增加 10 ~ 20 个项目，项目总数已经超过 100 个。面对越来越迅猛的业务扩张，港华的管理也要变得更加规范化、标准化。因此，支撑集团管理升级的信息化平台建设被提上日程。

为了选型，时任港华集团高级副总裁、主管信息化工作的黄洁带领团队将国内外的主流产品调研了一遍。

她发现，用友发布的新产品用友 NC6 与国际同类产品旗鼓相当。用友 NC6 不论是多组织、多集团的产品架构还是平台化的设计思路，都正好是港华所需要的。

用友 NC 是用友持续打磨和精进的企业管理软件，历经了第一代采用 Java 技术开发的基于 B/S 结构的财务软件，2000 年后第二代逐步包含 HR、供应链等形成集团企业完整全面的 ERP 解决方案，到第三代的用友 NC6 已经发展为面向集团企业的世界级高端管理软件，包含财务、人力、供应链、营销、协同等众多领域。

在得知客户的需求后，用友网络副总裁刘剑锋率领团队第一时间赶到深圳，和黄洁团队进行了深入沟通。

"用户之友"是用友核心价值观的第一条。做"用户之友"，就是做出功能实用、价值实在、用户容易学喜欢用的软件，并且与用户真诚合作，做用户可靠的朋友。作为一位在 1999 年就加盟用友的"老用友人"，刘剑锋深受用友文化的熏陶与浸染，在工作中的一举一动都彰显着用友的价值理念。他踏实、认真、可信赖的专业态度感动了客户。黄洁当即决定，双方的合作再往前走一步。

黄洁亲自带领团队来到用友公司，与用友高管团队充分沟通。她说，那一次她是带着两个目的北上的。一是考察用友的家底；二是要拿到一份许可，也就是得到充足的实施服务资源保障。"这个项目在港华内部如此重要，我们不能出问题。如果产品是全新的，有一定风险，那么就要研发支持、实施团队做补充，这样才能确保项目的顺利进行。当然，我们得到了肯定的答复。"

业务落地、组织先行。2011 年 8 月，港华信息化战略委员会成立，黄维义担任主席，黄洁担任秘书长，集团各功能部门和各区域高级副总裁担任委员，香港中华煤气 IT 部和内审部门共同监督审核进度和质量，同时，他们还从集团相关功能部门和港华分公司抽调财务、工程、采购类专业骨干共同参与实施工作，为 TMS 的上线保驾护航。

11 月，港华与用友正式签约。这无疑是一个值得铭记的时刻，因为双方从此开始，将携手走过至少一个轮回。随后，项目团队组建完成。如所承诺的那样，用友提供了有经验的实施顾问，而港华抽调了精兵强将。后来，在长达半年的时间里，双方共同走访了多家下属企业，进行了充分、细致而深入的需求调研，最终用友拿出了令港华认可的执行方案。

港华集团高级副总裁黄洁认为，用友 NC6 产品本土化程度高，其提供的服务质量和研发保障是国际化同类产品无法比拟的，这是港华选择与用友合作的最主要的原因。

基于用友 NC6 面向企业互联网的架构，以及可运营、可灵活配置的特性，项目团队历经数月的艰苦奋战，在 2012 年底完成 TMS 雏形构建。与此同时，他们又马不停蹄地在第一家试点企业——东永港华上线，TMS 很好地支撑了其财务和供应链管理。

次年，港华又颁布了各项管理制度与工作指引，为 TMS 持续优化和日常维护管理工作提供了制度保障与规范化管理办法。对于一家大型集团企业的信息化建设来说，这无疑是一个完美的开始。

在企业经营活动中，控制成本不仅是一种策略，更是增益之源。通过用友管理系统，企业集团仅需在总部一次性投入，便能跨越传统软硬件的限制，将 HR、报表、财务、供应链等关键业务系统统一部署。它不仅消除了重复投资的需求，还大幅减少了各分支的运营支出，极大地精简了成本结构，使企业在财务与资源管理上更加高效，保障了竞争优势的持续巩固。

用友 NC6 更能够吸引大型企业集团的价值还在于能够快速复制管理模式，在整体统一中兼顾了灵活性。一旦整套系统建立完成，工作流程和标准即刻嵌入系统数据库中，随即可以被集团内新成立的企业直接采用，这对于正处于快速扩张阶段的企业集团来说意义重大。黄洁总结道："目前，我们在全国有 100 多个项目，每年递增十个项目，这种规模性的增长对于信息化系统建设也是需要重点的考虑。用友 NC6 拥有针对多集团、多组织、多维度的信息化管理功能，在我们集团使用效果非常好。"

"掌上决策"，数据信息实时共享

TMS是港华集团在信息化高速发展的时代背景下，前瞻性的部署，主要依靠自身力量打造完成的功能完备、高效实用的信息化系统，目前已成为集团本部和企业日常运行不可或缺的管理平台。

——香港中华煤气内地公用业务营运总裁、

港华执行董事暨营运总裁纪伟毅

2013年，港华把工程管理的强化提上了重要议程，这一决策具有深远的影响，因为它旨在直接提升燃气工程的品质、进度和成本效益，以期利润更为明显。当山东潍坊港华的财务总监拨通电话联系黄洁时，他强调了从财务管理的角度，对系统增添工程成本管理功能的迫切需求。

黄洁坚定地表示："我们必须迅速行动。"她获得反馈后立即联系刘剑锋，并与他达成共识——工程管理系统需要重新开发，以便尽快整合成本管理功能。经过四个月紧密的协作，新版工程管理系统终于完善并呈现。黄洁感慨道："任何努力都不会白费，系统的构建取得了巨大成功。"它运行稳定，直至今日，在港华的整体信息化系统中，仍发挥着不可或缺的作用。

企业信息化转型升级，只有进行时，没有完成时。到了2014年，随着业务量的激增，TMS系统所承受的压力也随之增大。黄洁意识到，是时候对系统进行升级了。她立刻将这一情况传递给用友。在这个关键时刻，她此前获得的"绿色通道"显现出其价值。

所谓"绿色通道"，是指用友组建包括集团领导、集团专家、机构领导、机构专家在内的专门团队，为客户开辟专项服务通道。这一机制确保了客户的关键需求能够得到快速而精准的响应。

黄洁所提出的问题受到了用友的高度重视。用友立即组织了一个专项团队来进行问题的排查工作，通过分析系统日志和深入挖掘原因，迅速发现了症结所在——系统检索导致了响应速度的延迟。针对这一问题，用友团队迅速行动，通过技术优化和改进有效地解决了这一难题。这不仅解决了问题，还在黄洁心中激发了新的思考。

在随后与用友高层管理团队的交流中，黄洁提出了一个新的想法：她希望能够实时监控每个用户的登录状态，这样就能及时发现并定位问题，迅速解决，从而预防此类事件的再次发生。她的这一建议凸显了其对于系统稳定性和响应速度的高度重视，同时也体现了对预防性维护策略的深刻认识。

当时，用友"友云音"产品引起了黄洁的注意。这是一款面向业务、运营及开发的全景应用可视化性能监控云解决方案，被誉为"企业的首席智能运维官"，能够提供企业一站式的应用性能管理闭环服务，让运维人员高枕无忧。

深思熟虑之后，黄洁认识到，用友提供的友云音服务对 IT 维护工作的意义重大，它宛如一双慧眼，能够及时捕捉并快速响应系统出现的任何问题。这不仅加快了企业信息化进程，还极大地提升了用户体验。她意识到，不能再让系统问题等到用户反馈才被发现，这种方式易引发业务人员的不满。

这个洞见驱使港华再次选择与用友深化合作。结果证明，黄洁的这一决策再次正确。合作之后，港华的 IT 维护团队能够全面监控系统状态，后台不仅能实时查看性能数据，还能通过预警系统及时发现并排查潜在问题。这一举措的改善让黄洁长久悬着的心终于可以放下。

IT 维护不应仅仅是灭火式应对，而应预防潜在问题的发生。在后续的实践中，友云音再次显示了它的巨大价值。有一次，系统主动发出预警，指出一份财务报告需要半小时才能生成，这对于忙碌的财务人员来说显然是无法接受的。用友的实施团队迅速介入，问题得到妥善解决，报表计算效率极大提升，报告生成只需要两分钟。

目前，TMS 系统已广泛应用于港华集团，服务于近 40 000 名用户和超过700 个业务单元，包括超过 100 家业务规模较大的企业。它如同一双无形之手，将人力、财务、物流及信息流巧妙地编织在一起，实现了集团业务与财务的一体化及精细化管理，有效地排解了企业成长道路上的难题与痛点。

TMS 系统已平稳运行 12 年，根据友云音数据统计，用户登录平均响应时间不超过 1.2 秒，这一数字直观展示了港华信息化建设的显著成效。港华与用友合作所付出的努力得到了广泛认可，并因此获得了成就感。

三管齐下，燃气企业信息化建设的新高度

在用友的加持下，TMS 工程现场管理移动应用在多方面开了城市燃气行业之先河，引领了行业发展。

——香港中华煤气内地公用业务营运总裁、

港华执行董事暨营运总裁纪伟毅

截至 2016 年，移动互联网技术的壮观发展已经引领了时代潮流。对燃气行业而言，融合尖端的移动互联网技术和传统的燃气工程，无疑能够满足工程现场管理的需求。通过这种方式，工程现场的工作人员得以翔实地记录管道的铺设情况，包括焊接的品质和工程建设是否符合设计标准，同时也便于进行必要的取证工作。

基于这一需求，双方共同以港华的实际操作为蓝本，研发出了一款工程管理移动应用——用友"PM + 工程云"，在工程标准、工程现场、工程质量方面"三管齐下"，全面提升了企业的执行标准和工程质量，有效控制了成本，解决了施工和监理环节中的被动、耗时、工作量大以及缺乏及时性等问题。

更重要的是，该产品让港华工程现场管理水平得到质的飞跃，不仅实现了"掌上管理"，而且直接把港华信息化建设推向了一个新的高度——从办公室走向工程现场，从固定化走向移动化。

黄洁坚定地表示："工程现场管理对于燃气企业来说不可或缺。2017 年 6 月，潍坊公司试点上线后反馈良好，我们就开始在全国各个区域地毯式地推

进。随后，100 多家企业陆续上线，紧接着各省会城市和已上市的分公司也完成了部署。可以说，它的落成，不仅是港华信息化建设的一个里程碑，而且对于整个产业的价值也是巨大的。特别是在提升安全管理能力的同时，让燃气企业高质量发展。"

基于在工程领域深厚的实践沉淀，该产品成为用友 BIP 工程云的原型。用友 BIP 是用友在云与人工智能时代，面向企业与公共组织数智化打造的服务企业与商业创新的平台型、生态化云服务群。用友 BIP 工程云是用友在项目管理产品上的互联网化颠覆与创新，以工程管理为核心，构建建设方、施工方、监理方业务互联，聚焦工程现场质量、进度、协同管理。同时集成现场数据采集、分析，确保数据及时、真实、完整，为企业后续业务及精细化管理提供有力支撑。

数智燃气之光，闪耀中国智慧

没有用友的协助，没有 TMS，我们的职业生涯都会变得非常平庸。

——港华集团高级副总裁黄洁

TMS 源于企业，它在取众家之长并结合管理软件的优势之后，又高于企业。道通天地有形外，思入风云变幻中，凝聚着港华管理经验和智慧的 TMS，在用友专家团队的精心打磨与不懈支持下，成为港华信息化历程中的一颗璀璨明珠。它融合了港华深厚的管理经验与前沿智慧，为企业带来了以下独特价值。

第一，用友作为民族企业，对本土市场需求的深锐洞悉，加上香港中华煤气自身的国际视野和 100 多年沉淀的管理方式，让港华在智慧能源行业走出了一条纯国产化的信息化实施路径。正如黄洁所言，民族的就是世界的。港华携中国人内心深处的使命感和责任心，毅然决然地选择了用友。这一选择，基于对自身需求的深刻洞察和实际情况的客观评估，体现了港华脚踏实地、务实前行的企业精神。这种精神，也正是促使用友对合作充满信心的原因。得益于"绿色通道"的高效沟通与资源整合，二者携手缔造了如今的TMS——一个信息化建设的典范。

第二，TMS是港华自创自建的信息管理系统，其背后不仅是集团职能部门、各区域及企业的通力合作，更是凝聚了港华人的智慧结晶。在用友专业产品和服务的支持下，黄洁带领团队全情付出，在没有任何咨询公司、咨询顾问指导的情况下，独立完成了系统的规划、实施和落地，这对于传统企业来说是难能可贵的。

第三，港华集团与用友紧密合作，共同创新了一系列行业领先的实践和范式，这不仅推动了燃气行业的信息化建设，而且促进了该行业的高质量发展，形成了被业界广泛认可的"港华样本"。在这个过程中，用友超越了传统的技术和服务提供商的角色，转而深化为知识的传播者，助力港华构建自己的IT专业团队。如今，港华的IT人员已经能够独立在各个分公司部署和实施产品，这不仅提高了运维效率，也为员工个人能力的提升提供了平台，实现了从依赖外部到内部自主的转变。

第四，用友提供的专属运维服务显著提升了港华IT团队在各个方面的专业水平，从培训到项目实施再到日常运维，这一连串的能力提升使他们更加高效地服务于企业内部。这种知识与技能的传递具有连续性和可持续性。黄洁对此价值有着深刻的体会："用友安排了一支七人的专家团队长期驻扎港华，通过专线加强了我们与用友北京研发中心的直接沟通。这种高效率、高专业性的做法极大地缓解了我们的运维压力，并促进了我们IT团队的成长。"

第五，用友平台化的产品设计与港华集团化管控的模式完美结合，不仅缩短了子公司系统部署的周期，节约了资源，还加速了整个企业信息化水平的提升。尤其是在成本分摊上，每家子公司的建设和运维成本并不高昂，但带来的价值却是巨大的。

"我们建立了深厚的友谊。港华 IT 团队与用友各级人员的合作非常和谐，能够结识这些志同道合的伙伴，对我们来说不仅是幸运的，更是为我们的职业生涯增添了丰富的色彩，也为我们的人生增值。正是有了 TMS 和用友的助力，我们才能在平凡中绽放非凡。"黄洁衷心地表达了自己的感激之情。

微光成炬，全心守护

如果系统重启出现问题，那么整个集团几百家企业的业务都会受到影响，不仅是我，连我们团队都会遭受重创。但好在，我们按期重启，在周末的 48 小时内解决了所有问题，星期一照常提供服务。

——港华集团高级副总裁黄洁

在 TMS 项目的成长历程中，港华各级企业与用友的密切配合与全情投入让每个参与者都在不言之中贡献着自己的力量。来自五湖四海、各行各业的团队成员，抱着积极乐观、感恩奉献的态度，为着共同的理念和目标齐心协力，默默无闻地付出着。

2021 年，港华面临办公室搬迁这一重大事件。这就意味着重要基础设施的迁移，港华的 IT 团队面对的是巨大挑战。设备的无缝迁移和快速重启是他们的重要任务。尽管用友提供了专业团队进行协助，并且双方经过深入沟通制订了周全的计划，但黄洁仍旧感到忐忑不安。这关乎整个集团的业务连续性，一旦出现差错，后果不堪设想。

搬迁前夕，用友产品部高级副总裁李俊毅的到来，为黄洁和整个港华团队带来了莫大的安慰。他不辞辛苦，从北京赶至深圳，通宵值守，与港华的团队并肩作战，共同应对挑战。黄洁为这份担当与努力深感动容。其实，在搬迁之前，港华管理层已经承诺，如系统重启不成功，会提供额外的一周时间来处理。然而，在港华与用友的紧密合作下，这样的情况并未发生。

感人的故事还有很多。2017年TMS升级期间，由于工期紧迫、任务繁重，出现了一个小插曲，涉及员工的日常报销和资金支付功能。面对困境，李俊毅在深夜致电用友佛山分公司紧急调集资源，专家凌晨启程，携手共解难题。令人印象深刻的是，在那紧张的一周内，为确保系统升级成功，李俊毅带领团队连续奋战三夜，无论问题大小，他都亲自投入其中。"我们都劝他稍作休息，他却坚定地说，问题都解决了我才可以睡。问题一天不解决，我一天都睡不好！"这是港华IT团队成员的真切记忆。

真诚合作，一场珍贵的"双向奔赴"

未来，在数智化建设方面，我确定将会与用友一起走。有了这12年的合作基础，我希望未来双方能彼此延续真诚，延续深厚的感情，共同创造下一个辉煌！

——港华集团高级副总裁黄洁

黄洁和她的团队深知TMS项目的意义和价值，也充分理解自身肩负的任务与责任。因此，专业而成熟的企业服务对于港华来说至关重要。选择用友，就像是选择了一个终身相伴的伙伴。

在合作的漫长岁月里，每当问题出现，用友团队总能迅速响应，及时调配优秀资源予以解决。黄洁再三提及用友团队的专业精神和敬业态度是他们成功的关键，而文中呈现的也只是冰山一角。

她表示，用友与港华能够走到今天，根本上得益于双方的真诚合作。在遇到问题时，两边的团队不会互相指责，而是积极寻找解决方案。

早在12年前签约时，黄洁就提出了"共同成长、彼此成就"的合作理念，"那时，用友的产品需要发展，人员能力需要培养，港华也没有做过这么大的平台。从那一刻开始，我们就注定一荣俱荣、一损俱损。是彼此之间至真至诚的沟通、相互成就的精神引领着我们走到今天，并且还在一直延续下去"。

在这场珍贵的"双向奔赴"中，无论是用友的售前还是实施团队，都在实际行动中践行"用户之友"的核心价值观。面对挑战，他们迎难而上，不畏艰难。在紧迫的危机时刻，他们始终持续创新、专业奋斗。一代又一代的用友人证明了"为客户创造价值"已经成为他们内心深处的信念，是引领他们前进的灯塔。

24　中国平煤神马集团：

"数智之路"从中原奔赴"星辰大海"

【编者按】

中国平煤神马集团与用友合作超过 25 年，双方以财务共享为核心，以人力资源共享、物资设备共享为中心，高质量、高标准建设集团信息融合共享运营中心，逐步实现核心单位上市公司平煤股份共享服务平台上线运营，三大上市公司核心单位业务全覆盖，最终实现集团所有数据"一屏掌控"，决策部署"一键智达"，监督检查"一览无余"。不仅推动了其自身的数智化转型，也打造了一个能源行业数智化发展典范，创造了显著的行业推广价值。

未来，用友 BIP 将持续支持中国平煤神马集团打造数智化转型新高地，助力其成为具有全球竞争力的世界一流能源化工集团，推动能源行业实现绿色低碳高质量发展。

河南平顶山，以煤兴市，以煤成名。这里最大的煤炭企业年产值能达到1 700亿元。为了把一块煤的价值发挥到最大，管理者下足了功夫，也扛起了时代的"秘密武器"。

作为河南省的龙头企业，中国平煤神马控股集团有限公司（以下简称"中国平煤神马集团"）就诞生在平顶山。2008年12月，原平煤集团、神马集团强强联合，重组后成立了中国平煤神马能源化工集团有限责任公司。两大集团优势互补，打通了全球最完整的煤基尼龙化工产业链，实现了"1+1 > 2"的效应，推动企业从中原走向全国，融入世界。

2022年，集团正式更名为中国平煤神马控股集团有限公司，这标志着集团迈进了高质量发展的新时代。目前，中国平煤神马集团是国内品种最全的炼焦煤、动力煤生产基地和亚洲最大的尼龙化工产品生产基地，产品远销30多个国家和地区，与40多家《财富》世界500强企业建立了战略合作关系，资产总额超2 400亿元。公司旗下拥有四家上市公司和六家专精特新企业，算得上是一家名副其实的跨区域、跨行业、跨所有制的特大型能源化工集团。

在数字经济背景下，从2021年开始，中国平煤神马集团就启动了集团数智化转型。作为重要的合作伙伴之一，用友始终如一地跟随着集团的建设步伐，沿着从顶层设计到夯实ERP业财一体化基础，再到建设全业务共享运营中心，最后到打造大数据中心的建设路径，持续为中国平煤神马集团提供产品和服务，为建设具有全球竞争力的世界一流能源化工集团、打造大型能源企业数智化转型的领先实践，发挥了自身的专业力量！

共享中心第一枪，打得漂亮

做过共享、数智化的人应该都经历过，我们要攻克八个难关，而每一关的背后都有一段令人难忘的经历。通过用友的通力配合，我们解决了所有问题。

——中国平煤神马集团信息融合共享运营中心主任王留根

当前，企业数智化转型正驱动着能源企业的业务变革与管理创新，已成为企业高质量发展的必由之路。为支撑集团"十四五"战略规划，提升运营管理能力，中国平煤神马集团希望通过构建集团级信息管理系统及运营共享服务中心，引领集团数智化、智能化建设，为更好地站上世界舞台提供强大动力。

2020年，中国平煤神马集团首次提出了建设"融合共享"的数智化服务平台的构想，并以企业战略为导向，以业务流程再造为基础，通过对人、财、物、产、供、销等核心业务信息资源的整合，实现从单一业务领域到多专业领域的服务共享，让企业发展的价值观和战略导向从产能驱动型转变为客户及数据驱动型。

秉持"专业人干专业事"的原则，中国平煤神马集团采用竞争性磋商的招标方式，在众多服务商中认真遴选、优中选优。经慎重比选后，确定用友作为战略合作伙伴，共同推进集团数智化转型。

当时，一位参与了招标全过程的客户代表说，选择用友就是选择了行业知名、实力一流的专业化公司、专业化产品和专业化服务。他相信，双方一定会通过用友BIP完成集团级共享运营中心建设，打造集团化管控体系，加快企业数智化转型，从而提升集团的一体化、市场化、数智化、国际化运作能力。

2021年2月，农历春节刚过，项目就正式启动了。在启动会上，中国平煤神马集团副董事长、总经理杜波对项目组寄予了厚望，并提出了几点要求。他表示，开展共享服务中心建设是行业大势所趋，是变革管理、防范及化解风险的重要手段。项目组要以更大的责任担当、更加有力有效的举措，积极主动做好共享服务中心建设，助推企业高质量转型发展。

"在我们看来，这既是压力，更是动力。被客户寄予厚望和重托，对我们来说是莫大的鼓舞。我们必将让项目成功，不辜负客户的信赖！"用友项目经理感慨道。

其实，为了全面推进该项目，早在 2020 年 7 月，也就是新冠肺炎疫情较为严重的时期，中国平煤神马集团就顶住了各种压力，开始筹备共享中心建设。在集团领导的带领下，抽调了很多业务骨干，不仅梳理了相关流程和数据，还规划了建设方案。

2021 年 11 月 3 日，中国平煤神马集团"信息融合共享运营中心"成立，作为负责项目管理、运作和共享中心运营的组织保障。从那一刻起，此前分散在各处的员工开始集中办公，这标志着项目正式进入实施阶段。

为进一步提升数智化建设水平，在用友实施人员驻场后，中国平煤神马集团曾多次与他们沟通交流，就方案和具体细节进行探讨。用友也提出了专业性的建议，并整体完善了全业务共享方案。双方确定，从实现财务共享到全面共享，共享运营中心项目将按照"2021 年试点上线，2022 年全面推广，2023 年全面提升"的三年规划，以"1237"工作思路进行总体推进。

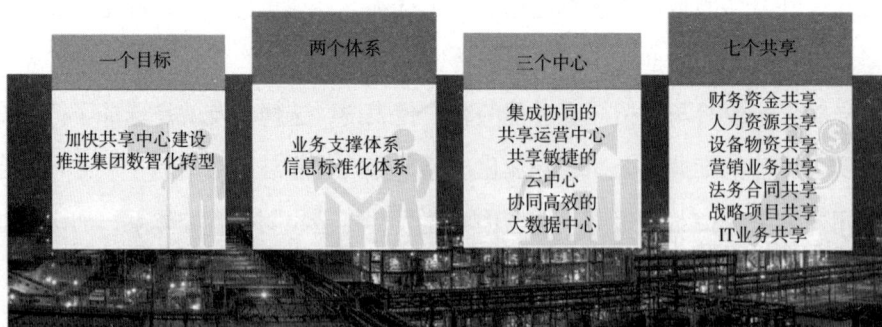

图 24.1　中国平煤神马集团共享运营中心"1237"工作计划

所谓"1237"，就是"一个目标、两个体系、三个中心、七个共享"。其中，"一个目标"是加快共享运营中心建设，推进集团数智化转型；"两个体系"

分别是业务支撑体系和信息标准化体系；"三个中心"是集成协同的共享运营中心、共享敏捷的云中心、协同高效的大数据中心；"七个共享"代表了财务资金共享、人力资源共享、设备物资共享、营销业务共享、法务合同共享、战略项目共享、IT 业务共享。

"客户要通过对核心业务信息资源的整合，构建从单一业务领域到多专业领域的服务共享，在大幅提升管理水平和运行效率的同时，实现 24 个字的目标——所有数据'一屏掌控'、决策部署'一键智达'、监督检查'一览无余'。"用友项目经理说。

有了目标，接下来就要全力以赴。根据具体的工作安排，共享中心相关负责人带领用友实施团队，按照"三横"——顶层设计、ERP、共享运营中心，"十纵"——财务业务、资金业务、人力业务、设备业务、物资业务、投资规划业务、法务合同业务等，"二十个工作组"——财务组、资金组、人力组、设备组、物资组、投资规划组、法务合同组、销售组等，同步推进。

企业数智化转型，财务先行。这是绝大部分大型企业遵循的选择，中国平煤神马集团也一样。对它们来说，财务共享运营分中心是整体项目的核心，也是多共享模式的"排头兵"，意义极其重要。它不仅可以作为集团财务核算、结算、数据管理和人才培养的中心，也会为集团战略财务提供决策支撑，为基层财务业务提供财务核算支持。

而为了实现财务共享，项目组大力推进了与财务密切关联的采购、销售、设备、人力、合同等业务的深度一体化融合，力求通过标准化流程提升业务规范，应用财务机器人与影像、图像识别 OCR 等先进技术提高单据审核、发票验伪查重效率，减少跨组织沟通，降低协作成本。

在建设的过程中，双方项目组成员共同攻克了很多难题。中国平煤神马集团信息融合共享运营中心主任王留根回忆道："做过共享和数智化的人应该都经历过，我们要攻克八个难关，包括流程关、编码关、培训关、提数关、首月关、线上关等，这每一关的背后都有一段令人难忘的经历。但是关关难过、关关过，通过与用友的通力配合，我们解决了所有问题。"

经历近一年的推进，中国平煤神马集团信息融合共享运营中心财务共享分中心一期项目如期上线。当时，30 家单位基于用友 BIP 实现了采购、销售、薪酬、资产等业财一体化运营，全集团共上线了 570 个核算账套，业务处理时间也由原来的 3 ~ 5 天，缩短到 1 个工作日内。

2022 年 4 月，在财务共享中心一期建设初见成效后，王留根主任说："我们以业务为主导、技术为支撑，对标先进企业，规范管理流程，按照'规范、阳光、共享、数智'的目标，以财务共享为核心，加快推进了共享中心建设，已经逐步将其打造成为支撑集团数智化转型发展、提升整体管理水平的'顶梁柱'。"

用友项目经理也表示，这些成绩是客户与他们共同取得的，为中国平煤神马集团全业务共享上线奠定了基础。一期项目的上线，是客户数智化转型的重要里程碑，为他们实现全面信息化、智能化，建设世界一流能源化工集团打响了漂亮的第一枪！

共享、协同的价值旨归

从某种意义上说，中国平煤神马集团信息融合共享运营中心财务共享分中心一期上线，不仅为项目的全面推广进行了实训实战，而且为深入应用与持续运营积累了经验。借助共享模式，企业将逐步构建多共享模式下的全面数智化运营体系，持续提升集团资源集约化应用水平、风险防控能力和市场响应速度。

合作过程中，在专业化产品和服务的支持下，结合客户战略发展目标、管控需求、产业链协作关系等综合因素，用友首先为中国平煤神马集团设计了数智化转型的顶层设计方案，其次依托用友 BIP 完成了财务共享分中心的建设与持续运营。

而在认知层面，用友还帮助客户加强了相关培训，提升了关键部门、关键岗位人员对数智赋能的重要性认识。在组织建设层面，基于对业务量与管控精细度的考量，用友积极为中国平煤神马集团梳理了战略财务、业务及各业务单元的职能分工、角色定位，设计了相应的配置方案，明确了岗位需求及岗位职责，为企业数智化转型工作的全面落地奠定了组织基础、系统基础与数据基础。这部分价值是不容忽视的。

项目为中国平煤神马集团带来的重要价值，主要分为五点：第一，搭建了新一代数智商业基础设施，并通过运营共享服务平台，满足集团数智化转型需要；第二，构建新型服务化共享组织，重构企业的业务组合、协同方式和管理层级，顺应国企改革政策方向，创新运营机制；第三，打通业财一体化建设，快速拉通集团人、财、物资、设备等资源管控线，实现核心业务系统的全产业覆盖和业财税资一体化应用，并结合智能工厂、智能矿山建设，实现快速、及时的精细成本管理和全要素责任核算；第四，深化产业链发展协同，针对煤炭、焦化、尼龙化工等业务特征和协同效应，横向共享市场、营销、供应、服务等资源，减少内耗，实现各板块联动发展；第五，转变发展驱动方式，真正让企业从过去的产能驱动型转变为客户和数据驱动型。

王留根主任表示，通过加快实施集团信息融合共享运营中心建设，他们将分散、分块的信息、数据、业务进行集成共享，推动从定性管理向定量管理，从制度管理向流程管理，从人为干预向机制运用、数字运行转变，通过流程再造，大幅提升企业管理水平和运行效率，不断增强整体竞争力。

以财务管理"一本账"为例，企业以 111 人的财务共享团队，为集团 131 家单位提供共享服务，月均处理业务单据 3.8 万笔，金额涉及 2 080.1 亿元。其中，通过优化流程、规范管理，审批环节由原来的 6～13 个减少至 3～7 个，业务办理时长缩短至三天以内；累计驳回违反集团费用报销规定、不符合集团内控等业务上百笔，金额过亿元；11.5 万名职工所有报销业务实现线上审批，等等。

以人力资源管理"一个池"为例,人事、考勤、薪酬、培训均已上线开展,45 人的共享团队服务了 122 家单位的医疗、养老、工伤、劳动四项保险业务,月均办理业务过万单,提高工作效能 10% 以上。其中,业务办理时长由原来的 13 天缩短至 3 天;基于业财融合的人力共享考勤管理,帮助集团实现控员 5.3 万人,每年减少工资、社保支出 10.2 亿元。

以设备管理"一个库"为例,设备 ERP 累计上线 300 家单位(含二级核算单位 46 家),完成设备 ERP、设备共享、设备租赁管理等六大业务模块,共管理 43.95 万套设备,原值 517.84 亿元。设备共享上线至今,标识闲置设备 7 513 台(套),涉及金额 4.64 亿元。此外,设备全生命周期管理让业务处理平均时长由 20 天缩减至 3 天,通过提高设备利用率,为集团节省费用上亿元。

以物资管理"一个库"为例,物资 ERP 共上线 176 家单位,截至 2013 年 8 月底,在库物资金额约 9 亿元,采购物资金额约 137 亿元,已有 17 家单位上报闲置物资 757 条,通过优化物资采购业务,使收、发、存件件清楚,应收、应付、资金往来笔笔有据,通过采购管理、库存管理、内部交易、存货核算、销售管理、库存计划,防范重要环节风险,实现安全高效供应;以信息化、智能化推动资源高效共享,堵塞虚假、变通等一系列交易漏洞,降低企业运营成本,有望为集团最大限度节约生产成本。

以上数字表明,中国平煤神马集团的数智化转型已达成了既定的目标。然而,有了成绩,也不能忘了差距。项目组深知,对照行业发展大势,对比先进企业的做法和经验,中国平煤神马集团的信息融合共享运营中心建设整体处于较为先进阶段,距离卓越还有较大的上升空间。

随着项目的深入,二期、三期建设接踵而来。这些工作将进一步优化中国平煤神马集团的业务流程和管理,实现核心业务的数智化共享协同,进一步提升集团运营和管理水平,从而打造出匹配世界一流企业的共享服务中心,努力成为全产业的数智化转型典范。

成己为人，成人达己

在用友集团的支持下，中国平煤神马集团逐步构建起"1+2+N"的数智化共享格局，"人财物"数据流全线打通，"产供销"信息流一体化共享，"业财深度融合、数据全局治理"也成效显著。

——中国平煤神马集团常务副总经理张建国

在推进新一轮国企改革规划和争创世界一流企业的进程中，企业数智化为中国平煤神马集团创造了巨大价值。它不仅是企业高质量发展的重要引擎，更是企业迈向世界舞台的加速器。这些年，借助共建"一带一路"的东风，中国平煤神马集团迎来了"出海"的宝贵机遇。而要冲破内陆四线城市带来的各种"束缚"因素，企业需要完成的一项重要工作，就是持续的数智商业创新。

通过企业数智化建设，一方面，将推动企业业务与 IT 的深度融合，为业务提供技术支持，更深入地参与业务建设；另一方面，企业可以利用信息技术对商业模式进行变革创新，使市场中的竞争方式由产品服务竞争转向商业模式竞争。中国平煤神马集团的管理者深信，只有坚定不移地走数智商业创新之路，才能帮助集团走好"世界一流"之路，才能成为全球同行业的领导者。

中国平煤神马集团常务副总经理张建国认为，集团高度重视数智化建设，大手笔布局数智化战略转型，聚焦"智能矿山、智能工厂、智慧企业"，并系统制定了工作思路。"特别是在用友的大力支持下，企业逐步构建起'1+2+N'的数智化共享格局，'人财物'数据流全线打通，'产供销'信息流一体化共享，'业财深度融合、数据全局治理'也成效显著。"

其实，这已不是张建国总经理第一次赞扬用友了。早些时候，他到用友产业园调研时，就已经对用友近年来持续关注和支持中国平煤神马集团建设世界一流的企业集团表示过感谢。未来，他希望用友持续支持企业的发展，双方在企业数智化方面深度融合，深度扎根项目现场，通力打造煤炭领域全国数智化转型和高质量发展的行业标杆。

成己为人，成人达己。在数智引领未来的时代背景下，秉持"一切基于创造客户价值"理念的用友，将利用丰富的场景和行业领先实践，伴随中国平煤神马集团的发展而成长为全球领先的企业级数智化服务商。

此刻，中国平煤神马集团正与用友携手奔向世界舞台，以奋进的姿态逐梦世界一流，共赴数智化"星辰大海"！

25 中信银行：

坚定金融信创之路，迈向高质量发展

【编者按】

用友与中信银行于 2012 年开始陆续合作了养老金系统、数据化固定资产、采购共享、SAP 系统国产化替换等项目，多年来一直保持着良好的合作关系。

其中，SAP 系统替换项目具有复杂程度高、技术难度大、创新性强等特点，主要用于实现财务"核心系统"国产化、系统专属小型机下移的目标。其先进性和创新性主要体现在创新分布迁移策略、推动会计引擎微服务化、开创测试验证新模式、推进服务治理落地等方面，在同业中处于领先地位，对同业的财务核心系统国产化具有极大的学习借鉴意义。

2021 年 9 月 24 日是一个普通而又值得记住的日子。中信银行股份有限公司（以下简称"中信银行"）三大平台——采购系统共享平台、固定资产实物管理平台、养老金业务平台，历时一年，同时投产上线！

虽然三大平台建设的工作量之大、涉及领域之广、项目实施要求之高，超乎了很多人的想象，却有一家服务商，始终秉持着"一切基于创造客户价值"的理念，与中信银行一道扛下了所有重担，圆满完成了咨询和交付任务。

这就是用友金融信息技术有限公司 (以下简称"用友金融")。作为全球领先的数智化软件与服务提供商用友旗下的控股子公司，用友金融以业务咨询与信息技术手段相结合，面向银行、证券、保险、信托、基金、期货、租赁等金融企业，提供咨询、软件、行业解决方案与专业服务，现已成为中国金融业最值得信赖的 IT 服务品牌。

用友金融以专业的能力和过硬的实力作支撑，主动承担了三大平台建设过程中所面临的人员储备、技术交付及项目管理水平等重大挑战，保障了系统的准时上线。同时，用友金融从不同项目的需求出发，不断探索新场景，以金融科技创新助力中信银行业务转型与管理升级。

都说甲乙双方之间最舒服的关系是共同付出、相互珍视。中信银行与用友的合作，正是如此。在这场"我赠你三月春光，你与我四月桃花"的双向奔赴中，双方不离不弃，各自收获了满满的价值。

养老金系统的数智化"新"成就

双方的合作早在 2012 年就开始了。

当时，受中信集团委托，中信银行成为集理事会受托、账管、托管于一体的养老金运营机构。业务变得更加多元而复杂，管理自然也要跟上。于是，中信银行启动了养老金账管系统的招标工作。

当时，用友历过了 20 多年的发展，已经成为亚太地区最大的管理软件与服务提供商，在中国市场多年蝉联榜首。作为用友公司的控股子公司，成立于 2004 年的用友金融也继承了用友的优良基因，彼时已经成为金融行业管理类系统、养老金系统等领域国内领先的供应商之一。

在摸清客户的需求后，用友金融充分部署，定策略、建方案，用专业缜密的方案和强大的产品赢得了客户的信赖，开启了与中信银行的合作之旅。

为了更好地帮助客户做好账管业务，尽快赶超同业对手，用友金融为中信银行专门成立的项目组（以下简称"用友中信项目组"）用发展的战略眼光设计系统，一方面满足中信银行基于现状的需求，另一方面为将来的发展预留接口。由于养老金业务比较复杂，为了提高双方的沟通效率，用友特意派遣业务人员驻扎客户现场，与客户面对面对接需求，降低由行业壁垒带来的理解偏差，同时帮助开发人员更好地了解业务场景和痛点。

据用友金融销售总监与项目总监王云鹏回忆，当时，中信银行严谨、专业和从客户出发、为客户创造价值的企业文化，以及客户的高期望在无形中也给用友金融带来了巨大的压力。从项目一开始，不论是系统搭建、测试、试运行，还是后期的上线运营，用友中信项目组始终站在客户的角度思考问题，确保系统的安全性、稳定性和易用性，不敢有一丝疏忽。

"我们不仅要为中信银行做好当下的系统建设，而且要始终站在行业前沿，关注养老金业务的发展态势，以及其他银行乃至行业的相关动态，为客户做好未来的系统建设规划。自 2013 年养老金账管系统上线以后，中信银行在该业务方面的信息化水平逐年提升，在同业中早已名列前茅，引领行业发展。"王云鹏说。

2021 年，在系统运行近十年之后，中信银行决定对它进行一次彻底的更新迭代。除了性能提升，还要拓展年金业务品类。这一次，又是用友金融站了出来，帮助中信银行打造了养老金精细化和差异化的发展能力，逐步完善了客户养老金融服务体系。

目前，中信银行养老金业务系统已涵盖职业年金、薪酬递延、养老金第三支柱、个人类年金、医疗保障、养老保障等，系统建设涉及账管后台系统、养老金门户系统、养老金微信公众号、手机银行、网银、智慧柜台等多渠道，有效提升了养老金运营数智化水平，支撑了客户账管及增值业务的快速发展。

以专业服务不断创造客户价值

企业要想和客户长久合作，就要不断为客户创造价值。

2017 年，中信银行瞄准时机，决定开设健保基金业务。市场瞬息万变，机会转瞬即逝，时间就是金钱，谁能快速开展业务，谁就能占领市场，快速实现创收。因此，系统开发迫在眉睫！

当时，用友金融第一时间响应客户需求。基于双方良好合作建立的信任基础，用友金融为中信银行特事特办，一边快速走立项流程，一边开始投入研发，解客户燃眉之急。

后来，经过用友中信项目组的不懈努力，仅用了三个月时间，系统就顺利上线了。它不仅满足了中信银行快速开展健保基金业务的技术需求，而且通过提供多终端的业务通道和一体化的服务方案，让中信银行的前端业务团队能够及时快速地推动销售工作。当时，客户对用友中信项目组的工作能力和态度非常满意，对用友金融在关键时候的诚信相助更是感激不尽。

而后，中信银行又陆续推出重疾微投等新业务，用友中信项目组也充分参与其中。基于客户的产品，通过养老金微信公众号与小程序相互结合，对接保险公司，用友中信项目组为客户提供在线投保、核保、保单等功能，其中"微信扫码一键投保"更是帮助客户提高了产品购买的便利性，推动了产品的销售。

数据显示，中信银行重疾微投业务上线第一年，就创造了 2 000 万元的收入，第二年上半年就提前完成了全年 1 亿元的收入目标。可以说，重疾微投业务将中信银行养老金增值业务带上了一个新台阶。

在以专业的服务能力一次次满足客户的需求后，用友金融与中信银行之间积累了深厚的信任。"相互成就，再创佳绩，共创辉煌"是双方对合作的共同评价，也是用友金融服务中信银行的出发点和落脚点。

金融信创正当时

这些年，在金融信创的日益深化下，中信银行与用友的合作再创里程碑。

为实现全行财务集中管控、费用多维分析，2006 年，中信银行上线了 SAP 系统作为行政财务的"核心系统"，实现了财务会计核算、固定资产管理、往来账务管理、成本分摊的全行统一管控。

随着财务精细化管理水平的逐步提高，业务多样化、个性化需求的增加，SAP 系统支持能力不足和响应速度慢等问题逐渐显现，主要体现在不符合行内技术规划、无法快速满足业务需求、运维成本高、专业化管理水平不足等方面。鉴于上述问题，中信银行开始规划将 SAP 系统替换下线，采取层层剥离、逐步替换的策略稳步推进。

在政策指引下，银行业加速推进金融信创工作，从国有大行、股份制银行到城商行，从主机、核心业务系统到外围系统，均完成了不同程度、不同范围的替代迁移。

中信银行是国家首批启动金融信创全栈云工程的股份制银行。从 2021 年开始，中信银行不断加强对数字基础设施底座的构筑，以金融信创全栈云保障业务的良好运行。到了上层应用，从办公系统到一般系统，中银银行逐渐进入 SAP 系统替换期。

特别是在财务方面，中信银行启动了总账核算平台、财务、预算、管会等管理系统的国产化替代工作。用中信银行软件开发中心架构师肖衡的话说，这就是一场自上而下、全流程、全生命周期的巨大工程。

当下，国内银行业同质化竞争激烈。若要实现突破，银行就需要顺应市场的变化，加速业务线上化布局，并推动服务模式创新。当终端业务发生变化时，银行财务系统就要随之改变，迅速地跟上业务变化。然而，这对系统的灵活性、开放性、可扩展性都提出了更高的要求。

可是，相对封闭且模块化设计的国外系统变动起来十分复杂，不仅实施资源少、难度大，而且成本和不可控的因素较多，很容易被"捆绑"，以至于延误了业务发展的最佳时期。

同时，对于很多银行来说，国外的 ERP 产品更像是一个账务系统，它为满足财务人员的账务管理而设计，但对于业务人员来说，学习和使用的成本很高。更重要的是，业财融合是管理会计的必由之路，管理会计体系作为从业务到财务，贯穿整个企业运营中枢的体系，不能雾里看花、纸上谈兵，而要自下而上，逐个深入业务场景。

"当意识到这些问题后，我行就开始采取行动，逐步将各业务的管理系统从原来的架构中剥离出来。之前，我们已经完成了人力资源管理系统的替代。现在，以财务视角来看，我将国产化替代分为两部分，一个是面向客户的财务管理，也就是核心的经营系统，另一个是行内的费用和资金管理，以及固定资产管理，同时将采购管理作为一个配套性的建设模块，从而完成我行基于大财务的国产化基础框架体系的搭建。这也是我们和用友金融合作的重心。"肖衡说。

这里提到的中信银行"大财务"，就是包含了业、采、财、税、物的内部财务管理体系。

用友自成立以来，始终专注于信息技术在企业与公共组织中的应用及服务。财务不仅是用友在 1988 年起家和最早专注的领域，也是用友客户基础最大、知识和经验积累最多的领域。从会计电算化、财务集中管理，到财务共享服务，再到智能会计、价值财务，用友参与并推进了中国会计与财务进步的发展进程。

在经历了财务软件和 ERP 软件的成功创新后，用友采用了新一代信息技术，设计研发出了面向企业与公共组织数智化领域的企业服务产品群——用友 BIP。用友 BIP 涵盖财务、人力、供应链、采购、制造、营销、研发、项目、资产、协同十大领域，提供了覆盖企业业务和管理主要领域融合一体的应用。其中在财务领域，用友 BIP 依托事项法会计理论构建的财务服务平台，帮助企业搭建"事项会计、智能财务"新财务体系。

基于用友 BIP 在专业财务建设方面的能力，王云鹏带领用友金融团队在与中信银行深入文化共建、使命一致、目标对齐的基础上，帮助中信银行进行单独定制化开发，上层完成了业务场景的覆盖，下层通过采、财、物三大系统的搭建，实现了对业务的支撑以及远期规划。

其中，上层的"业"就是依托新的管理平台，将所有业务场景化，比如报销、对外支付、固定资产价值变动等，银行需要怎样的业务场景，就用平台相应的服务去匹配；"采"就是实现中信银行所有分支行和分、子公司的采购数智化管理，包括集采和分采；"财"分为财务报销和财务报账，包括对预算、报账、记账、支付，以及财务共享的管理；"物"就是针对固定资产，从买入到资本化、折旧摊销，再到资产处置完成后的全生命周期管理。作为优势领域，用友附加了固定资产的价值管理，并最终体现在财务报表上。

用友在财务专业化能力的基础上进一步挖掘客户需求，帮助中信银行打造了以财务共享为基础的财务服务体系，同时将智能化、风控体系全部融入财务管理范畴，从而很好地替换了 SAP 系统。

肖衡强调，在智能化方面，中信银行实现了报销单由手工填报的方式转变为系统自动化处理，包括各种发票和行程单的自动识别、财务人员智能审核、差异化授权管理等，从而提升了财务报销的效率；在风控方面，中信银行做到了从事前到事中、事后的串联，比如事前可通过预算和财务事项的审批进行风险预警，事中通过管理分析模型形成财务风险指标和标签，并纳入系统，事后则基于系统进行趋势分析或合并统计分析等。

2021 年公开招标时，中信银行就对用友的专业能力给予了肯定。有了之前的合作基础，双方都信心满满。在后续合作的过程中，用友也不负众望，当年就开始了对固定资产和采购系统的建设和部署，而且也将费用分摊和费用分割从原有的 SAP 系统中剥离出来。

在 SAP 系统的替换过程中，中信银行携手用友搭建了一套完整的报销及财务核算体系，实现了行内报销的业财一体化。其间，完成了伦敦分行、村镇银行和卡中心的推广应用，实现了全行统一财务共享服务。该系统后续可同时服务于党、团、工会的报销核算工作，实现党、团、工会财务软件的自主掌控。此次合作实现了以下五个重大变革。

第一，实现了核心"账务系统"的信创改造。SAP 系统作为财务 ERP 系统在国内各行各业被广泛应用，在中信银行持续使用了 16 年，已深度融入固定资产、总账、预算、管会等财务管理工作，此次 SAP 系统替换项目的投产，解除了其对国外套装软件的依赖，化解了系统性风险，积累了系统整体替换经验，为财务管理工作提升、国产信创适配提供了坚实的基础。

第二，统一了全行核算科目。SAP 系统作为经费总账，拥有一套自己的独立的科目体系，与核心总账的核算科目不一致，本项目实施后，废除了 SAP 系统独有的科目体系，统一使用了核心科目进行核算，更加便于开展财务分析工作。

第三，显著提升了财务专业化管理水平。以 SAP 系统替换为契机，将 SAP 系统的各个模块逐步剥离，用友中信项目组研发了财务共享系统、数字化固定资产系统等专业化独立系统，实现了财务报销和固定资产的数字化、标准化、专业化、精细化管理，极大地提升了业务处理效率，显著提升了管理的专业化水平。

　　第四，实现了财务共享体系升级。借助替换 SAP 系统的契机，财务共享系统构建了多账套、多币种的财务核算体系，实现了全行核算科目的统一及行政财务的实时入账。通过信用卡中心、伦敦分行和村镇银行接入财务共享服务，为财务服务保障提供了系统支持，为后续子公司财务共享上收奠定坚实的基础。

　　第五，大幅降低了业务技术的运维成本。SAP 系统作为封闭的套装软件，部署在 IBM（国际商业机器公司）小型机，需要财会、软开、科技运营等部门约五位业务及技术人员专门做日常管理及运维支持。SAP 系统替换后，日常的运维工作分散到各拆分后的系统，在未增加运维人员的基础上完成日常的运维支持工作，明显减少了系统的运维成本。同时，由于 SAP 系统过于封闭，更新改造成本过高，市场中专业人员稀缺且成本较高，SAP 系统替换后，成本显著得到压缩。

　　"在合作过程中，用友在极大程度上贡献了财务专业知识和专业服务。从管理角度来看，用友帮助我行实现了大财务体系对管理会计的支持；从实施效果来看，原来需要一天出具报表，且配置很复杂的操作，现在基于用友 BIP 个性化定制的平台，可以很清晰、快捷地完成，用户操作界面也更加友好。"肖衡说。

图 25.1　用友金融承建三大系统同期上线

创新是合作的支撑点

在以财务为视角的国产化替代过程中，中信银行迈开了矫健的步伐，始终走在银行业的前列。而用友金融在数智化方面的实力，也完整地展示在客户面前。凭借认真负责、专业诚信的表现，用友与客户携手，打造了诸多创新。

第一，塑行业标准，助价值采购。

中信银行采购管理系统，以"全品类管理、全流程管控、全场景覆盖、全数据分析"为目标，通过打造新一代采购共享平台，引入采购风控模型和"业、采、财、资"一体化管理，实现供应商寻源、评审智能化、合同签署电子化、业务审批移动化、结算报销自动化的采购全流程闭环管理，从而实现价值采购。

在创新方面，首先，基于行内乐高（LEGO）平台和用友 BIP 采购云，中信银行实现了在一个电子合同上同时进行两家以上证书机构的数字签名。其次，中信银行采购共享平台增加了品类管理、内外部协作线上化等能力，覆盖招投标、合同签署、履约管理等诸多场景，实现采购业务场景化创新。

作为用友 BIP 涉及的十大领域服务之一，用友 BIP 采购云是智慧采购 SaaS 服务平台和社会化网络交易平台，立足于为需方构建社会化的网络交易平台，以连接、协同、共享为核心理念，通过供需精准对接、资源优化配置、产业协同，帮助企业实现全球化采购、网络化协同、智能化服务，让企业的采购交易更简单。

用友强调，集采合同电子化的成功落地，解决了中信银行纸质合同签署周期长、协同效率低、合同内容易被篡改、纸质归档仓储压力大等痛点，可无缝、有效地连接审核、磋商、起草发起、数字签名、在线签章、打印查询等全流程环节，助力采购工作降本增效，实现采购供应链场景的数智化，以及采购管理的规范化、标准化。同时，这也标志着银行业采购数智化转型再上新台阶。

目前，中信银行 38 家分行全部上线采购共享平台，形成了绩效、决策、风险和预警四大指标体系，为管理决策提供依据。而且，通过多维大数据采集，实现了供应商个体标签与画像，可轻松应对供应商管理。

第二，会计引擎创造一本"实时账"。

随着银行的业务流程越来越复杂，大型 ERP 软件已经很难满足行内所有业态、所有业务流程和业务场景的需求了。通过对现有系统进行替换，建立全新的会计引擎，不仅可达成数据共享的目标，也可将财务人员从繁重的凭证处理工作中解放出来，有效降低凭证出错率。

为此，中信银行又与用友成立了五人的"战斗小组"，以场景化为设计理念，用财务管理场景推动引擎设计。同时，在构建的过程中，中信银行还完成了账务和税务科目体系的变更。以前是独立的四位科目体系，而现在通过对数据的分析、准备、迁移，实现颠覆性变化。

"通俗地说，原来财务人员经常会问业务人员，某一笔账务是在什么样的场景下产生的，从而确定记在哪一类科目下。现在，前台的所有业务被场景化，可以通过会计引擎自动判定科目。"肖衡说。

从价值上说，通过会计引擎的搭建，中信银行首先，将原有的两套会计体系整合为全行只有一套会计体系，极大地释放了财会部工作人员的精力，节约了人力成本。其次，会计引擎的搭建解决了核心账务实时入账的难题。

"原来的报表都是 T+1 天出具，但在一套大账务体系下，真正实现了全行上下一本'实时账'。尤其是到年底时，可以帮助管理者实时监控费用的变化情况，这对于税务、预算、预测都能起到很好的支撑作用。"肖衡说。

第三，会计引擎可支持行内分、子公司多法人、不同会计科目的适配。而且，由于总行统一管控，也可以更好地实现非现场的财务检查、监督和指导。

用友认为，国产化替代不是对国外 ERP 等产品进行简单替换，而是基于数智化的平台和产品，帮助企业实现数智化与国产化相结合的价值替代。用友依托于用友 BIP，帮助大型企业实现"在平稳飞行的过程中更换引擎"。截至 2023 年 8 月末，已有包括众多国企在内的 3.96 万家大中型企业选择了用友 BIP 推进数智商业创新，用友也成为助力客户升级替换国际厂商系统最多的国内厂商。

在助力中信银行替换国外厂商产品的项目中,从规划方案到实现整体替换,整整历时一年。在整个过程中,用友团队将 SAP 系统中的数据场景和实现方法提炼出来,进行整体分析,然后根据业务的开展方式,重新进行规则梳理和系统设计,进而匹配现有系统的场景化理念,实现了会计引擎的再造。

肖衡感慨道:"这项工作的挑战是巨大的,因为要覆盖所有的业务场景,不仅工作量繁重,而且时间也很紧迫。值得称赞的是,用友与中信银行的目标认知非常一致,分工完成后,各自开展任务,将目标时间轴对齐,快速推进。所以,整个合作的过程是很让人放心的。"

第四,固定资产实物管理平台担当使命。

2021 年,为响应"降本增效"的政策要求,中信银行拟对 471 亿元固定资产进行数智化管理,从而解决资产信息不对称、管理效率低下、监督手段难落实等问题。为了不辜负客户的信任,用友快速排兵布阵,协调内外部专家资源,组成了最强阵容。他们要在客户要求的四个月时间里,交出满意的方案。

当时,用友中信项目组第一时间深入中信银行的各部门进行调研,形成了调研提纲和报告,然后制定出资产重新分类的原则和三级目录,并以此为依据,对资产进行梳理、分类、重命名。但是,要将几百亿元的资产全部梳理分类,无疑是一项艰巨的任务,要耐得住寂寞,扛得住压力,于细微中见真章。

当然,中信银行管理层对项目也十分重视。在推动咨询工作的同时,用友中信项目组还会定期编写汇报材料,以便及时汇报项目进展。对于固定资产管理,中信银行最初只是想做实物管理。随着咨询的不断深入,用友中信项目组发现客户在使用 SAP 系统时,在固定资产模块上还存在很多需求,迫切需要提升系统的能力。

因此,用友中信项目组在向客户汇报问题及解决方案时,客户喜出望外地说:"用友果然是行业领军企业,不光解决我们提出的问题,还主动帮我们解决未提及的问题,真是又专业、又实在、又靠谱的合作伙伴!"听到这句话时，用友中信项目组成员既感动又欣慰，激动的心情都化为接下来的实际行动。

中信银行固定资产实物管理平台的建设，是一场探索实物资产、固定资产业财一体的数智化转型之旅。它们将资产管理作为核心，前驱财务决策规划，后驱绩效和监督，横向贯穿资产应用分析，通过对数智化能力的打造，达成了降本增效、智能驱动决策的目标。

从价值上说，首先，中信银行固定资产管理的数智化实践，不仅实现了技术革新、数据共享、数据增值增效，而且也完成了从人治到法治的转变，为银行业财务管理模式和数智化建设打造了标杆。

其次，中信银行依托固定资产的数智化转型，逐步实现关键模块的国产化替代，推动中信银行信创的加速落地，为同业首例。

目前，中信银行固定资产实物管理平台，新增日访问量3万，年访问量千万，可支撑6万名用户在线管理几百亿元非金融资产；而且，银行实现了全品类、全生命周期、标准化、全线上化目标，完成了降本增效的管理使命；每家机构盘点耗时从原来的三周缩减到两小时，节约人员成本费约2 000万元；资产预算利用率提升了30%，资产使用效率提升了50%，资产数智化采购决策支撑的有效性提升了50%；通过业务一体化，中信银行实现了从台账管理到数智化管理的里程碑跨越，进入精细化管理阶段。

更重要的是，固定资产的全生命周期管理，让中信银行实现了资产购置及管理账实相符，有效避免了漏洞及风险，保障了资产价值及合规经营。

这一次，用友中信项目组又交上了超出客户预期的答卷，所有项目计划全部完成，所有交付物客户满意验收。中信银行副行长谢志斌曾说，选择用友是对固定资产咨询项目团队敬业精神、专业能力的高度认可，也是对用友数智化金融服务取得成绩的高度认可。希望中信银行的数智化固定资产项目，可作为用友在实物资产数智化管理领域的标杆案例，推动双方增强合作，实现互利共赢。

有一种合作叫"一路同行"

从财务角度来看，用友替代国外系统没有任何问题。正是源于双方的共同努力，我们才打造了银行业财务管理的诸多首创。

——中信银行软件开发中心架构师肖衡

这些年，金融科技日新月异，国内服务商的产品和能力也取得了长足的进步。

2020年，用友为中信银行提供了数字化固定资产咨询服务；2021年，用友与中信银行合作建设了数字化固定资产系统，成功将固定资产业务从SAP系统中剥离出来，完成了SAP系统国产化替换的第一步；2022年，用友与中信银行合作完成了SAP系统的完全国产化替换工作，在金融行业，中信银行走在了前列。

十几年来，双方团队攻克难关，相互陪伴，相互成就。在肖衡看来，尤其是从2021年开始，在财务系统建设方面与用友全面合作后，用友整体服务专业、响应快速、解决方案有的放矢的优势，能够切中企业的关键需求。双方的成就，除了先后建设了几大系统平台，更重要的是，在此过程中用友与中信银行共建团队文化、紧密相融，从而使其更完美地适配了中信银行的需求，从提供解决方案转换为服务和能力的输出，这样的合作模式在金融行业拥有首屈一指的普适性和标杆价值。

有人说，要想成功，每天就要比别人多努力一点点。用友之所以能和中信银行长久合作，靠的就是一切围绕着客户，用自己的创新和专业为客户不断创造价值，帮助客户持续向前迈进。后续，中信银行还将继续与用友在财务建设方面深入合作，在财务风险、智能化方案和大数据应用方面持续发力。

肖衡表示："希望与用友的合作能从合作伙伴上升到一起前行的同伴，集银行财务实践能力和用友专业实力于一体，开启银行业智能财务建设新篇章。"

26　亿晶光电：

光伏老将，"智"在千里

【编者按】

亿晶光电携手用友，全面打通用友 U9 cloud 与 MES、OA 一体化集成应用，实现了全流程的效率、功率管理，支持瓦与片的双成本精细管理，破解了行业管理难点，整体运行效率提升了 30%，使企业自身成为光伏行业的数智化领先企业。

双方的合作不仅为企业发展筑起了坚固的"护城河"，还凭借用友 U9 cloud 的领先技术在行业深耕，为中国制造的高效增长注入了强大的"数智力量"。

随着全球对可再生能源的关注度不断提高，我国光伏产业的发展取得了显著进步。作为世界上最大的光伏市场，中国企业在光伏领域的创新和应用备受瞩目。

常州亿晶光电科技有限公司（以下简称"亿晶光电"）是一家老牌的光伏企业，成立于2003年，以高效晶体硅太阳能电池、组件的生产和销售为核心业务，具备15 GW（十亿瓦特发电装机容量）以上的太阳能电池和组件的年生产能力。近些年，公司不断涉足产业链上下游，将业务进一步延伸至光伏电站领域，在建设和运营方面积累了成熟的经验。

作为中国光伏产业的"领跑者"，20年来，亿晶光电视质量为企业生命，视销售为发展引擎，视人才为企业动力，不仅建设了"国际科技合作基地"、博士后科研工作站等平台，而且打造了严格的质量管理体系、研发体系，以精湛的技术和优质的产品为全球企业提供服务。

在亿晶光电的总经理唐骏看来，公司的经营之路既有辉煌的高峰，也曾历经低谷的挑战，总体呈现出跌宕起伏的轨迹。这些年来，光伏产业经受了各种考验，而亿晶光电也曾在这个过程中遭受重创。

终于，亿晶光电迎来了逆转。2022年亿晶光电的销售规模突破100亿元，净利润与扣非净利润均实现扭亏为盈，结束了连续三年亏损的局面。

那么，究竟是怎样的策略和领导力使得唐骏能够引领企业从困境中崛起，又是如何让企业逆流而上的？

为光伏"数智灯塔"聚势蓄力

2019 年，深圳唯之能源成为亿晶光电的第一大股东，它的到来，仿佛唤醒了"沉睡中"的企业。从那一刻开始，亿晶光电开始积极扩张生产线，进行技术革新，更是在 2021 年底，引入行业资深高管唐骏担任公司总裁。

唐骏深耕光伏行业多年，曾主持《太阳能电池用多晶硅片》（GB/T 29055–2019）的制定，并于 2000 年建成中国第一条兆瓦级多晶硅片生产线。自加入亿晶光电以来，他就致力于将前沿技术与精细化的管理理念植入公司。在他的倡导下，公司在技术研发、工艺优化、成本控制、供应链管理、市场拓展等方面都取得了不小的进步。

比如在设备层面，公司建成了先进的智能化无尘车间。该车间具备智能化生产执行过程控制、一体化仓库和智能物流、智能化品控单元等，帮助企业初步打造了自动化、数字化、智能化的生产模式。

又如在管理层面，销售管理、订单管理、合同管理、采购管理、成本核算都是企业迫切需要的，也是唐骏极其关注的。尤其是成本核算，亿晶光电摸索出符合企业发展的成本管理原则和理念，通过设定成本控制点、考核机制，用有效的工具支撑，完成了精细化的成本核算。

其实，在刚接手业务的那一年，唐骏就提出了企业的"三年倍增计划"，即打造完备的产业链，实现产能和出货量翻倍。但是，面对竞争激烈的光伏产业，要想实现这一切谈何容易。

他曾表示，在企业发展规划中，亿晶光电一定要朝着更加制度化、规范化、现代化的管理模式转变，要坚持以产品质量为先的经营原则，不断扩充先进产能，同时发挥产业链间的协同作用，降低综合生产成本，提升产品的竞争力与市场占有率。

而要实现这一切，没有数智化平台的支撑，简直是天方夜谭。

为"智"行千里注入新动能

当双方遇到问题时，用友团队可以做到积极响应，服务团队经验十分丰富，能和我们多沟通、多交流，制定解决方案来帮助我们处理问题。

——亿晶光电总经理唐骏

先进制造业一直被誉为一国经济的命脉。从自动化到信息化，再到数字化、智能化，在数字经济的加持下，制造业实现了转型升级的"三连跳"。

众所周知，数智化转型对任何企业来说都是一项巨大的工程，并不是依靠某一家服务商就能一蹴而就的。亿晶光电深谙其道，这项工程需要持之以恒的决心和耐力，需要循序渐进的长期投入、长期打磨。

2016年，亿晶光电就启动了数智化升级的准备工作，从供应链、财务等管理着手，将业务全部线上化经营，但大都是分业务应用，未能实现全面集成化应用。2022年，随着对精细化管理的进一步追求，公司提出了全新的数智化升级规划。管理者不仅希望通过全新的管理平台实现业财一体化和精细化的成本核算，而且希望以 ERP 为核心，将企业内的系统全部打通和集成，真正实现由数据驱动的生产和管理。

因此，结合光伏行业特性及自身管理特点，亿晶光电提出了数智化转型的具体需求。

在料品效率、功率管理方面，系统要能完成对13个业务环节、30多个功能点的效率、功率的实时计算；在合同管理和信用管控方面，系统要能支撑销售合同的精细化、行业化特征，还可以帮助企业实现多环节、多维度、多层次的控制与预警；在等级管理和替代管理方面，系统要能够实现产出、仓储、订单分物料登记管理，实现在总功率控制下的多种替代管理；在双成本核算和多维成本计算方面，系统要能够同时支持"片"成本与"瓦"成本核算，支持订单成本、报价成本等多维度分析；在智能制造

300

一体化方面，系统要能够实现与三个车间、两套 MES 系统对接，以及与 OA 协同。

纵观制造业云 ERP 市场，可满足亿晶光电需求的服务商并不多。在考察供应商时，亿晶光电发现用友 U9 cloud 是一款行业领先的产品，在智能制造方面有着突出的优势。用友 U9 cloud 以数据驱动为核心，深度支持 52 个细分行业场景，快速连接行业 ISV（独立软件开发商），全面完善智能工厂与精细化成本管控，支持内控体系建设及 IPO（首次公开募股）数字化，提供按需配置的业务服务，全面助力中国企业走向世界。

在光伏行业叱咤近 30 年，唐骏在公司的管理过程中经历过不少国内外的系统搭建与应用，如新中大、Infor、SAP 等。实事求是地说，虽然接触用友 U9 cloud 的时间不是很长，但他发现系统的账套设置、流程设计、审批操作十分符合光伏企业的管理模式，并因此留下了深刻的印象。

在后来持续的沟通中，唐骏发现用友顾问和实施团队的交付经验丰富，且具备光伏行业实施经验，这让他产生了合作的想法。此外，用友的服务体系十分健全，不仅有现场顾问的支持，还有用友总部专家的实时服务，这让企业增添了不少信心。

水到渠成，双方开启了合作之旅，亿晶光电认为不仅用友 U9 cloud 是一个可靠的数智化平台，用友更是一家值得信赖的合作伙伴。

数智化转型"三连跳"

用友团队以项目成功为目标，与我们紧密合作，共同努力，成功完成了平台的建设。在整个过程中，它们最大的优势在于产品本身——用友 U9 cloud 的性能远超预期。此外，用友 U9 cloud 拥有众多成功案例，实施团队对光伏行业的特点理解深入，这就确保了实施方案的可行性。更为关键的是，面对任何问题，用友团队总能做到积极响应，与我们保持紧密沟通，共同制定并执行解决方案，高效处理各种问题。

——亿晶光电总经理唐骏

接下来，就是需求调研和痛点摸排。双方项目组成员经过积极沟通，决定分三期开展亿晶光电的数智化转型。在 1.0 阶段，亿晶光电将基于用友 U9 cloud 重新构建更科学的供应链和财务管理体系，将收支两条线管控起来；在 2.0 阶段，项目组将帮助企业实现业财一体化以及车间精细化管控，实现成本双单位和等级品的精细化核算，同时实现 ERP 与 MES、OA 等多系统集成；在 3.0 阶段，双方规划将企业从流程驱动向数据驱动升级，并引入用友 BIP "数智人"，智能化处理一些基础业务。

目前，双方已完成一期和二期项目。正如亿晶光电所期待的那样，实现了用友 U9 cloud 的财务管理（总账、应收、应付、固定资产、票据管理）、采购管理、销售管理、库存管理、料品成本、委外管理、工程数据、生产订单等模块的成功上线，而且打造了运输管理插件，以及和其他系统之间的接口，基本完成了对整个业务环节的支撑。

构建企业发展的 "护城河"

未来，亿晶光电希望能与用友形成战略合作关系，以用友 BIP 平台为支撑，不断满足企业的数字化和智能化需求。

——亿晶光电总经理唐骏

从以组件、电池为主到向光伏全产业链延伸，在唐骏的带领下，亿晶光电积极在光伏全产业链进行垂直一体化布局，不仅包括新型电池、切片，还涉及系统工程。通过整合产业链上下游资源，打造了企业的核心竞争力。

在助力亿晶光电数智化转型的过程中，用友 U9 cloud 在该领域也进行了很好的实践，可满足从上游的硅晶原料、硅产品到中游的电池片组件，以及下游的发电系统、电站运营等企业的数智化转型，而且取得了良好的成绩。

一位用友项目组成员表示，亿晶光电是用友 U9 cloud 在这个行业中打造的样板客户，它的关键之处在于覆盖了光伏全产业链，这无疑更加增强了其产品能力。从行业特征来看，光伏企业具有产出不确定、物料替代、分层计划、质量追溯、多维度成本等特点，特别是成本管理，跟其他行业都不一样，有片数、瓦数、面积等不同的计算模式，需要从不同的维度来核算成本。但即使再难，用友 U9 cloud 仍满足了亿晶光电的所有需求。

细数用友 U9 cloud 为亿晶光电创造的管理和业务价值，可从以下五大方面体现。在战略层面，支撑企业从 ERP 1.0 走向 ERP 2.0，从原来一个个孤立的系统到构建一体化平台；在业务层面，让企业的发货计划更合理，财务风险管控更严谨，库存核算维度更丰富，生产计划更准确，成本分析更精细；在核心竞争力层面，企业提高了库存利用率和周转率、压缩合同交付成本，实现了精细化的成本利润分析；在运营方面，企业建立了完善的运营、PMC、物流、生产及财务核算体系；在风险管控方面，企业落地了各项风险管控点，并建立了数据分析系统，支持管理者决策。

从最终实现的效果来说，在用友的协助下，亿晶光电实现了全流程效率、功率管理；实现了超过 15 个关键环节的功率管控；实现了物料体系多维度定义，破解物料管理难点，整体运行效率提升了 30%；打造了多维度、多环节、多层次销售信用管控体系；实现了瓦与片的双成本管理；实现了成本精细化。

唐骏感慨道，用友 U9 cloud 确确实实为亿晶光电的管理提供了很大的帮助。而且，用友务实笃行的作风，更符合企业当下的发展基调。与用友的合作，不仅构建了企业发展的"护城河"，而且诸如双成本核算、合同的信用管理等应用，对于光伏行业来说都具有相当大的创新价值，这些都是值得亿晶光电和用友去深度挖掘的。

在良好的合作基础上，未来，亿晶光电希望能够与用友形成战略合作伙伴关系，以用友 BIP 平台为支撑，不断去满足企业的数字化、智能化需求，为企业走向行业前列打下坚实的基础。

从常州制造走向世界"智造"

如今，亿晶光电是全球第一梯队的太阳能光伏组件制造商。面对以智能制造为代表的新一轮产业变革，企业凭借不断的完善与进步，提供给市场更高价值的系列产品及服务，积极推进数智化转型升级，促进企业提质增效。

当然，作为一个具有广阔潜力且具有较强竞争力的"老兵"，亿晶光电从未停止前进的脚步。回首过去几年的艰难岁月，亿晶光电力求转型发展迎新生，焕发出无限的活力。展望未来，亿晶光电仍将继续发挥所长，不断推动数智化建设，深度耕耘光伏产业，从常州制造走向世界"智造"，并紧抓"双碳"机遇，成为全球领先的光伏企业！

由此可见，在新旧产能转换间，"光伏老将"将重整旗鼓，在自我革新中不断成长。而用友 U9 cloud 将为亿晶光电的"智"行千里注入数智新动能！

27 华橙：

"开着飞机换引擎"的智能家居"小巨人"

【编者按】

华橙在企业管理中探索出了一条特色之路，通过数智化由内而外为用户提供更安全、便捷、高效的产品和服务。基于用友 U9 cloud 打造的数智管理平台，华橙实现了智能化定制报表功能，使财务按期出具企业内外部报表，并通过项目生命周期监控，助力全局数据快速流转和获取，满足 IC（集成电路）行业深入应用场景，全面提高企业管理层决策与管理效率。

华橙携手用友实现对国外同类软件的平稳替换，不仅加快了其数智化转型和商业创新步伐，还为智能家居行业中的中国软件自主创新和国产化替代树立了行业标杆。

全球民用智慧物联网市场正呈现出前所未有的增长势头，其中消费端的智能家居品牌成为备受瞩目的焦点。在当前的数智时代，智能家居已经不仅仅是个技术名词，更是家庭生活中不可或缺的一部分。消费者对于智能家居的需求已经从基本的遥控功能转变为追求更加个性化、智能化的服务体验，例如语音控制、场景识别和自动调整。这种变革直接反映了现代生活对数智化的迫切需求。

杭州华橙网络科技有限公司（以下简称"华橙"）成立于2015年，同年，建立面向全球民用智慧物联网市场的智能家居品牌——乐橙。基于AI技术和乐橙云平台的支撑，乐橙目前已构建了四大产品体系。伴随着多项重大技术成果的产生，华橙作为智能家居领域十大品牌之一，得到了全球用户的认可，用户数已超过2 500万，产品覆盖全球超过100个国家，于2022年荣获国家"高新技术企业"资质认定，成为2023年杭州第十九届亚运会官方智能门锁供应商。

当前，智能家居市场方兴未艾，客户的多元化、个性化需求开始涌现。这要求华橙不仅要有稳定的规模化生产能力、灵活的柔性定制能力、高效的供应链体系，还要有覆盖全业务流程的数智化平台。

为了抓住时代赋予的红利，一场全面的数智化升级在华橙内部悄然开始。

真的可以平替吗？

用友团队给予了我们很大的信心，我们愿意支持彼此，摸着石头过河。未来的服务过程，也许会相对辛苦一些，但我们坚信选择用友终将成功到达彼岸。

——华橙网络流程 IT 负责人陈华巧

华橙的数智化建设并非从零开始，而是已经达到了一个较高的水平。那么，为什么华橙仍决定启动数智化升级项目？这个决策背后隐藏着对更高效、更先进技术的追求，以及对不断变化的市场需求的适应。

"为了更好地发展消费级业务，我们要打造一个全新的应用系统，确保业务的独立性。同时，也正是因为面向的是消费类市场，华橙需要面对更多的线上场景、线上渠道，比如电商平台的订单要与企业自身系统对接，这些都是原有系统未曾涉及的。"华橙网络流程 IT 负责人陈华巧说。

为了实现上述目标，从 2020 年开始，华橙开始了数智化选型工作，华橙的管理层乃至集团公司的领导都对此高度重视。

一是，平台与华橙业务的高度匹配。从产品研发到设计、供应链、计划、生产、交付、仓储，再到售后服务，华橙的经营链路长、业务覆盖面广，因此对于系统覆盖的广度要求比较高。

二是，平台要覆盖每一个业务的全场景应用。单以销售业务来说，公司面向国内、国外两大市场的线上和线下通路，共计 90 个应用场景，业务逻辑十分复杂，这就对系统的每一个业务模块的应用深度提出了更高的要求。

三是，华橙发展近十年，其业务已具备一定的规模，系统的自动化能力要能跟得上业务的快速扩展和变化。

四是，从更宏观的角度来看，以华橙作为典范选择合作伙伴并成功合作，然后将相同的平台推广到集团旗下多家子公司，是实现整体数智化升级最具成本效益的策略。

五是，对于面向消费类的成长型制造企业，华橙希望数智化升级，不仅能够满足业务方面的需求，同时，基于数据驱动，在拓客方面获取更多有价值的信息，而且可以帮助研发和生产出更好的产品，最终交付出消费者更满意的产品，使消费者获得更好的体验和后续服务。

当时，包括国内外知名服务商在内的多方参与了竞标，用友也携其明星产品 U9 cloud 加入了初步评选。

用友在自创立以来的 35 年中，先后通过普及财务软件、ERP、用友 BIP，持续引领企业服务产业发展，先后服务了数百万家企业。在智能家居领域，用友通过自身强大的数据分析和云计算技术，为智能家居企业提供了高效的生产、库存和分销管理工具，帮助企业优化供应链，确保产品快速、高效地流向市场。

同时，制造业是用友深耕细作的行业，在公司服务的数百万企业中，有高达 65% 是制造企业。面向制造行业，用友打造了一系列领先的产品。其中，用友 U9 cloud 是用友面向大中型制造企业，运用移动互联网、大数据、物联网、人工智能等新技术，通过智能化生产等十大核心业务场景，构建出的基于多组织、多工厂、复杂制造和精细关联的数智制造全场景服务产品。

在一系列国际产品前，陈华巧对本土化产品替代还是存有疑虑的。一方面，集团公司长期以来使用成熟的 Oracle EBS（甲骨文公司的应用产品）作为核心系统，现在全面更换为国产系统，面临的挑战包括能否实现无缝替换、国内外产品之间的性能差异有多大，以及员工能否适应这些新变化。另一方面，除了标准化产品，这些年集团公司还开发了不少个性化的产品，比如供应链管理平台，它们与 EBS 之间都有很好的衔接，可以说业务场景覆盖得相对完善，逻辑也十分通顺，而且不论是供应商团队，还是集团公司自身，都已经磨合得比较稳定。

面对这些不确定因素，华橙依然选择了用友，体现了其对本土化产品的坚定信心。在当前国内制造业云 ERP 市场中，用友 U9 cloud 是公认的行业领导者。它服务于众多制造业细分领域的领军企业和上市公司，如万和电气、上海华测导航、深圳万讯自控、苏州中核苏阀、南京开沃集团、常州科华控股、沈阳富创精密等，这一成就是其他厂商难以比拟的。这些实例不仅展示了用友

U9 cloud 的实力，也增强了华橙对其选择的信心。

因此，华橙加强了与用友的交流，并聚焦于探索用友 U9 cloud 的核心业务模块。在这个过程中，无论是在产品调研、顾问咨询、方案阐释，还是成功案例的展示方面，用友都展现了卓越的能力。陈华巧对此感到惊喜，发现本土化产品在供应链管理、智能制造等方面已经展现出强大的产品能力和领先实践。

随后，华橙对用友 U9 cloud 进行了深入且有针对性的调研，不仅包括对用友 U9 cloud 产品能力的了解，也涉及用友服务团队的经验和专业水平。最终，华橙上下一致认为，用友 U9 cloud 在服务复杂制造领域的产品能力和业务模型逻辑上与 EBS 不相上下，甚至在个性化实施方面优于国外产品。

就这样，华橙与用友携手，正式启动了令人期待的数智化升级之旅。

初战告捷

用友打造了从总部专家支持到区域、行业线下覆盖的立体服务体系，可以说从一线到后端的援助持续不断。我们不论是在哪一环节寻求支援，他们总能第一时间到达现场，给予专业的解答。

——华橙网络流程 IT 负责人陈华巧

2021 年底，华橙内部启动专题调研工作。IT 团队选取财务和供应链作为重点领域，对现有系统的业务场景和流程进行了详细梳理，提炼出了业务中的痛点和难点。2022 年 3 月，用友团队正式进驻华橙。

对于国产化替代，用友有着自己独到而深刻的理解。在用友看来，软件国产化不是对国外 ERP 等产品进行简单的替换，而是基于数智化的平台和产品，帮助企业实现数智化与国产化结合的价值替代。

华橙基于用友 U9 cloud 打造的企业财务管理平台，包括固定资产、总账、合并报表、应收 / 应付、费用报销，以及对需求计划、生产、采购、委外、质检、仓库等的管理，并以用友 U9 cloud 作为核心平台，将它与 CRM、WMS、OA 等系统对接，实现了数据的无缝衔接和集成。

一旦目标明确，项目便顺利进入研发阶段。正如陈华巧在方案初步阶段所期待的那样，随着项目的实施，用友团队投入的资源日益增加，其服务团队的价值不断显现。这让他越发对用友 U9 cloud 成功替代 EBS 充满了信心和确定性。

当时，华橙对交付的资源要求日益严格，但用友的服务团队从项目现场到区域，再到总部层面都表现出卓越的专业水平，这给陈华巧留下了深刻印象。他回忆说："除了现场 20 多人的服务团队，用友还建立了从总部到区域的多层服务体系，确保从前线到后端的支持无缝对接。无论我们需要哪个环节的帮助，他们都能迅速响应并提供专业解答。例如，在一次合并报表的问题上，总部专家亲自前来指导，迅速解决了问题。这极大地增强了我们的信心。而且，双方团队的合作氛围非常融洽，共同朝着一个目标努力，相互认可。"

华橙的数智化升级不仅包括核心系统，还涵盖了 CRM、WMS、OA 等系统，涉及供应商、关键用户，以及华橙自身的 IT 团队等，参与人数超过 100 人。这对项目的推进和协同提出了巨大挑战。

时间紧、任务重是所有数智化项目的共性，华橙项目也不例外。到了开发测试阶段，项目进入了高压期，双方进行了五轮 UAT（用户验收测试）。关键业务用户在支持测试的同时还要处理日常工作，两者之间的平衡十分艰难。

陈华巧回忆道："那段时间，关键用户在白天完成自己的工作后，通常要到晚上 10 点才能开始进行系统测试。遇到问题时，项目组成员会通宵达旦地工作，以确保第二天早上能给出一个满意的解决方案。面对这样的挑战，用友团队表现出了极大的耐心和专业精神，一步步推进测试工作。"

终于，2023 年 1 月，用友 U9 cloud 正式切换上线。上线后，系统依然在持续地优化，以保证其稳定性。用友项目组的一名成员在项目完成时如释重负地表示："多年的努力，都是为了这一刻——让中国企业的管理者能够放心。我们的目标是让每一个中国企业都能够有效使用本土软件，改变国外巨头在中国软件市场长期垄断的局面。"

陈华巧补充道，项目上线后，用友的专业服务团队并没有撤离，而是继续留下来帮助华橙的业务团队充分利用系统发挥其价值。例如，作为集团公司的一个子公司，华橙每个月都需要向母公司提交财务数据。系统刚上线时，每月的月结工作给系统带来了巨大的压力。IT 团队对此非常担心，"作为一家上市公司，如果因为我们的财务数据问题而影响公司的财报，那将是一个严重的问题"。

但是，用友怎么会让这一切发生？用友的核心价值观是"用户之友、持续创新、专业奋斗"。其中，用户之友指的是倾听客户，设身处地地为客户着想，通过长期合作赢得信赖，最终成就客户，超越客户的预期；而专业奋斗则要求用友团队追求极致、靠专业制胜，能打硬仗、善于攻坚克难，并且追求卓越、拒绝平庸。

从系统上线的第一个月开始，华橙每个月都要在最后一天开始准备，确保在次月的第五天完成所有财务核算并出具报表。在这个过程中，用友实施团队总是能够提供巨大的支持。"如果没有用友团队的大力支持，我们的工作可能要推迟到月中才能完成。在这方面，用友的支持让我们深受感动。"陈华巧补充道。

开着飞机换"引擎"

从存疑到合作，到不断地深入了解，再到现在的最终落地，用友用自身的行动证明了自己的能力，证明了产品和实施团队的专业性。它们成功地替代了甲骨文，实现了对华橙业务的整体支撑。不论是过程还是结果，我对国产化替代有了更强的信心。

——华橙网络流程 IT 负责人陈华巧

目前，用友 U9 cloud 为华橙业务的独立发展提供了强大的支持，为华橙的企业管理和业务变革打下了坚实的基础。

回顾整个数智化升级项目，华橙的经历无疑是引人深思的。对华橙而言，这是公司首次尝试核心软件系统的国产化替代，且在没有现成经验可以借鉴的情况下进行。更具挑战的是，华橙在业务持续增长的同时，完成了数智化升级。这个过程可比喻为"开着飞机换引擎"，充满了各种不确定性，不断考验着华橙的应对能力。

对于用友来说，推动国产化替代，服务于中国科技自立自强是其长期坚持的战略。在实现这一战略目标的过程中，用友不仅展现了自有产品的强大能力，还提供了卓越的专业服务。这一切努力都旨在为处理复杂业务的客户带来真正的价值，从而赢得其认可与支持。

用友 U9 cloud 继承了用友产品的优良基因和丰富的实践经验，采用了最新一代技术架构，被业内视为高端制造业和企业国产化替代的优选方案。华橙认为，尽管国外系统逻辑严谨，但由于服务模式的差异，对服务商的依赖程度较高。技术支持往往需要通过海外渠道，效率低自然不言而喻。此外，国外产品在适应成长型企业不断变化的业务场景需求上，往往由于其架构的陈旧而显得力不从心，难以跟上中国企业快速发展的步伐。

从实际结果来看，华橙通过用友 U9 cloud 的标准模块配合个性化开发，已经成功支撑了其复杂的业务体系。在交互便捷性和自主配置方面，用友 U9 cloud 也为华橙员工提供了极大的便利。据用户反馈，业务人员能够自行完成一些简单的报表。特别是对于财务人员而言，用友 U9 cloud 产品的灵活性和易用性使他们能更方便地构建多维报表，满足核算需求。

未来，在现有的云 ERP 产品框架体系基础上，双方还需要进行更深入的合作，如在自建工厂的成本管理、实现数据可视化等方面。此外，除了云 ERP 产品，华橙也计划在人力资源等其他产品领域与用友展开更多的商讨，从而将合作扩展到更广泛的应用领域。华橙将以数智化作为推动力，通过不断的发展、创新和变革，真正在智能家居行业中崛起，成为一个"小巨人"。

以国产化替代，塑"民族软件"之魂

在高端制造领域，国外管理软件长期主导中国市场，而本土厂商一直在努力追赶。国外产品的绝对优势不仅限制了本土厂商的发展空间，也在复杂的国际形势下给企业带来了不稳定因素。

用友始终处于高端制造软件国产化替代的前线。在过去35年中，一代又一代的用友人以其专业能力和敬业精神赢得了众多客户的信赖，这让陈华巧深感敬佩："中国企业的发展离不开持续的自主创新和本土化管理软件的支持。在国产化浪潮中，中国需要用友这样的民族品牌，需要王文京这样的引领者。"

未来，华橙将继续推动以科技创新为核心的发展战略，不仅在产品上实现软件技术与硬件能力的双重提升，而且在管理方面深化国产化替代，实现高质量发展，为用户带来更智能的家居体验。

而被誉为"民族软件之魂"的用友，倡导"价值化国产替代"，充分发挥国产化软件企业从数智化管理、数智化经营到数智化商业创新的替代价值，以"平台化＋生态化"的技术体系，帮助更多企业在平稳运营中真正实现"替得下""代得了""用得好"。

28 奥视文化：

把握时代脉搏，开启"进化"之路

【编者按】

自 2016 年起，奥视文化携手用友畅捷通，以新技术驱动工作效率提升，以畅捷通好会计支持银行流水自动导入，几秒钟即可自动生成凭证，做账查账云端完成，报表一键申报，发票智能管理，效率提升十倍有余。

在文创产业中，很多企业通常专注于创意和文化表达，而在业务不断扩展的过程中，管理方面的挑战逐渐显现。奥视文化的经验表明，对于正处于快速成长期的文创企业来说，采用数智化手段是一种高效解决管理难题的有效方法。

从北京大北窑到定福庄，聚集了一大批文化传媒企业，这里已经成为国际传媒产业走廊，并正在成为具有世界影响力的国际信息传播枢纽。以这条国际传媒产业走廊为核心承载空间，2014 年 7 月，国家文化产业创新试验区正式批复设立。作为我国首家也是唯一的国家级文化产业创新试验区，已经连续数年实现文化产业收入超千亿元。该试验区已经成为朝阳区乃至北京市文化产业的汇聚中心和引领中心。

文化创意产业的迅速崛起吸引了众多中国传媒大学的学生加入其中，从校园时期的创新创业大赛，到毕业之后的身体力行。位于定福庄的中国传媒大学的学生在参与文化创意产业创业上，有着得天独厚的优势，场地、人才、融资、路演……几乎所有与创业相关的资源都可以轻松在这里找到。

就是在这样的背景下，北京奥视文化传播有限公司（以下简称"奥视文化"）成立了，它是由三名毕业于中国传媒大学的学生合伙创办的。作为一家专业从事内容营销、视频多媒体制作的服务企业，奥视文化以中国传媒大学优势人才资源为基础，秉承"创意服务＋产品技术"的理念，在坚守初心的同时，积极拥抱 VR（虚拟现实）、AIGC（生成式人工智能）、智能剪辑等创新技术和工具，持续推动企业创新发展，最终逐渐在激烈的市场竞争中谋得了一席之地。

而在奥视文化十年的发展历程中，数智化软件的作用始终不可忽视。

结缘数智化财务软件，看似偶然、实则必然

这些功能不正好可以解决目前公司财务管理所遇到的难题吗！

——奥视文化副总经理任琳

2011 年，在一个影视节目的后期制作中，毕业于中国传媒大学的任琳遇到了日后一起创业的合伙人。共同的教育背景和互补的工作技能，再加上文化创意产业的蓬勃发展，让两个人意识到，发挥自己的专长，在风起云涌的文化创意产业大潮中大有作为。

经过三年的磨合，任琳遇到了另外一位同样毕业于中国传媒大学的合伙人，三个人一拍即合，决定共同成立一家公司——奥视文化，专注于为企业客户提供视频制作服务。之所以取名"奥视文化"，是由于公司的主业是视频制作，三个人又都希望公司能够"傲视群雄"。

彼时，"大众创业、万众创新"浪潮兴起，国家文化产业创新试验区设立，北京市朝阳区正在大踏步发展文化创意产业，尤其在 2015 年，"互联网 +"行动计划全面推进，互联网行业的视频制作需求全面爆发，阿里巴巴、百度、爱奇艺、优酷土豆等互联网大厂纷纷找上奥视文化，为自己的创新产品和服务拍摄宣传片、广告等视频素材。刚刚踏上创业征程，满怀创业激情的任琳有一种踩中时代脉搏的感觉。

赶上了"互联网 +"大潮的奥视文化，迎来了不错的开局。"伴随着业务的快速增长，我们公司的员工也迅速增加到了 25 人。"奥视文化副总经理任琳表示。

因为奥视文化通常以"项目"做结算，与大多数选择代理记账的创业公司不同，他们在成立之初便聘请了专职会计。在起步阶段，有一位专职会计，奥视文化的确可以轻松满足各类财务管理需要，但随着团队规模的不断扩大，奥视文化在财务管理方面遇到的挑战越来越大。

比如，在项目核算上，过去只是简单用 Excel 表格来统计，但时间长了，就很容易出现数据混乱。而且有些项目几个月甚至半年才能完结，单纯由财务人员用 Excel 记录，也很容易出现遗漏。此外，在报销记账上，财务人员的工作只是将收入和支出记录下来，但管理者却需要清晰掌握公司每个月的收入和支出明细，以支持公司的下一步决策。

要解决这些业务痛点，奥视文化要么聘请更多财务会计人员，要么进行数智化转型升级。但聘请更多财务会计人员，不仅意味着成本的增加，而且治标不治本，因此更佳的解决方案是引入数智化工具，推进财务管理的数智化转型。

那么，使用什么样的数智化工具呢？奥视文化有自己的门路。

"我们经常帮助科技企业制作产品宣传片。在此过程中，我们也接触到很多创新产品，经常被这些产品强大的功能吸引，因此，在制作完宣传片之后，我们也会买些产品自己使用。"任琳表示。

在奥视文化服务的众多科技大厂中，就有一家能够为其提供符合需求的数智化软件与服务——用友。

用友为服务中大型、中型、中小型及小微企业等不同规模企业，设计了完整的应用平台和解决方案。其中，用友旗下成员企业畅捷通专注小微企业财税及业务云服务，通过好会计（智能云财税）、好生意（营销云进销存）、T+Cloud（全场景数智商业云应用）、好业财（创新企业数智经营平台）、易代账（数智财税平台）等一系列 SaaS 产品，助力小微企业实现数智化转型升级。

一次偶然的机会，任琳接触到了畅捷通好会计产品。作为一款专门为小微企业量身打造的专业云财税应用，好会计具有一体化、智能化、行业化三大特性，可以随时随地帮助小微企业管理现金银行、发票、报税、经营分析等，高效、智能地提升小微企业财务管理水平。

畅捷通好会计产品的功能特性让任琳眼前一亮："这些功能不正好可以解决目前公司在财务管理方面遇到的难题吗？"

奥视文化通过试用好会计产品，很快便成为好会计的正式用户。在好会计的帮助下，奥视文化曾经遇到的财务核算、报销记账等痛点一一被化解。

"公司起步之初，人少，项目相对也少，一个人完全可以应付。2016年公司发展到二三十人，人多，项目多，事情更多。为了提升工作效率，我放弃了传统的财务软件，选择了互联网化的财务软件。"从公司成立之初就在奥视文化工作的财务经理杨晶晶说道，"这样下班回家后也能办公，方便而且高效。"

表面上看，奥视文化引入好会计只是被其产品功能特性所吸引，但实质上却得益于公司对管理创新的孜孜以求。如果要更上一层楼，奥视文化就需要借助好会计这样的产品来提升企业的精细化管理能力。只不过在这样一个时间节点，奥视文化和好会计刚巧遇到，这看似偶然的合作，其实蕴藏着必然。

数智化让管理更高效，为决策提供有力支撑

自从用了好会计，工作就像加了个引擎，跑得特别快！好会计配合 PC 端一同使用，上班时间工作就在计算机上完成，下班后棘手的工作还能在手机上完成，而且分享、查询、输入还如此方便快捷。

——奥视文化财务经理杨晶晶

自2016年至今，奥视文化的经营范围和业务规模持续扩大，从原先"三账套"已增加至"十账套"。得益于好会计产品这只"隐形的手"，奥视文化在会计人数并未增加的情况下，实现了高效办公、准确记账报税。

与此同时，好会计也在不断迭代升级，变得越来越智能，奥视文化持续借助好会计的新功能和新特性，为企业高效管理和科学决策提供有力支撑。

在财务核算层面，好会计的凭证、结转、辅助核算等功能都非常好用。以智能凭证功能为例，发票、日记账、工资可自动生成凭证，而且丰富的凭证模板可大大提升工作效率，对于收入、采购、提现、发放工资等工作直接在

模板上编辑修改就可完成。用杨晶晶的话形容，工作就像加了个引擎，跑得特别快！

不仅如此，好会计可以将专业的财务数据图形化、报表化，让不懂财务的老板也能看懂资产负债表和利润表等专业数据。尤其在好会计移动端，财务人员可以将"费用统计""费用趋势"用图表化的方式呈现，并且可以直接通过微信分享给老板。

在这一点上，任琳深有体会。作为公司管理者，任琳需要实时了解项目的整体进度和所对应的费用支出，如果在前期拍摄或后续剪辑过程中发现费用超标问题，可以及时与客户沟通；同时，任琳也需要对公司当下的收入和支出有一个清晰的了解，以便更好地部署和安排接下来的工作。

除此之外，好会计帮助奥视文化实现了财税一体化智能报税。过去，企业在纳税申报中需要花费大量精力去进行财税报表的转换以及税务申报数据的生成，在完成申报数据的整理后，还需要手工将数据一一填写至税务局的申报系统，不仅费时费力，还容易产生录入错误，造成申报质量下降。而好会计财务数据能够自动生成纳税申报表，实现多税种一键申报，有效提升了工作效率和质量，缩短了纳税申报时间。数据显示，使用好会计后，奥视文化申报期出表比以前缩短 5~8 天，工作效率提升数倍。

众所周知，财务管理是企业管理的核心。作为企业中唯一一个具有串联人、财、物、产、供、销等价值链条的职能管理部门，财务工作做好了，企业就相当于具备了"上帝视角"，既可以合理控制企业成本，也有助于企业资金的回笼和合理分配等，从而提升企业的整体管理水平。在这一点上，奥视文化已经通过好会计的应用给出了证明。

第五篇

---◆---

使　命

　　从信息化时代的追赶者，到数智化时代的领跑者，用户环境变化与自身产业基础加上云服务转型的模式转换，都将促进中国本土厂商在全球产业中实现跨越式发展。在数智化的新阶段，中国已具有成长出全球领先企业服务商的土壤和时机，中国企业和公共组织的数智化转型将走在全球前列。

　　"用创想与技术推动商业和社会进步"是用友的企业使命。作为全球领先的企业数智化软件与服务提供商，用友将承载起引领中国软件产业蓬勃发展的重任，推进数智化与国产化价值替代，践行民族企业担当。用友BIP将汇聚超过10万家生态伙伴，超过亿级的社群个人，致力于服务千万家企业成为数智企业，为数字经济的高质量发展贡献力量。

29 双良集团：

"大国重器"强强联合，数智建设世界一流

【编者按】

双良集团携手用友近 30 载春秋，构建"智慧服务＋智慧能源"的"大服务"平台，通过对大数据的统计和分析，全面提升研发、生产、营销、服务水平，完成了从产品制造商向系统集成商、能源管理商转型，实现了从信息化到数智化、从 ERP 到 BIP 的跨越式发展，为管理、经营、商业赋能，构建产业新生态。

从会计电算化迈向信息化各领域的全面融合，再到如今用友 BIP 的深度应用，双良集团以数智化战略推动企业高质量发展，为践行"拥抱数字化、转型再创业"的经营理念提供了有效支撑。

如果要细数中国最"牛"的机场，上海浦东国际机场（以下简称"浦东机场"）即使算不上第一，也能挤进前三。2019 年，它完成旅客吞吐量达 7 000 多万人次，仅次于北京首都国际机场，是名副其实的"巨无霸"。

在浦东机场正北方向，直线距离 600 公里处，又一座 4F 级的国际航空枢纽拔地而起，这就是青岛胶东国际机场（以下简称"胶东机场"）。作为青岛交通枢纽的"新翼"，它为产业与城市融合发展蓄势赋能。

然而，这两个坐落在不同城市，每天上演不同故事的机场，在一件事上却"殊途同归"，那就是节能降碳。

位于浦东机场旁的一号能源中心虽毫不起眼，却是机场重要区域的动力之源。它采用了分布式能源冷热电三联供系统，能源综合利用效率可达 70% 以上，而且融合了云计算和大数据分析技术，打造了精细化、智能化的智慧运维系统，可对设备的运行故障提早做出预判，并"隔空"将工单派发至工程师的手机上，这使得故障响应速率提高了五倍，预判准确率提高到 90%，且比原来节约人员 20% 以上。

胶东机场的"巨型能源心脏"——能源中心在能量梯级利用的基础上，打造了冷、热、电一体化的复合能源系统，不仅大幅提高了机场的能源利用效率，而且减少了碳化物及有害气体排放。

每一份成绩单的背后，都有一群人在默默付出。浦东机场、胶东机场在践行低碳环保方面取得不错成绩的背后，站着同一个"幕后英雄"，它就是双良集团有限公司（以下简称"双良集团"）。

双良集团 1982 年成立于江阴市利港镇。经过 40 多年的专注与创新，集节能环保、清洁能源、生物科技、化工新材料业务于一体，并连续多年名列中国企业 500 强、中国制造企业 500 强，是中国工业行业排头兵企业、国家首批服务型制造示范企业。

在双良集团不断实现发展跃迁的背后，也站着一位坚定的伙伴。它就是用友。

陪伴是最长情的告白。双良集团与用友的合作，便有力地诠释了这句话。双方的合作持续了近 30 年，从最初的单机版 DOS（磁盘操作系统）下的财务核算，到 2003 年的用友 U8 在全集团的部署应用，再从 2009 年机械板块（节能、锅炉、新能源）基于用友 U9 的升级、2014 年统一至用友 NC65 平台，直至近年来的用友 BIP 协同云产品"友空间"，用友的服务覆盖了双良集团统一协同办公、集团财务、供应链物流管控、生产交付、营销管理等众多领域，也横跨用友的多个发展阶段。

从财务记账到数智驱动，技术赋能绿色制造

双良集团与用友有着良好的合作基础，而在新的时期，我们将继续在国产化层面深度合作，战略推进数智化深度赋能。

——双良集团董事局主席缪双大

受发展阶段、意识、资金等各方面限制，大多数民营企业在成长初期是顾不上信息化建设的，对它们而言，更迫切的任务是创新产品、打开市场。

但双良集团却是个例外。

在 40 多年的发展历程中，双良集团始终不忘初心、牢记使命，将信息化、数智化作为发展建设的重点。这一点，从其早在 1996 年就与用友达成战略合作中便能清楚地看出。

作为北京第一家高新技术企业，用友在 1989 年，也就是成立的第二年，就成功研发出报表编制软件——UFO。在当年，该软件曾被誉为"中国第一表"。凭借着这款产品，从 1991 年起，用友就开始在全国财务软件市场占有率第一，并持续保持第一。此后，通过普及财务软件，用友服务了超过 40 万家企事业单位的会计电算化，成为中国最大的财务软件公司。

到 1996 年，用友在走访客户时收到反馈：随着信息技术的发展，企业的信息化需求与日俱增，不再仅满足于通过财务软件实现会计电算化，还希望通过企业管理软件，整体实现信息化，提高业务和管理水平。

用友自创立以来，就将"以客户为中心"作为企业发展方针之一。对于客户的反馈，用友不仅听在耳里、记在心里，更体现在行动当中。这一年，用友果断启动向 ERP 转型，进入企业发展的 2.0 时期。两年后，用友成功推出了第一款 ERP 软件，即面向成长型企业的用友 U8，正式开启了 2.0 时期的成功征程，并最终一路成长为亚太地区最大、全球排名前十的 ERP 软件提供商。

图 29.1 双良集团与用友战略签约

当双良集团着手推进信息化建设、选择信息化服务商时，用友自然成为其第一选择。正是在 1996 年，双良集团与用友达成战略合作。

然而，这种合作关系是通过有序的步骤逐步建立起来的，起初是以财务软件作为突破点，以此推动集团信息化建设。虽然双良集团最初采用的只是基于 DOS 系统的单机版财务核算软件，但正是这一初步的技术接触，为双方未来长期深入合作奠定了坚实的基础。这一早期的合作不仅加强了双方的技术信任，也为后续更广泛的信息化合作项目奠定了可靠的基础。

2002 年之后，双良集团迎来了战略升级，被称为"双良的二次创业和发展理念调整"时期。用友凭借杰出的产品、技术与服务成功超越国际厂商，赢得了双良集团的深度信赖。双良集团随后也与用友连续升级合作，先后在全集团部署实施用友 U8，以及全球首款基于 SOA（面向服务的体系结构）云架构的多组织企业互联网应用平台——用友 U9。

那几年，双良集团使用的是单机版用友 U8 或用友 U9，站在财务的视角看，各业务板块独立核算，按双良集团财务总监陈强的话说，能管理好财务一本账就够用了，但技术在迭代，企业在发展。随着企业涉足的产业越来越多，组织规模逐步变大，管理体系更加复杂，内外部业务协作十分频繁，原有的相对割裂的、独立的信息系统让集团管理者看不清各业务的发展现状，而各分、子公司的管理模式也不能与集团统一。如此一来，集团与各分公司"两张皮"的现象越发明显。

那么，到底使用怎样的平台来承载企业的所有数据，支撑企业进行统一管理呢？陈强也在思考这个问题。他深信，信息化不是将新技术简单地叠加在已有的组织结构和流程之上，而是以提效为目标，以价值创造为导向，实现对管理的重塑。

二次创业和发展理念调整期间，双良集团提出了"多元化发展、专业化经营、精细化管理"的口号。其中，精细化管理需要技术手段辅助，光靠人治是行不通的。2014 年，以数据互通互联为目标，双良集团开始第一次进行整体信息化的部署。

当时，公司第一时间又想到用友，并与用友的专家团队多次交流、多轮论证，共同提出了"一个双良、一套数据"的建设目标，希望基于用友的平台打造企业统一的信息化平台。双良会第一时间想到用友，不仅是因为用友在当时早已是中国软件领域的领军企业，更是因为其在 ERP 市场超越国际厂商，成为亚太地区最大的 ERP 管理软件与服务提供商。更重要的是，用友始终秉持和践行"做客户信赖的长期合作伙伴"的价值观，让每一位与用友合作过的企业客户都深有感触，这也是用友能持续领跑中国软件行业的深层逻辑。

就这样，从顶层设计到分步实施规划，从组织结构的梳理到业务流程的重构，从协作方式的优化到管理模式的固化，从平台的建设到后期的服务，双方在那段艰难的日子里融为一体，用友竭尽所能地帮助双良集团跨越到统一平台的全新发展阶段。

最终，在使命的感召下，双方项目组成员以世界级高端管理软件用友 NC6 为核心，先后建立了供应链管理、生产管理、SRM、主数据、集团财务、成本管理、e-HR、资产管理服务等系统，并从管理域、生产域拓展到营销域、服务域，上线了 CRM，帮助双良集团在第二次创业和发展理念调整周期里完成了集团级的管理、业务和数据整合。

用友这一次在关键时刻的鼎力相助，为双方日后的长期持续合作奠定了良好的基础。从那以后，双良集团与用友之间的关系发生了微妙的变化，甚至超越了"甲乙方"的束缚，变得更加紧密。

企业社交协同，让"大象"亦能在"云端起舞"

现在，在双良内部，大到管理者，小到门卫、厨师，都使用用友 BIP 完成日常工作。如果你不会使用数字化工具，不会使用用友 BIP，那就意味着你在双良没有岗位。

——双良集团总裁马培林

2014 年是移动办公领域的一个新纪元，这一年，移动办公应用（移动 OA）经历了一场前所未有的井喷式增长。在这场变革的浪潮中，众多组织渴望将各种应用整合进单一的 App 里，以实现一个统一的移动平台，从而满足他们全方位的日常办公需求。双良集团也同样怀揣这样的期望：一个全面、高效的移动办公解决方案，以适应时代的发展和提高工作效率。

"我们的业务系统太重了，一旦员工离开岗位又没有计算机，工作就会面临很大困境。"这是双良集团 CIO 吴永胜在接受记者采访时发出的感慨。当时，他刚调任双良集团 CIO 一职，负责集团信息化工作。凭借过往经验，他第一时间就意识到了问题的严重性。

其实，双良集团总裁马培林早就对扁平化组织有着深入的思考。他认为扁平化要基于组织充分的信息共享、协同才能实现。从当时的情况来看，双良集团在协同方面面临三大痛点：第一，业务多元化导致集团管控难；第二，业务独立导致移动 App 繁多且异常分散；第三，公司内部没有统一的入口，无法实现知识共享，也不能统一传播企业文化。

然而，当他们在市场上寻找供应商时，却发现所有的产品都不尽如人意。关键时刻，吴永胜再次将目光转向了老朋友——用友。这也完全在意料之中，毕竟，用友早在 2010 年便提出了"软件 + 云服务"的云计算战略，吹响了转型的集结号，帮助客户迈向云端企业，因此完全有能力解决双良集团面临的三大痛点。

这一次，用友的确没有让双良集团失望。

用友成立专项团队，与双良集团员工密切协作，共同进行产品改进、培训和沙盘推演。双方用了四年时间，从 ECM（高效沟通管理软件）升级到企业空间、友空间，再到后来的用友 BIP 协同云，最终实现了整个集团层面的协同整合，真正让一个 App 管理所有应用成为现实。用友 BIP 是用友公司面向企业与公共组织数智化领域研发的企业服务产品群，覆盖财务、人力、供应链、协同等十大核心领域。其中用友 BIP 协同云作为新一代企业社交化协同办公平台，不仅为企业提供了协同办公服务，更作为企业数字化工作入口，服务企业内部员工，连接企业外部伙伴及上下游产业链。

图 29.2　双良集团协同门户统一入口

尽管最终成果令人满意，但过程中确实充满了挑战。以友空间为例，作为一款专为企业打造的社交化 OA 协同办公平台，它为企业提供协同办公、社交沟通、业务协同等核心解决方案，帮助企业构建数智化的多端工作入口，提高协同办公效率，降低运营成本，赋能员工和团队，激发组织活力。但在用友推广友空间的过程中，出现了不同的内部声音："现有的系统挺好，为什么非要换成友空间呢？"

马培林坚定地做出回应：首先，集团要将单一的局部应用扩展到全集团应用；其次，通过统一门户入口，提升应用的易用性，同时将事务性工作统一集成到消息中心、审批中心，方便公司文化落地、协同落地。最终，通过不断地推演例证，友空间的产品应用价值逐渐被大家接受和认可。双良集团通过与用友合作，已经实现了一个协同办公平台对全集团的统一管理，打造了一个全员应用的超级 App，实现了一个友空间管理所有应用系统。

双良集团作为用友友空间的第一批用户，不仅是"第一批吃螃蟹的人"，也在扮演友空间产品的共建者，共同推动协同办公的持续进化。

作为大中型企业及组织的社交化协同平台，友空间凭借着多类型空间架构、多群组场景协作、多样化沟通、社交化业务协作的产品优势，支持企业级、产业链、社会化应用场景，为企业提供扁平化办公协同。友空间的使用，显著提高了双良集团的办公协作效率，大大缩短了项目响应时间和业务审批流程，打消了此前来自双良集团内部的疑虑，员工甚至自发地进行深度使用。这不仅推动了双良集团的"三化建设"，也更坚定了双良集团管理团队加快数智化转型的决心。

从传统制造向数字"智"造，数智赋能产业升级

在这个不确定的时代，企业要应对竞争，度过经济寒冬，必须不断借势。借势政策利好，借势金融扶持，借势行业机遇，借势数智化提升，最终创造自身的产品特色，持续提升竞争力。

——双良集团董事局主席缪双大

2016 年，当双良集团利用用友友空间快速拥有了公有云的服务能力后，集团上下的数智化建设得到了有效推进。

一年后，缪文彬正式接过父辈缪双大的交接棒，成为双良集团董事长。当老一辈的辉煌已成过去，数字经济浪潮袭来，这位"创二代"决定紧抓历史机遇，顺应时代变化，加速企业从传统制造向数字"智"造跃迁，并一手推动企

业数智化转型。

"当时，有一个点很触动我们，就是用友提出了从流程驱动到数据驱动的理念。从企业自身来说，我们的 ERP 里有那么多数据，到底该怎么用；以及如何为企业赋能等，用友给了我们全新的思考。"陈强说。

之所以提出从流程驱动到数据驱动的理念，是因为用友持续深耕企业服务领域，敏锐地预判到，随着经济持续发展及消费者需求日益个性化，大规模批量化生产的模式将日渐式微，定制化生产将成为主流。企业需要以用户 / 客户为中心，深入挖掘用户 / 客户需求，并根据需求快速推进产品研发与迭代。在这样的变化下，过去流程驱动型的组织管理模式已难以适应数智化需求，企业唯有转型为数据驱动的组织管理模式，才能持续保持竞争力。

经过不断的论证，双良集团一方面希望给 ERP "瘦身"，务实去华，另一方面希望挖掘数据的价值，对底层的基础设施进行改造，尽量实现数据驱动，减少人为干预的流程驱动。因此，他们再次提出了以全员为服务对象，实现经营数字化、管理社交化、执行标准化的"三化"目标。

当双良集团大刀阔斧地推进数智化转型时，用友也并未停下创新的脚步。用友秉持和践行的价值观除了做"用户之友"，就是"持续创新、专业奋斗"。为了推动数智商业创新，为企业、产业、经济和社会带来独特价值，在经历了财务软件和 ERP 软件的成功创新后，用友正马不停蹄地加快新一代数智化平台的设计和实现，也就是近年来已成为数万家大型企业数智化首选、被央媒誉为企业数智化"大国重器"的用友 BIP。

随着用友 BIP 的重磅落地，双良集团的数智化转型仿佛有了抓手。在需求进一步明确后，双方决定再度联手，开始做一件更伟大的事情，即为双良集团打造一套"看得见、摸得着"的管理平台，以实现产品创新、服务转型、经营管理数智化的全面突破。

2017—2020 年，双良集团围绕着企业人、财、物三大管理对象，建立了全集团一体化数智化应用、集团化财务管控、人力资源管理、资产管理和互联网采购平台，实现了四大业务板块的统一运营和管理，开启了大型企业集团的管理新路径。

同时，双良集团先后部署了用友BIP，帮助企业做最佳采购决策和高效协同的企业采购互联网服务云平台——友云采、设备后服务、CRM系统等，将公共管理能力快速渗透到各个业务板块，在提升集团的统一协作能力的同时，完成了集团级的数据驱动、可视共享。

此外，在私有云方面，双良集团也在打造IT资源管理的专业化、服务化，并与用友共同摸索混合云的部署模式，通过"三中台"的能力提升和优化，确保数智化赋能更全面、更广泛。通过与用友共建数智化平台，推动了双良集团从流程驱动到数字驱动的转型，加快了双良的商业创新与管理变革。

在提升业务效率方面，通过DCS（资料收集系统）、地磅、PDA（掌上电脑）等设备系统与ERP的无缝集成，打通各个环节，使工程师服务效率提升了30%，服务成本降低了10%。

在加强集团管控方面，基于用友BIP PaaS云平台实现对四大板块业务的统一运营和管理，有助于加强集团管控工作协同。

在赋能企业决策方面，基于数字化建设，决策层可以及时了解各部门全流程的运作信息，在决策质量提升的同时，提升了10%的决策效率。

企业数智化建设永无止境，双良集团还有更大的目标：着眼于产业，以数智化的创新模式赋能产业升级，为数字经济与实体经济融合发展贡献双良力量。

打造行业一流数智灯塔工厂

当前，双良集团正处于从向数字化要效率到要效益的阶段，目标是从数据中找到最优的经济效益。面向碳中和背景下的第三次创业新征程，双良集团在深耕制造业的过程中，对数智化的探索实践只有进行时，没有完成时。双良集团期待与更多伙伴携手同行，实现生态价值共创。

——双良集团总裁马培林

2022年7月1日，伴着雄浑壮丽的国歌，一面五星红旗在双良硅材料（包头）有限公司的广场前冉冉升起。当天，双良40 GW单晶硅项目一期20 GW产能全面达产，这标志着双良集团进军光伏产业步入了实质性阶段。

这两年，在国家"双碳"目标的引领下，国内光伏行业迎来高速发展期。2022年，正值双良集团成立40周年。在父辈创业的影响下，缪文彬决定再搏一把。在他的带领下，公司积极布局光伏、新能源产业，开始了第三次创业。

这是一个高站位、高起点的全新尝试。双良集团包头单晶硅工厂投入的力量空前强大。整体建设周期非常快，仅用八个月时间就完成了场地建设、设备采购、试产销售。但是，作为新能源产业的后进者，双良集团要怎样打出差异化的竞争优势？如何拓展市场？如何保证质量？如何确保成本优势？

马培林认为，建设新工厂一定要打破固有思维、创新突破。在新产业发展中，数智化一定是标配。依托数智化平台的赋能效果，依托IoT能力和新技术的应用，他们能够建成光伏产业的"灯塔工厂"。而基于长期的信任，这项艰巨的任务自然又交给了用友。

然而，与其他传统行业不同，单晶硅加工行业资产重、变化快、自动化程度高，对MES和设备物联的要求特别高，生产执行的坏将直接影响公司的运营效率和成本。因此，"MES+IoT"的子项目就显得十分关键。

为了更好地完成任务，用友打出了从上至下的组合拳。在顶层规划层面，专家在作业现场绘制蓝图，直接向马培林汇报，明确战略导向，敲定蓝图规划；在技术实现层面，他们开发了自动化配置工具，有效提升了IoT设备采集配置效率，如期完成了全量设备接入。

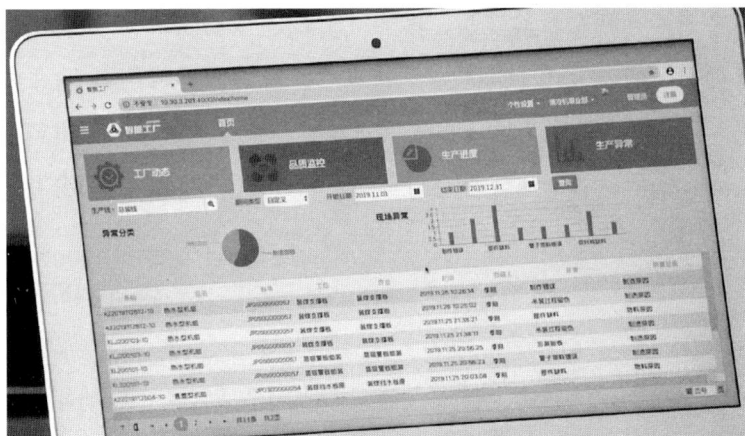

图 29.3　双良集团智能车间系统（MES）

经过近一年的鏖战，新业务的数智化建设取得了不小进展。项目组基于用友 BIP 3 部署的"ERP + MES + IoT"发挥合力，让双良集团领导层在江苏集控中心就能看到硅材料工厂拉晶、机加的现场，使集控中心通过数智化平台就可以同时对多个工厂的设备进行指导和操作。同时，他们还打造了自动化配料系统，优化了划线截断工艺，使生产更加稳定，实现了产能的提升。

用友 BIP 助力双良硅材料（包头）有限公司打造数智化平台、建设数智化工厂，以精益生产的理念结合自动化支撑生产全流程业务，不断优化产品、生产和性能，借助大数据智能分析，最终打造了数智化制造系统，全面提升了企业核心竞争优势。

如今，站在第三次创业的新起点，一个全新的"双良"已初露峥嵘。它正凭借数智化筑牢健康、稳定、可持续发展的根基，向着"世界级清洁能源解决方案提供商"的发展目标全力奋进。

"大国重器"强强联合，建设世界一流

信息化不是孤立存在的，要与管理提升相匹配，还要选择长期的合作伙伴，比

如用友，更要选择一款好的产品，比如用友 BIP。双良集团运用用友的创新技术、用友的 BIP 解决方案和产品以及用友产品提供的功能，在 40 年的发展过程中，不断实现提质增效。用友最大的价值就在于管理赋能、技术赋能。如果没有它，双良集团的每一次变革恐怕都会受到影响。未来，我们要与用友一起进步。

——双良集团总裁马培林

中国民营企业对信息化、数智化转型，往往是认知落后、动能不足、投入规模偏小、支撑保障体系不健全的。但是双良集团的实例却告诉我们，这样的偏见已成过去。

早在 20 世纪 80 年代，企业就鼓励创新，让员工放下思想包袱，倡导"失败不追究，成功有重奖"。当创新成为企业的基因、创造方为永恒时，双良集团的数智化转型就水到渠成了。

从信息化到数智化的持续投入，双良集团的管理者、决策者态度是坚定的。从双良集团全员的角度来说，数智化是让决策层放心、让管理层有信心、让执行层安心、让客户定心的最主要工具；从企业经营的角度来说，数智化是让企业多元化发展、专业化经营、精细化管理的重要保障。这样，才使得双良集团的新产业与数智化同行，老产业更新迭代后焕发新活力。

目前，正值双良集团发展的第 41 个年头，它们的愿景简单而质朴，就是要加大创新力度，为实现"碳中和"践行双良责任，向着"健康双良、国际双良，始终做一家受人尊敬的企业集团"的愿景不断迈进。

双良集团在现实空间纵横驰骋，用友在数字世界拼搏创造。近 30 年来，双方相互学习和成长，不断打破空间上的隔阂，寻找虚实结合的交会点，从而创造了无限价值。

正如马培林所言，信息化不是孤立存在的，要与管理提升相匹配，更要选择好长期合作伙伴。令人欣慰的是，用友已成为双良集团值得信赖的长期合作伙伴。

双良集团在每一次重要的变革节点上与用友合作，绝不仅仅是一次次简单的项目配合，更不是甲乙双方执行合约，而更像是朋友间合伙做一件特别有意义的事。虽然在外界看来，双方是战略合作伙伴，但实际上，它们早已紧密相连，互为依赖。正是这种深厚的联结，让它们共同成就了彼此的成功。

在双良集团的管理智慧与用友的技术创新的强烈碰撞下，产生了璀璨的火花。这就是当年包装公司的"产供销联动表"。这体现了超前的"智慧经营"理念，核心在于通过一张表格来管理企业运营，将库存、生产、订单等数据与销售和采购策略相匹配。放在今天的背景下，这实质上是提取关键经营数据，并通过数字看板的形式为经营管理赋能。

双良集团在"节能、节水、环保、清洁能源"领域具有核心竞争力，被誉为"造福人类，大国重器"；用友 BIP 3 将数智化和信创化相结合，助力中国企业实现真正的国产化价值替代，铸就服务企业数智化的"大国重器"。

陈强说，双方的基因很像，都是寻求技术的进步和发展，在新理念上往往十分契合。有了用友的护航，双良集团的传统业务才开展得如火如荼；有了用友的鼎力支持，双良集团进军光伏产业才如虎添翼。同样，有了双良集团这个原型客户，才让用友的诸多产品更贴合客户实际需求，才让"大国重器"——用友 BIP 得到了很好的客户验证。

用友网络董事长兼 CEO 王文京这样评价，与双良集团的长期合作是具有本土特色的，能得到如此长期的合作，对国内服务商来说是一种极大的信任、支持和促进。同时，它也侧面反映了国产化产品和服务在大型企业的创新发展过程中具备一定的能力和优势。

"大国重器"的强强联合，必将打造中国企业建设世界一流的行业标杆。

30 金川集团：

从戈壁滩的镍钴矿走向世界 500 强的冶金巨头

【编者按】

金川集团持续深化升级采、选、冶、深加工、服务、采购、营销以及财务等多个方面，并以"平台一体化、功能模块化、业务流程化、结算自动化、监管透明化"为基本原则，致力于搭建集团与世界各个平台的连接网络，向着"一张网，一朵云"的目标发展。

在 20 载岁月的同航共进中，用友携手金川集团聚焦企业业财融合，打造企业财务管理新模式，助力金川集团成为财务共享及企业数智化转型的行业标杆。以数智化培育新动能，用新动能推动新发展，双方将共同续写下一个更加辉煌的 20 年。

甘肃省金昌市位于河西走廊中段,是古丝绸之路的重要节点城市。早在65年前,探矿队在金川戈壁滩上找到了一块孔雀石,也就是常说的镍钴矿石,从此,我国摆脱了国外镍钴铂族金属资源的封锁,孕育出了甘肃省唯一的《财富》世界500强企业——金川集团股份有限公司(以下简称"金川集团")。

这家企业看似陌生,但它在全球有色金属行业的影响力不容小觑。作为甘肃全省的工业排头兵,镍钴、铜、动力电池、氯碱化工四大产业链的链主,金川集团是集采、选、冶、化、深加工于一体的特大型联合企业,也是中国最大、世界领先的镍钴生产基地和铂族金属提炼中心。

过去60多年里,一代代金川人不怕大型车间里的高温围烤,不怕戈壁滩上的狂风拍打,不怕矿井里的湿热,他们以水滴石穿的精神,创建了我国最大的镍钴铜矿企业,并把业务延伸到世界舞台,在全球30多个国家和地区开展了有色金属矿产资源开发合作。

2023年8月,《财富》世界500强排行榜发布,金川集团第四次上榜,位列第289,成为全球最具价值的镍钴铂族金属冶炼企业之一,为国内冶金产业的发展开启了壮丽的时代篇章。

如今,围绕《中华人民共和国国民经济和社会发展第十四个五年规划和2035年远景目标》和"规模倍增、结构优化、路径创新、党建保障"的总体工作思路,金川集团加快推进高质量发展,努力打造世界一流企业。为了实现这个目标,公司顺应数智化变革的时代趋势,积极拥抱新技术、新模式,用数智化创新与变革推动管理效率提升,运营成本降低,价值创造重塑。

冶金产业作为我国的战略性基础支柱，其庞大的体量和规模所带来的业务瓶颈，使得数智化推进面临着重重挑战。然而，用友作为全球领先的企业数智化软件与服务提供商，凭借其卓越的产品技术实力与不懈追求创新的专业精神，已成为冶金行业数智化转型值得信赖的合作伙伴。

风雨同舟20载，金川集团携手用友聚焦财务共享、业财融合、智慧采购等应用，打造了现代化的企业管理新模式，在推动落实"智慧金川"的基础上，努力将其打造成为产业数智化转型的标杆，成为时代背景下数实融合的示范企业！

解决痛点就是数智化的起点

财务人员利用专业的核算方法，用财务语言生成一个大家都能看懂的报表。往往，企业对财务的要求很高，需要还原真实的业务数据，让业务回归本质。所以，从业务数据到财务数据，口径必须是一致的，这样才能实现业财融合。

——金川集团数字中心财务总监韩丽华

金川集团的"十四五"数智化转型战略是在"六统一、大集中"的牵引下开始的，与企业战略发展、治理体系、生产经营相适应。所谓"六统一、大集中"，就是统一规划、统一规范、统一投资、统一建设、统一管理、统一运维，以及集中管控。金川集团将以推动工业数智化转型为主线，以降本增效为导向，以数智化项目为抓手，深入挖掘各业务领域应用场景，不断加快数字技术与生产经营的相互融合，扎实推进数智化建设。

从传统工厂到世界级工业巨头的华丽转变，金川集团的发展速度令人瞩目。但若企业管理未能与这种快速增长同步，内部难免会产生种种制约，这些制约若不加以解决，可能会动摇企业发展的战略基础。

图 30.1 金川集团镍冶炼厂产品配送中心 5G+ 智慧工厂

第一，从业财视角来看，金川集团各类信息系统，如主数据管理、核算系统、资金系统、采购系统、资产管理系统并未在全部成员单位推广使用，而且它们与财务核算系统相互割裂，无法实现业财一体化，也不能完成价值计量的传递。

若仅从财务角度看，基础核算工作占据了财务人员大量的精力，从繁杂的手工凭证录入到个税的核对计算，再到存货核算以及银行回执单的匹配，这些工序不仅容易出错，也隐藏着管理上的风险。同时，预算管理在事前和事中的控制也存在明显不足。

第二，在支付与统计方面，金川集团已有 CBS 资金管理系统、久恒星资金管理及银企直联系统。然而，除了用友 NC 系统与 CBS 资金管理系统实现连接，其余系统均未被打通，仍需财务人员手工填报付款指令，这严重影响了支付效率。

第三，财务信息质量不高，无法实现业务数据一点录入、全程共享，而且存在一定的内控风险，如内部交易单边挂账、无审批即可调账、大量手工凭证等。

第四，财务管理缺乏大数据支撑，没有数据统计分析，不能高效地支撑业务决策。对于企业发展有益的预算管理、成本计划、资金计划等，也难以被改进优化，一方面成本较高，另一方面管理成果无法快速复制。

2020年，金川集团的财务共享平台项目正式启动。在与用友专家团队深度沟通后，综合考虑财务管理的各个环节，金川集团坚持"企业管理以财务管理为核心，财务管理以资金管理为核心"的建设原则，对财务数智化转型提出了几点要求。

第一，加强财务数智化建设，完成对财务组织架构的合理优化，形成包含战略财务、业务财务以及共享财务的管理组织体系。第二，新平台要支撑国内及海外财务管理一体化，支持多种会计及税务准则，实现统一的海外资金、外汇及汇率管理。第三，通过搭建业财一体化管控体系，提升财务成本控制水平，实现财务对业务的实时监督，对责任会计主体经营成果进行分析，为决策提供支持。第四，构建集计划、执行、考核于一体的预算管理闭环，实现成本预算及预算执行的多维度分析，提升预算管理集约化、精细化水平，助力集团经营效益最大化。第五，提升国内外资金利用效率，增强对资金的管理控制。第六，实现对增值税、资源税等多税种的核算管理，可灵活应对政策调整，提升税务管理质效。第七，实现从投资到投产的价值链完全对接，搭建覆盖"融、投、管、退"各环节的投资全生命周期财务模型，为投资项目决策提供支撑，为后续的资源配置优化提供数据。第八，建立支撑决策的商业智能系统，实现对经营管理的风险预警，并将预警及防控手段内嵌到业务的各环节中。

在用友团队详细了解了各项需求后，金川集团财务共享平台的建设便有序展开了。

图 30.2　王文京走进金川集团

数智化转型要紧抓价值主线

"用友人"和"金川人"共同打造了"你中有我，我中有你"的命运共同体，双方持之以恒地无私付出，长期奋战在项目现场，忽略了家庭，放弃了节假日，却没有一句怨言。用友人不仅是金川集团的荣誉员工，更是践行了"用户之友"理念，这一份坚持让我们十分感动。

——金川集团高层管理者

大型企业数智化转型的重要性毋庸置疑，但转型的过程也面临着不小的挑战。随着用友团队进驻金川集团后，按照企业的发展要求和业务的复杂程度，将财务共享平台建设分为初期、中期、远期三个阶段。

初期，双方将实现基础业务信息透明规范，资金集中支付，重组同质化业务，减少人员成本，提升效率；中期，双方要实现业财一体化，加强集团财务管控力度及监督力度；远期，双方要以平台促进金川集团财务人员转型，以"提高质量、提升效率、降低成本、创造价值"为持续目标，推动整个金川集团的财务数智化升级。

为了更好地开展工作，金川集团还与用友合作建立了"财务共享服务中心"，并以其为杠杆全面撬动项目的推进。

企业数智化转型要紧抓价值主线。首先，在项目推进的过程中，项目组成员将分散于各公司的重复性高、易于标准化的财务与业务版块，进行流程再造、数据标准统一，再配合财务决策程序、内控管理制度以及风险防控体系等基础性建设，将业务语言转换为可落地执行的数字化语言。然后，通过对会计人员权限角色的合理分配，以"业务驱动财务"的新模式记录财务管理和决策过程，真正将财务管理成果落地。

2020年底，金川集团的财务共享平台在用友的协助下，顺利完成了平台主体搭建，以及费用、资金、资产等模块的开发和推广。用友项目团队在积极响应需求、解决问题、推进系统上线稳定运行的过程中，给金川集团留下了深刻的印象。

当年，财务共享平台项目进入全面攻坚阶段，这也是财务共享核心模块攻关的关键时期。为此，用友总部和甘肃分公司高度重视，全力支持，充分调动资源。针对金川集团的多元业态和复杂的核算体系，项目团队克服新冠肺炎疫情等困难，多次深入一线调研，反复梳理业务流程，不断优化实施方案，并在最后阶段攻坚克难，夜以继日地完成了全面预算、合并报表等总账核心模块的上线运行，同时搭建了分中心业财一体化，顺利通过专家评审验收。

从财务共享平台的特点来说，双方打造了诸多典型的应用场景。

比如，网上报账。这是财务共享中心的数据来源。当票证信息进入财务共享中心任务池后，财务人员可按照作业手册要求审核、复核，而后由财务共享中心平台自动向核算系统推送生成凭证。支付时，财务共享中心系统又向CBS

资金管理系统推送支付数据、账号等信息，联动生成预算。在 CBS 资金管理系统完成资金支付后，将信息回传给共享中心，最终完成记账。

再如，报表分析。这是财务共享中心的数据集成结果，帮助金川集团实现了常规报表以及个性化报表的实时汇总、合并及自动生成。同时，系统中还包含行业大数据模型，能同步获取行业财务数据或平均指标等，以便企业进行比对。

此外，还有采购往来支付、销售往来收款、成本核算和分析等，这些场景的应用都很好地支撑了金川集团的财务管理工作。

目前，金川集团本部及下属二级单位已实现财务集中核算，建立了统一的财务核算体系，集团财务管控模型已基本形成。而项目创造的"效益"，让员工差旅费报销所需时间从原来的 2～3 个月缩减到 5～7 天，财务出纳从原来的 200 多人精减到 70 多人，月末处理及企业报表效率从原来的 7 天减少至 3 天，资金支付周期从 3 天缩减到 24 小时以内。

本立道生，让财务管理回归初心

数智化本身就是一个价值增长的过程。就金川集团而言，财务共享平台建成后，集团财务管理水平大幅提升，实现了由"核算型管理"全面向"管理型会计"转型，全面促进金川集团数智化转型的战略目标落地。

那么，站在更高的层面，用友为金川集团打造的财务共享平台贡献了哪些独特的价值？

第一，打造了高效、高质量的财务基础数据全生命周期管理系统，实现了数据驱动。同时，构建了通用、方便的数据标准模型和校验规则，提高了数据质量，强化了沟通有效性，节约了异构系统之间的交互成本。

第二，打造了实时准确的内部交易协同管理系统，减少了推诿扯皮、财务事后核对的情况。而且，实现了"两金"压降，加快了资金周转，并解决了内部单位长期挂账、结算滞后的问题。合并报表也从原有的"表并表"转变为

"账并表"。

第三，实现了全财务业务的精细化、智能化管理，对重复性、规则性事务应用机器人操作，减少出错风险，提升财务工作效率。

第四，实现了数据中台与财务管理驾驶舱的完美结合，建立了多维模型，实现了实时智能分析。

第五，依托财务共享平台及中心专业力量，金川集团计划为民营经济产业园内的企业提供财务平台及服务外包，在创新模式的同时，促进财务共享服务中心向利润中心运营迈进。

第六，加强涉税业务全生命周期管理，以及全税种智能化管理，并强化税务风险管控。同时，针对税务指标异常监控、风险预警等，将风险管理关口前移，实现财税一体化的管理目标。

第七，实现会计档案数智化管理，大幅提升了档案管理效率和利用效率，降低了管理成本，支持了集团信息共享。

金川集团认为，财务共享平台是在公司内控管理、风险防控达到一定高度后，将财务管理成果数智化落地的必然结果。作为提升企业管控与支持业务拓展的有机结合体，财务共享平台不仅能够提高集团管控水平，而且可以灵活适应经营模式的快速变革和扩张，从而持续提高企业的核心竞争力。

同时，财务共享平台也是金川集团强化财务人员能力的最佳途径。它将财务人员的职责从过去的"重核算、轻管理"转变为"以核算为基础，核算为管理服务"，让财务管理真正成为企业管理的核心，全面提高公司经济效益。

"一张网"与"一朵云"

早在 20 年前，用友就与金川集团建立了合作关系。当时，公司采购了用友 NC3.0 财务系统，实现了集团化管控，然后又在 2008 年升级为用友 NC5，并陆续上线了标准成本、全面预算模块。直到 2018 年，在用友专家团队的帮助下，金川集团又一次将用友 NC5 升级为用友 NC65，也就是后来的用友 NC Cloud。这是金川集团第一次应用企业互联网架构平台，不仅让系统应用水平有了质的飞跃，而且让企业的财务共享目标落地。

有了新平台的加持，双方一鼓作气，在 2022 年完成了对采购云的部署，2023 年又上线了网上商城。用友作为与金川集团合作历时最长的企业数智化服务商，在与用友强强联手后，不仅交出了一张满意的答卷，而且也见证了彼此的成长和改变。

正如王文京董事长所言，数智化对企业的发展具有重大价值。结合金川集团数智化建设的要求，双方联合创新，以产品和业务为主要抓手，业财融合发展，为产业上下游创造高价值，在平台接入、智能制造等方面也建立了更广泛的合作基础。

金川集团的领导则表示，从 2004 年的财务系统开始，到 2023 年网上商城的建设，金川集团与用友一直是彼此的重要合作伙伴。在合作的 20 年中，除了财务共享，用友还协助金川集团建立了统一采购供应平台，满足了企业多组织、多业态、多种采购方式的业务需求，同时加快了采购、订单、库存及财务等业务的高效集成，实现了采购过程中的物资流、信息流和资金流高度贯穿，形成了透明、高效、低成本的网络集中采购体系。

如今的金川集团，正在持续深化升级采、选、冶、深加工、服务、营销以及财务等多个方面，以"平台一体化、功能模块化、业务流程化、结算自动化、监管透明化"为基本原则，努力搭建集团与世界各个平台的连接网络，向着"一张网，一朵云"的目标发展。

"一张网"就是从营销平台开始，以多元化的角度，如期货平台、大型交易所等，围绕"产供销"挖掘采购供应平台的更多可能性，进一步拓展平台覆盖范围，形成互联互通、安全规范、资源共享、高效利用的网络体系。目前，已有约 500 个采购平台与金川集团联网合作，为更高效的采购添砖加瓦。而"一朵云"即推进数据资源整合与开放共享，加强信息系统集约化管理。

畅想下一个 20 年

双方要发挥各自的核心优势，加快企业数智化建设，打通原有的"孤岛式"的信息系统，实现彼此连接，构建以财务共享系统为核心，生产、监测、供应链等系统为分支的全覆盖网络大数据，使金川集团的科技创新水平再上新台阶。

——金川集团党委书记、董事长王永前

在企业数智化转型的背后，金川集团坚守着产业报国的初心，怀揣着创建世界一流企业的勃勃雄心，以及全面建设社会主义现代化幸福美好新甘肃的坚定决心。

60 年前，第一代"金川人"从五湖四海会聚龙首山下，戈壁扎寨，破土开荒，立厂兴企，接力前行。今天，新"金川人"以数智化护航企业发展，以财务共享平台建成了金川集团数智化的主航道。

在金川集团的"朋友圈"中，用友占据着举足轻重的地位。在双方同心共筑、齐头奋进的 20 年岁月中，用友见证了金川集团的创新发展，看到了它如何一步步成为冶金行业数智化转型的标杆，如何为推动甘肃省数字化高质量发展提供示范引领；金川集团也陪伴着用友奋力拼搏，看着它逐步从会计电算化到 ERP，再到 BIP 的跃升。双方正是基于深厚的合作，才打造出在西北地区乃至全国冶金行业的领先实践，这也为用友的行业化发展增添了浓墨重彩的一笔。

2023 年初，金川集团副总经理张有达在与用友公司举行的交流座谈会上表示，财务共享项目是双方 20 年合作的结晶，帮助金川集团完成了多年的梦想，成绩斐然。未来，金川集团也将从规模、领域和深度等方面入手，寻求与用友合作的新契机与新突破，强强联合，共抓机遇，合作共赢。

20 年，既是一个里程碑，也是一条新的起跑线。金川集团正在不断提升数智化建设综合能力，以数智化培育新动能，用新动能推动新发展，与用友共同续写下一个更加辉煌的 20 年。

31 南京水务：

数智赋能，"智"水有方

【编者按】

    南京水务数智化建设从资产管理、供应链管理、全面预算、财务共享等重要方面进行整体规划，在与用友合作的20年时间里，不断升级数字化、智能化产品系统，并且不断拓展业财、财务的精细化管理，力争打造水务行业数智化标杆企业。

    未来，双方致力于通过用友BIP打通水务行业上、下游产业链，构建产业链生态，在提高产业影响力的同时，打造一个更好的生态环境，赋能南京水务高质量发展，共同为基础民生和水资源的可持续发展贡献力量。

悠悠岁月，扬子江畔，走过 90 余年历史的北河口水厂依然令人瞩目。作为前"民国首都水厂"，该水厂于 1929 年春开始兴建，标志着南京供水事业就这样开始了。它穿过历史洪流，踏过岁月荆棘，见证了金陵（今南京）水业从无到有，从起步到壮大的变迁。中华人民共和国成立后，随着经济快速发展和人民生活水平日益提高，我国自来水事业逐步繁荣。

2013 年，为了积极响应政府关于水务布局优化和建管体制改革的号召，在原自来水总公司的基础上，整合了南京公用水务和南京市排水管理处，南京水务集团有限公司（以下简称"南京水务"）成立。作为一家大型国有企业，南京水务旗下拥有九座净水厂和八座污水处理厂，主要承担全市主城区自来水生产、供应、服务和城市污水处理，以及水务设施设计、施工、监理等，企业规模和实力位居全国同行业前列。

纵观水务行业发展，区域经营强、行业盈利低、资产密度高等特点十分明显，这导致水务行业的竞争格局和发展策略不断变化和调整。以南京水务为例，水价多年未进行调整，企业的市场化程度不高。同时，随着新建市政管网、改扩建水厂等项目逐渐增多，项目的管理难度也在不断加大，投资回收期普遍较长。

面对诸多问题，"十四五"期间，国家对水务行业的发展提出了安全、便民、高效、绿色、经济、智慧等要求。一些具有前瞻性的国有水务企业立足国家政策和行业发展现状，纷纷拿起时代的"武器"，以建设智慧水务为抓手，积极探索与推进企业数智化转型。

"治"水还需数智化

通过搭建统一平台，南京水务实现了业财合一。数据的互联互通让预算预警、动态监控和实时分析成为可能。企业将持续优化完善预算体系，搭建匹配中长期战略的财务预测模型，并强化预算执行结果，增强刚性约束，打造完整的闭环管理。

——南京水务财务管理部副部长王莹

与燃气、电力等其他公用事业相比，水务行业整体数智化建设仍处于初级阶段。为了突破传统产业短板，寻求高质量发展之路，不少企业积极探索新一代信息技术，让它与实际业务和运营相融合，追求从"粗放式发展"到"精细化发展"，从"传统模式驱动"到"创新模式驱动"的变革。

对于南京水务来说，数智化转型就是利用最新的技术手段，提升区域经营效能，推进投资、建设、运营一体化管理，提升水务供产销能力，同时有效掌握企业资产状态，提升企业运营能力。为了实现这个目标，南京水务具体规划了建设蓝图，即从"资产管理、供应链管理、全面预算、财务共享"等重要方面进行整体推进，在用友的协助下，不断升级数智化平台，积极拓展业务与财务，以及业财融合的精细化管理，力争打造水务行业的数智化转型标杆。

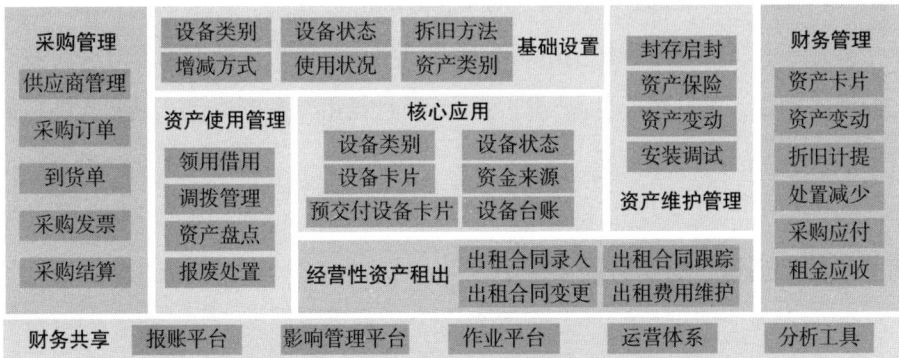

图31.1　南京水务数智化系统总体设计

不得不提及的是，用友与南京水务间的深厚联结。这段始于 2003 年的合作历程，见证了 20 年携手同行的情谊。南京水务每次系统更新换代，都有用友的技术和服务作为坚强后盾。南京水务形容这样的合作关系为"形影不离、肝胆相照"。

以资产管理为例，为了摸清家底，保障水务集团从总部到各级成员单位的集团化管控全面落地，实现账账相符，南京水务建立了资产管理系统。通过对集团内所有资产进行科学化、规范化的全生命周期管理，有效盘活企业资产，在为集团带来更多效益的同时，实现国有资产保值增值。

以供应链管理为例，南京水务的传统线下采购方式存在着采购品种多、资金量大、招标流程复杂、供应商难管理等诸多痛点。通过建设数字化采购平台，满足了企业供应商、采购、物流和库存管理，优化了供应链效率和成本，同时能够更好地与财务衔接，实现供应链数智化整体转型。

以全面预算管理为例，水务市场总体上呈现多元化竞争格局，为了助力南京水务打造市属标杆，实现资源有效分配，南京水务与用友以业务为导向，构建了全方位的预算体系。

再以财务共享为例，南京水务的财务共享服务从某种意义上来说，就是流程的再造和整合。基于流程管理的重组和优化，企业可建立一套支撑集团所有业务的标准流程，使效率和质量得以实现最优，而财务共享服务中心也将释放集团共享模式在标准化、规模化、高效化方面的优势。

作为一个深具责任感和使命感的企业，南京水务积极拥抱国家对央企数智化转型的号召，不仅对标世界一流企业，而且与用友紧密协作，以务实的措施稳步推进集团的高质量发展。

向"价值创造型"财务升级

作为公共事业领域的领先企业，近年来南京水务积极向产业链上下游拓展。随着业务的拓展，对管理水平的要求亦不断攀升，使得财务转型变得势在必行。然而，转型之路充满挑战。

对于这样一个集团型企业，财务工作面临的压力可想而知。不论是预算、核算，还是资金、税务，传统管理方式已跟不上企业的发展步伐。在与用友深入探讨后，双方决定共建一个业财融合的财务共享服务平台，以财务数智化转型带动企业整体数智化升级。后经反复交流，双方确定了更加有针对性的目标。

从基础财务工作的角度来说，通过建立财务共享平台，可以推进财务流程透明化、制度化、标准化，在提升效率的同时，确保共享服务中心的员工能够更专注于核心业务，持续提升财务工作的质量。同时，释放财务人员精力，逐步完善管理会计职能，从价值管理角度引领战略决策，实现角色转换。

从业财高效协同的角度来看，双方将基于供应链、资产及财务模块的集成应用，实现业务与财务数据的有效协同，基于用友 BIP 实现云采平台、OA、供应链、资产、项目管理、资金支付、财务核算互通联动，覆盖从订单下单、收货，到 ERP 入库、转固、销售、出库、应收应付、收付款，最终到财务核算的整体业务价值链。

从资产全生命周期管理来看，双方将基于战略管控的整体思路，建成集团经营性资产统一管理平台，规范和提高目前的资产管理水平。同时，基于资产管理、供应链及财务模块的集成应用，实现资产管理业务与采购业务的有效协同。

从战略支持的角度来看，依托项目促进集团财务工作向以"管理会计"为核心的价值创造型财务升级，更广泛地支持公司经营决策和战略落地，以支撑南京水务未来的迅速扩张。

"传统的财务管理模式由于受到技术和模式限制，财务与业务相互分离。数智化时代下，企业要跳出传统财务工作的思路，从管理模式和技术应用两个角度探索共享中心建设新模式，将财务管理的触角向前延伸，在业务开始之前就执行财务管理。但这话说起来简单，实现起来就是另外一回事了。"一位来自南京水务财务共享服务中心的员工这样认为。

在国家持续发展和企业变革的大背景下，南京水务亦在不断更新其管理哲学，与用友精诚协作，构建了专项项目团队，并自 2020 年 6 月起，项目组深入业务的每个角落，开展了为期六个月的详尽分析和调研工作。长时间的准备期并非无的放矢，而是基于对改革深远影响的深思熟虑。

南京水务是一家老牌国企，集团下各单位都有自己的管理方式。若把它们全部纳入财务共享中心，就需要项目组与各层级领导逐一沟通和宣贯，把财务共享中心的发展理念传递到位，所有这些基础工作花费了很长时间。

据统计，项目组共调研了 20 余家机构，详细调研近 70 人次，调研系统达到 30 多个。2021 年 1 月，在充分掌握了南京水务的整体管理特征和系统应用特点后，用友提交了共享中心的建设方案。随后，双方确定了以七家水厂作为试点单位，开始推进平台建设。

基于"三位一体"的组织保障，也就是财务管理部、财务共享服务中心、子公司财务部或基层财务科、业务初审，项目得以顺利推进。2021 年 9 月，七家试点单位的财务共享、供应链、费用报销、移动审批全部上线。在积累了丰富的实践经验之后，南京水务的财务共享项目逐步加速推进。特别是在最后一个季度，项目团队势如破竹，一举完成了十个基层单位财务共享及供应链等关键应用的部署工作。同时，集团本部及其 18 家子公司的费用报销和移动审批系统也同步上线。这标志着无论对于母公司、机关本部还是下属单位，财务共享平台的覆盖工作已圆满完成。在最具挑战性的工作取得成效后，余下的任务便转为将模块化应用广泛推行至各相关单位。

据用友项目经理回顾，他们在为南京水务提供服务的过程中确实遇到了诸多考验。举例来说，从手工处理过渡到现代化系统管理，要求业务人员的专业技能有一个质的飞跃，这就意味着需要投入大量的时间进行系统培训。此外，由于前期的调研工作投入时间较长，实际上压缩了系统的实施与上线时间，客户的财务人员需要在短时间内适应新系统，同时处理日常的财务工作，这无疑增加了项目上线的紧迫性。同时，为了配合软件的升级，南京水务在硬件方面的同步提升也不可忽视，整个过程充满了困难和挑战。

进入 2022 年，南京水务基于财务共享平台，又上线了母公司的应付应收、薪酬、工程请款等服务，并于 8 月在子公司推广上线供应链，同时优化了影像管理、绩效管理，并持续推进合同管理、人资管理等系统的建设。

在长达两年的实施周期后，南京水务终于建成了可覆盖整个集团的财务共享中心。通过财务数智化转型，企业实现了财务价值创造，助力业务腾飞。从实际效果来看，在用友的助力下，双方基于用友 BIP 财务共享服务，以"柔性共享"的方式，打通了资产、项目、人力、合同、供应链等系统与财务系统的连接，实现了"柔性共享＋精细管控"。这不仅促进了南京水务全集团数据标准统一、准确透明、及时高效，更促进了集团财务工作向以"管理会计"为核心的价值创造型财务的升级，从而保障了战略执行，支持了经营决策，提升了集团管控，更好地支撑了集团的未来发展。

目前，双方已进入财务共享二期建设中，主要是针对涉税业务管理、税务云深化应用、分析云数据展示等服务进行布局。

在变革中创造价值

当时，我们梳理的会计科目达 1 000 多条，自定义 60 个，在用友的帮助下，我们把报表、财务制度、表单全部固定了下来。后来，平台上线，我们还进行了一次对比分析，发现各方面的效率显著提高。特别是移动审批，以前审批流程较长，全程要花费一周，有时甚至是一个月的时间。如今，员工可直接拍照填报，不仅简单快捷，而且大大提升了效率。

——南京水务项目组成员

构建财务共享平台是南京水务在财务改革道路上的一座里程碑，这不仅为企业管理效率的大幅提升铺就了道路，也为数据分析的精准性注入了新的活力，成为提升整体管理水平的关键举措。

一位来自南京水务的项目组成员分享道："上财务共享平台之前，企业基本都是分散式的业务单元，可以理解为一个个单位或者一个个业务，每一个组织都需要配备财务人员。上了财务共享平台之后，整个集团以扁平化集中式的财务管理方式，核算标准统一、流程统一、数据统一、会计语言统一，一体化、精细化的管理让财务工作提升了一个层次。"

企业数智化转型不仅是技术的变革，更是思维方式和组织文化的一次升级。在实现的过程中，创新不仅是一种工具，更是一种驱动力。

以事项会计为切入点，对于大型企业而言，财务数智化转型的目标是从传统会计向智能会计转型，从反映价值、守护价值到发掘价值、创造价值四个维度实现质的飞跃。尽管所有企业都在追求业财融合，但传统财务职能只能起到事后计量和反映经营结果的作用。在新形势下，企业面临诸多前所未有的变化和挑战，需要拥有一个可以为其经营管理过程提供实时反馈、实时计量记录、实时生成会计信息，并可支持决策和风险管控的财务平台。这就需要引入事项会计的建设思路。

其实，南京水务对事项会计的研究尚未深入，但在与用友的合作中，双方就事项会计展开了深度交流和共同建设。为了打造最具精细颗粒度的业务事项，支持多目的、多口径、多方法的多维数据加工与分析，用友专家会根据客户的具体需求，将事项法会计的理论与财务共享平台的建设结合起来，通过双方定期复盘总结，帮助南京水务打造符合业财融合一体化的系统，更重要的是满足企业业务数据使用多样化、投资决策目的多样化、报告披露及分析多样化等需求，助力企业直面市场变革，保持竞争力。

南京水务对财务共享中心项目的成效做出如下评述：从顶层设计的高度来看，财务共享项目促进了财务人员职能的转型，基础的会计交易处理比例从

65% 降到 22%，决策支持比例从 9% 提升至 30%；从组织架构的角度来看，集团形成了"三位一体"的财务组织体系；从业务流程的角度来看，财务共享中心明确了整体业务范围，整理了 11 个一级业务流程，46 个二级业务流程；从蓝图规划的角度来看，借助财务共享平台，不论是业务系统如 OA、WMS、采购系统，还是财务系统，都可以确保数据流通和协同工作，打造了数智化转型的整体性和高效性；从实施的角度来看，企业摸索出以整体规划为指引，分步实施、循序渐进落地的实现路径，从七家水厂试点到十家基层单位稳步推广，从机关本部到分、子公司的全面覆盖，这是一次全员的历练，整体建设过程井然有序。

共同携手惠民生

《数字中国建设整体布局规划》提出，我国要建设绿色智慧的数字生态文明，加快构建智慧高效的生态环境信息化体系，这对水务行业数智化建设提出了更高要求。

南京水务在数智化转型的道路上早已迈出了坚实的步伐。自 2003 年以来，南京水务携手用友以用友 NC3.5 为平台，实现了集团财务的集中核算；2014年，企业迈上一个新的里程碑，升级到用友 NC5.7 版本，极大提高了资金的管理效率。两年后，南京水务又建立了全集团统一的资产管理系统，实现了实物资产一本账管理，紧接着在 2017 年推出了工程项目管理系统，实现了部分分、子公司项目全生命周期管理。2018 年，人力资源和绩效管理系统上线，实现了全集团人员管理、薪酬和绩效管理达到一个新的高度，同时通过电子采购系统实现了部分企业集中采购和在线招投标。

在过去十几年的发展中，南京水务在用友的支持下不仅完善了信息化建设的基础，而且持续不断地提高了集团的管控力度。2019 年，随着用友 BIP 产品重磅发布，南京水务踏上了数智化转型的关键阶段。2020 年，基于用友 BIP

的财务共享中心项目启动，双方积极践行财务数智化转型，并同步开展资产管理、资金管理等项目，力求实现业财深度融合。

南京水务与用友携手 20 年，共同走过了财务数据化和业务数据化的基础阶段。在合作的过程中，用友不仅帮助南京水务厘清了业务流程及管理思路，引入了新的管理模式和手段，而且帮助南京水务实现了财务共享服务中心的价值创造。

对南京水务而言，财务共享中心既是会计交易处理者、财务信息提供者，更是决策优化参考者、绩效提升助推者。企业的财务职能正经历一场深刻的转型。"当用友提出'数智化'和 BIP 的概念后，我们十分认同，并开始同步思考，如何将数据变成资源，将资源打造成资产，从而为企业更长远的发展提供支持和引导。"南京水务项目组成员分享了自己的感悟。

公用事业是社会发展的重要支柱，在数字经济与传统产业加速融合的进程中，整个水务行业一定会呈现出欣欣向荣的发展之势。超越产品与服务的合作，南京水务与用友还肩负时代使命，推进水务行业的整体数智化转型。用友作为全球领先的企业数智化产品与软件服务商，凭借在行业中深耕多年的经验和尖端技术实力，基于用友 BIP 为水务行业打造财务数智化转型的最佳实践。

未来，用友必将与南京水务更加紧密地合作，赋能南京水务高质量发展，为基础民生和水资源的可持续发展贡献力量。

32 云南白药：

"百年白药"，仍是少年

【编者按】

云南白药与用友合作多年，双方通过用友 BIP 人力云进行人力资源数智化转型的落地建设，建立了云南白药统一的人力资源共享平台（ONE-BY），实现了业务场景的流程化，让企业内部协作更加高效。为员工提供便捷的服务，构建了员工共享服务平台、人力共享运营平台、管理者共享服务平台，以满足不同角色的应用需求。为云南白药打造人才供应链，为业务发展精准适配人才奠定基石。

云南白药携手用友依托数智化转型升级与自主创新，在集团内实现了人力资源管理软件的国产化替代，奠定可持续增长的百年基业，致力于打造代表中国大健康产业的"国家队"！

作为中华医药的瑰宝、云南经济的一张名片，云南白药创制于 1902 年。这个源自清朝晚期的医药传奇，至今仍守护着其神秘处方，被誉为"国药界的标杆与民族品牌的骄傲"，被看作"国药代表""国货之光"。

1971 年，云南白药厂（今云南白药集团股份有限公司，以下简称"云南白药"）在昆明药厂第五车间诞生，它不同于一般老字号的保守风格，而是紧跟市场化步伐，完成了一系列大刀阔斧的改革。翻开 1993 年改革的新篇章，它改制为云南白药实业股份有限公司，成功登陆深交所，成为中国医药行业首家上市公司。

临近世纪之交，它以市场为核心、销售为突破，全面拥抱市场化发展战略，而"新白药，大健康"的理念，更是稳固了其在国内医药界的龙头地位。2016 年的混合所有制改革，再次将云南白药推向改革的前沿，形成独树一帜的"白药模式"。2020 年，随着数字经济浪潮的到来，云南白药以数智化赋能加速业务发展，迅速延伸至各产业板块、研发模块、职能部门的日常工作，实现了从关注产品性能向关注用户体验转变，从面向流程管理到面向场景数据驱动转变。

人是企业最宝贵的资源，最大限度地激发人的活力和动力，是推动企业高质量发展的关键。回望云南白药的发展史，人力资源发挥着极其重要的作用。如何把员工培养成各类人才，让他们在各自的岗位成为企业发展的先锋官、生力军，着实考验着企业人力资源管理的智慧和能力。

战略转型下的人力资源变革

通过打造人才供应链体系，高效识别人才，为业务发展精准适配人才，不仅将成就创新业务发展，也将实现组织与人才的共同发展。

——云南白药集团中药资源有限公司进出口部总经理李懿

2020年，云南白药全资设立了海南国际中心有限公司（以下简称"海南公司"）。作为一个新的业务单元，其目的在于充分利用海南自由贸易港空前的开放力度，契合自身立足国内、国际两大市场的发展目标，开展技术进出口和旅游等跨界业务。

据了解，海南公司涵盖三大业务板块。一是天然植物性提取物业务，二是跨境进出口业务，三是投资类业务。李懿指出，为了让新公司更好地运作，在选人方面，他们有自己的标准，即高知群体、年轻人群体、具有长板能力的人才、有潜力可挖的人才。

作为业务部门，李懿的团队与集团人力资源部门合作得非常紧密。"今天，企业都在践行长期主义。业务要长期主义，团队建设也要长期主义，员工的能力更要长期主义。当企业制定了中长期的战略规划后，希望每个员工也能制定中长期的个人发展规划，激发自身潜力，这样才能真正成长为一代又一代的新白药人。"一方面，他们不断将自己正在做的事情、正在发生的业务，以及对业务的一些构想和人力资源部门交流，让人力资源部门掌握业务所处的环境和走势，以及团队需要的资源；另一方面，他们会向人力资源部门提出更加具象化的用人需求。

传统招聘流程如同批量作业，招纳人才统一培养与训练。然而，现代招聘已经转变为更精细化、互动性更强的选拔模式。在这种模式下，通过非正式交流等手段，招聘者便可事先辨识候选人的适配度。

新员工入职后，云南白药不再进行普遍性培训，而是根据个人特长进行有针对性的提升培训，使其在"长板"方面达到新高度，这加速了新员工的工作适应过程，直接促进业务的持续发展。

在云南白药，诸如李懿的团队俯拾即是。为了精准匹配人才与用人需求，云南白药依托用友 BIP 人力云，打造了 ONE-BY 人力资源共享平台。该平台通过打造人才供应链体系，为业务发展精准适配人才，实现人才全生命周期管理，成就组织与人才共同发展。

李懿回顾说，现在的人力资源管理系统与其初入职时相比，实现了质的飞跃。从基础制度到流程、管理、绩效、授权，再到系统能力和设计逻辑，ONE-BY 为业务发展提供了坚实支撑，使业务团队无须再消耗过多精力在基础问题的处理上。

云南白药全新的人力资源共享平台为业务单元带来了前所未有的自主权。根据李懿的观点，团队成长的核心在于平衡主观管理与客观管理。客观管理提供标准化基础，而主观管理则注入沟通与情感的温度，两者共同构筑团队前进的基石。一个业务的"指挥官"只有能够不断运用主观管理，才能实现在业务上的不断精进。

面对从地区性扩张到全球布局的挑战，云南白药正在重新构思人力资源架构。人力资源部门的国际化变得尤为关键，它将确保企业从一个更高的层面识别和理解所需的人才。结合全球人才结构的发展趋势，云南白药对人才的评价超越了成本考量，更注重精准匹配和业务价值创造。在这个过程中，人才管理的细化和分级显得至关重要。

云南白药首席人力资源官余娟表示，随着集团不断发展壮大，现行的人力资源系统与业务发展需进一步匹配，各模块系统需加强协同，人才的选、用、育、留等关键业务急需有效的流程整合，数据需要实时分析及运用，员工体验方面也要得到加强。

那么，云南白药在战略转型与组织变革中采取了哪些具体措施来支撑业务发展，又遵循了哪些执行标准，并如何确保形成一个充满活力的人才供应链呢？

数智赋能"一个白药"加速落地

人是企业的生命线，是第一生产力。如果人力资源不能很好地适配业务、支持企业战略落地，那么，企业未来的可持续发展一定是乏力的。

——云南白药首席人力资源官余娟

在云南白药 120 多年的发展历程中，人才结构和人才管理策略经历了多次升级和完善，才铸就了今天的人力资源战略变革。

1971—1999 年，公司沿着传统国企的人力资源轨迹稳步前行。那是一个计划经济印记深刻的时代，员工的忠诚和奉献精神成为企业所倚重的宝贵财富。跨入 2000 年，随着国家发展节奏的加快，云南白药紧扣时代脉搏，迈向市场化发展。这一时期，人力资源的风貌亦随之焕新，激情满怀、斗志昂扬的年轻力量成为推动企业快速发展的核心动力。

在数字经济的大潮中，云南白药同样面临着新的契机与挑战。作为一个百年品牌，企业渴望在乘上数智化东风的同时，将家国情怀融入现代企业的发展基因；在做好人力创新的同时，传承企业文化。

余娟指出，云南白药应是一个充满活力与生机的组织。现如今，云南白药的人力资源管理已展开一场翻天覆地的变革。近年来，中国医疗市场需求不断增长，促使云南白药在满足企业高质量发展需求的同时，将人才战略由内部培养转向内外并重，构建了支撑业务发展的人才供应链模式。

在全新的人才模式下，企业数智化被提到了前所未有的高度。对于云南白药来说，数智化不是选择题，而是需要深入理解技术对医药行业带来颠覆后做好的必答题。实践证明，人才管理体系的数智化转型为云南白药带来了全新的驱动力。

在数智化转型初期，云南白药的人力资源管理已经进入数智化的 1.0 阶段，将业务流程、业务活动、业务行为搬到线上。面对未来，人力资源管理系统更像是一个企业的指挥系统，需要数据的沉淀，即进入数智化的 2.0 阶段。通过数据挖掘反馈业务的变化，形成对战略的支撑。同时，人力资源管理系统要更全面地渗透到员工的日常工作中，通过收集绩效结果、培训经历、业务能力等数据，形成人才画像，以帮助企业在适合的时间找到适合的人，匹配业务岗位的需求。此外，通过系统输出对管理者、员工的良好体验，让他们感受到有温度的人力资源管理和服务，真正体现"一个白药"的精神理念。

"最初，系统的应用范围有限，仅限于处理基础的人事工作。如今，借助用友 BIP 打造的 ONE-BY 系统，应用范围大幅扩展，服务对象从人力资源专员拓展到全体管理者和员工，实现了移动化、全时段服务。"余娟补充道。

在系统落地的过程中，云南白药采用的是"平台＋项目"双轮驱动方式。将 ONE-BY 作为人力资源管理转型的基础平台，用友 BIP 不仅提供了底层技术支持，而且可以确保高效交付。COE（专家中心）和 HRBP（人力资源业务合作伙伴）团队，针对不同业务属性，如核心业务、成长型业务、新兴业务，制定相应的业务解决方案，以匹配企业不同的管理诉求。

云南白药人力资源中心总经理张娜表示，云南白药正在全面推进战略转型与业务重构，因此对人力资源工作提出了更高的要求。经过对标行业标杆，剖析最佳实践，公司确立了以人力资源数智化项目为抓手，搭建人力资源"三支柱"的组织模式，并将之作为企业的坚实基础和关键保障。

2020 年，用友团队在深入了解云南白药的需求和目标后，正式开始落实计划。在实施过程中，用友团队迅速调整了与初期诊断不相符的部分，并实时满足了云南白药新提出的个性化需求，保质保量完成了开发。这些创新应用不仅为用友 BIP 人力云提供了宝贵的场景示范，还转化为标准化服务，惠及更广泛的用户群体。

余娟表示，用友的全力支持和强大团队的加入，极大地提升了他们完成人力资源管理变革的信心。

从单一系统到全场景

用友 BIP 最大的优势是灵活、稳定和安全。通过将企业在人力资源各个业务的成熟经验、知识管理沉淀在该平台上，可为业务提供一个更加完整的解决方案。未来，我们将以它为底座，在更多的业务场景、人才地图、能力画像等方面进行探索，帮助企业更好地构建人才供应链。

——云南白药人力资源中心总经理张娜

在国家政策的引导下，中医药行业迎来了人才转型升级。云南白药在传统与创新的交会点上，焕发了全新的生命力。公司通过数智化转型，对传承百年的人才管理策略进行了精心的沉淀与创新迭代，从而实现了人才体系的全面升级。这一切，都离不开一个核心平台——ONE-BY。

ONE-BY 不仅是一个简单的概念，更代表了云南白药深入人心的使命感与集体目标。公司会集了来自多领域的精英人才，他们虽背景迥异，却同心协力。这种理念的一致性，是通过"ONE"这一简洁有力的词汇来维系的。

在数智化时代的背景下，云南白药对人力资源的产品选型仍旧保持着严格的标准，并逐渐走向场景化。面对招聘、培训、薪酬等多元化人力资源业务的复杂需求，公司选择了构建开放式平台策略，以实现与外部系统的无缝对接。当业务场景日益多变时，这些资源得以整合，铸就了一个全方位的解决方案，同时，随着产品的云化发展，平台的稳定性与安全性得到了公司的特别重视。

"客观上讲，从人力资源管理的演变和发展进程来看，原来我们的工作是按照功能划分的。但是管理者却发现，这样的方式已不适用于当下和未来企业的发展。因此，从架构逻辑来看，我们早已放弃用一套系统去解决所有问题的想法，而是致力于找到一个相对稳定、安全的技术底座。通过不断地开发和连接，如大易的招聘系统、小鹅通的培训系统，以及福利商城，实现与平台的数据交互。"张娜说。

以招聘场景为例，云南白药运用用友 BIP 构建的平台系统不仅优化了招聘流程，还在此基础上实现了多项创新。现在，招聘主管可通过该平台评估并直接发起招聘计划，接收候选人信息，并在招聘活动结束后，高效地通过系统完成后续的沟通、体检预约及录取通知发放，大大提升了工作效率。

在这种基础的招聘流程中，不仅牵涉到电子合同的执行，还需激活个人信息档案，流程及数据在不同的系统中跳转，依靠单一平台支撑全局已显不足。然而，用友 BIP 以其卓越的开放性及生态整合力，为云南白药铺设了从招聘到入职的完整闭环，同时精准地积累数据，为进一步分析打下坚实的基础。

图 32.1　用友与云南白药进行标杆研学

在与用友的紧密协作中，云南白药成功构建了包括技术平台、人才全生命周期管理的数智化平台、员工共享服务平台、人力共享运营平台、管理者共享服务平台等。

从业务价值的角度来说，人才全生命周期管理的数智化平台基于角色化、场景化、自动化的设计视角，把员工绩效、学习、工作行为沉淀下来，形成云南白药的人才标准、人才画像，以及为未来输出人才提供有借鉴意义的模型，让人才培养更有方向性，更具全局性。

员工共享服务平台，让分散在全国各地的 1 万名云南白药员工都可以在上面感受到有温度的人力资源服务。

人力共享运营平台基于业务场景的解决方案，提供数据共享、业务连接的功能，支撑人力资源管理效率的提升。

管理者共享服务平台可实时展现人力资源现状、管理效率与效能等信息，监控与预警人力资源各项关键指标。同时，通过分析过往沉淀下来的所有人力资源数据，可以输出对于趋势的判断，从而辅助决策。

而从技术的角度来说，基于云原生技术，ONE-BY 实现了更好的弹性和边界的连接性，可以满足云南白药不断优化的人力资源需求和不断扩展的应用范围。

ONE-BY 推动人力资源管理进入"深水区"

数智化可以极大地帮助企业提升数据治理能力，数据如果是静态的，那就是冰冷的字符，一旦被应用就是无形资产。通过数据分析，可以让企业在决策时更加智慧。

——云南白药人力资源中心总经理张娜

随着 ONE-BY 的成功上线，云南白药对人力资源管理进行了全新的思考。在深入洞察前沿技术的影响力后，云南白药将平台推向更高层次的智能化运营。"如果人力资源管理的上半场是以解决业务流程和数据沉淀为核心，那么，随着企业不断向新的商业领域进军，人力资源管理也随之进入发展的深水区，也就是智能化时代。"张娜说。

在这个所谓的深水区中，如何从数据中发现员工的隐性行为，打造人才标签、人才画像，进而更好地匹配业务，向终端输送更合适的人才，是云南白药急需解决的问题。就像企业孵化一个新项目，面临的首要问题是挑选最合适的人才。在传统模式下，这通常是由干部管理部门决定的。但在用友 BIP 的支持下，借助精细化的人才地图，我们能够更加有策略、有的放矢地执行这一任务。

在 ONE-BY 建设中，云南白药遵循了三大关键词，即流程化、产品化、数据化。

流程化，就是建立集团人力资源管理的分权手册。此手册精确界定了人力资源职责范畴：集团人力资源的管辖区域、HRBP 的主导事项以及 COE 的职责所在。借助技术平台，云南白药高效分离各职能，构建了集成的流程服务体系，以促进人力资源管理的场景化无缝融合。

产品化，就是将内部员工作为人力资源服务的对象，基于用户思维，将服务形成标准化的产品，向员工提供有温度的系统支持，让他们在使用之余有"One Family，One 白药"的精神感受。

最重要的数据化，就是基于流程数据、员工行为数据、组织绩效数据和人才数据，建立人力资源管理的数据仓库。通过给人才贴标签，可精准地将业务所需的人才筛选出来，从而做好人才输送和人才培养。

如今，云南白药 COE 的各岗位已经充分感受到了 ONE-BY 的价值。

从事招聘和培训的负责人这样说："ONE-BY 的上线对于 HRBP 和 COE 来说，能够提升工作效率和效能，帮助他们从传统的事务性工作中解脱出来，将更多的时间和精力放在有针对性地提供解决方案方面，使得他们真正与业务形成战略伙伴关系。"

人力资源中心田入帆这样说："ONE-BY 的上线给企业带来了更加标准化的人力交付体系，特别是绩效模块上线后，以更加标准化的流程为牵引，让组织和个人共同成长。"

从宏观的云南白药企业发展角度来评估 ONE-BY 的重要性：它如同一座坚固的桥梁，支撑着企业向战略性新领域的稳健跨越，是推动人才管理革新的动力源泉。正是这种创新精神，引领着云南白药步入崭新的历史篇章。

数智创新，勇立潮头

组织发展依赖坚实的人力资源战略和高效的团队。如果没有一支能够贯彻执行的队伍，再英明的战略也难以扎根。因此，挖掘个人与企业共成长的契机，是人力资源领域的探索重点。

对于云南白药而言，公司价值并非仅仅体现在市值或盈利，而更多的是那些坚守长期主义、尽职尽责、追求卓越的白药人。这些人扎根于云南的群山之中，默默耕耘数十载，为原材料供应贡献着自己的光和热。云南白药珍视人才，恪守专业精神，坚持长期主义以及对人类生命和健康的保护，构成了公司未来发展的核心资产。

山海远阔，笃行不怠，创新者必将勇立潮头。在广阔的世界中，云南白药与用友坚定前行，不仅深化人才供应链管理，更让人才成长与组织需求完美对接，全力支持企业策略发展。在这段伟大的征程中，云南白药在数智化转型的强劲助推下，秉承"百年"历史使命，在变革中勇立潮头，于传承中创新发展。

33 万讯自控：

专精特新"小巨人"成就世界级制造

【编者按】

自 2009 年起，万讯自控与用友合作，逐步应用用友 CRM、U8+、U9 cloud 的全场景解决方案，构建了一个开放可信的数据平台。通过用友 U9 cloud 的财务、供应链、生产制造、PLM、MES、WMS 等全场景应用，万讯自控成功实现了从不同部门到个体，从销售、生产到研发，从收入、利润、费用到库存等各个方面、各个环节的精细化管理，实现了多组织协同一体化。

万讯自控将在创新的征程上迈出坚定的步伐，致力于成为全球自动化仪表和工业机器人领域的领导者。在这一过程中，数智化将持续发挥不可替代的重要作用，激发万讯自控更大的创新活力！

从保障民生的石油化工厂到被视为"国之重器"的航空母舰，从最前沿的物联网到事关老百姓生活的智慧城市建设，背后都离不开一样至关重要的产品，那就是自动化仪表。

作为装备制造业门类下的细分行业之一，仪器仪表是人类认识未知世界的窗口，是测量、控制和实现自动化必不可少的技术工具。虽然在日常生活中，仪器仪表很少被提及，但拥有自主知识产权的仪器仪表，却是衡量一个国家制造业综合实力的关键指标之一。

在很长一段时间，仪器仪表都是中国制造业中的薄弱环节。"20多年前，自动化仪表大部分来自国外，高端市场上国内产品的影子很少。从那时起，我们就下定决心要做中国人自己的品牌。"这是深圳万讯自控股份有限公司（以下简称"万讯自控"）创始人的感悟。

万讯自控是中国自动化行业涉及产品门类最完整的企业之一，也是少数在该领域获得全球认可的中国品牌之一。公司成立于1994年，历经多年已发展成为一家深耕于自动化产业，涵盖自动化仪表、物联网智慧服务、MEMS（微机电系统）传感器、机器人3D（三维）视觉、高端数控系统的国家高新技术企业。在国内自动化仪器仪表行业，它拥有话语权。2021年荣登工信部专精特新"小巨人"榜单，是其企业发展史上值得铭记的时刻。

当前，整个世界都进入了乌卡时代（指我们正处于一个具有易变性、不确定性、复杂性、模糊性的世界里），外部环境的不确定性与日俱增，企业生存的逻辑随之变化，从单纯追求市场规模转向追求更高质量发展。在此背景下，数智化就成为企业应对外部不确定性与挑战、推动商业创新与管理变革的必备能力。

数智化正在照亮企业发展的已知和未知。企业只有全力拥抱这股不可逆的浪潮，方可创造更大的价值。但这条路究竟怎么走，却困扰着不少企业，尤其是传统的制造企业。

下海创业，不负鸿鹄之志

万物互联的时代正在改变每个企业的发展观，好产品面临的竞争环境越来越激烈。企业战略很容易被模仿，但组织能力难以在短期被超越。企业数智化系统的构建是重要的组织能力之一。

——万讯自控创始团队

1992 年，邓小平发表著名的"南方谈话"，随即深圳掀起了商海"淘金潮"。在"胆子要大一些、敢于试验、要抓住时机发展自己"等一系列口号的感召下，万讯自控创始团队中的部分成员抛下了"铁饭碗"，选择下海创业。

经过两年筹备，1994 年，万讯自控成立了。随着经济的蓬勃发展，企业成长迅速，凭借着代理国外自动化仪器仪表的经销商模式，公司的年销售额很快就达到了 2 000 万元，并很快在行业内小有名气。

那一段时间，国外品牌纷纷抛出橄榄枝，要求与万讯自控合作。但创始团队成员却有了新想法——只做代理是没有前途的！当时国内自动化仪器仪表市场一直被国外品牌占据主导地位。做大做强民族品牌，走自主创新之路，势在必行。

在积累了一定的基础之后，万讯自控决定与外国公司合资，首先将国外的先进技术引进国内，致力于打造自动化仪表行业的本土化产品。从代理转向联合开发，标志着万讯自控的第一次重大转型。这发生在 1999 年，当时万讯自控主要攻克的产品是数显表，即数字式显示仪表。

21世纪初，我国基础设施建设和工业进入快速发展期，工业自动化仪器仪表行业迎来了新的机会。因为第一个产品的成功研发，万讯自控创始团队的信心大为提振。因此，一直有着"技术强企"梦想的万讯人更加坚定了自主研发和创立品牌的想法。于是，公司大力引入先进技术型人才，从合作开发向自主研发转型，开启了第二段转型之路。

万讯自控在核心技术上很快取得了突破，部分高端产品已能逐步实现进口替代，还一举打造了包括气体报警控制器、气体探测器、流量计、物位计、信号调理器、控制阀、压力和温度仪表在内的全系列产品，实实在在地解决了行业痛点。

不过，在国内做研发、树标杆，想真正实现从0到1的突破，仅有好的产品还不够。作为一家优秀的技术型企业，万讯自控急需一个数字化、智能化的管控系统，将每个员工从繁重的基础工作中解放出来，全力投入并专注于更具开创性的工作当中。

因此，这些年来，万讯自控不仅高度重视研发，持续提高产品的技术含量，而且十分注重数智化能力的建设，加大管理创新。万讯人曾经说，中国自主打造的产品往往不能登顶世界，其中有一个很重要的原因，就是在实际生产经营中只注重工业技术能力的塑造，而大大忽略了管理技术的使用。

管理技术，即一种以科学管理原理为基础的有效组织管理手段，它涉及组织、决策、执行、评估等内容，能够有效地管理组织内部的各种资源，包括人力、物力、财力等，从而实现组织的目标和任务。

在这方面，万讯自控做了很多探索。在被评为国家级专精特新"小巨人"后，企业对自身所具备的管理技术提出了更高的要求，不仅要建立更完善的管理体系、业务体系、营销体系，实现资源的最优配置，而且还要让管理技术与组织的特定情况相适应，并不断地更新和改进，以满足环境和市场侧的新需求。

为了实现这个目标，一场涉及技术变革、管理变革、思维与认知变革的数智化转型在万讯自控内部悄然开展了起来。

客户都在国产化，我们更要走在前面

其实，万讯自控的信息化起点并不低。

2006 年，在弥补了国内技术短板、成果不断涌现后，万讯自控决定大力拓展市场。当时，为了强化企业管理，万讯自控成立了信息化团队，陆续开展了信息化建设。

他们先后聘请德国罗兰贝格和华夏基石的战略专家进行战略咨询，并在美国华信惠悦咨询公司的帮助下，建立了 VGSM 企业战略执行管理系统和人力资源管理系统，还与深圳汉捷咨询公司联手，构建了 IBM 的 IPD 集成产品开发管理系统，另外，与国家可靠性研究中心赛宝实验室合作，研发了可靠性系统。

在建设和采用 CRM、ERP、PLM、MES、WMS、ESIP 等多种信息系统后，万讯自控的企业运营全貌有了很大的改变。信息化系统可覆盖订单、研发、生产、服务等全过程，虽然有些系统如 MRP、WMS 仍需手工维护，但也基本上实现了各个业务部门之间的协作。可以说，信息化初期效果尚可。

为了谋求更长远的发展，实现制造业的国产化替代，2007 年以来，万讯自控不断加大研发投入，以多年的技术沉淀力求产品创新，陆续推出了拥有自主核心技术的产品，打破国际垄断。当工业技术取得了重大突破后，万讯自控又把重心转到管理技术，毅然决定引进国内专业的信息化平台来支撑企业的进一步发展。

万讯自控在甄选标准上提出两点要求：第一，平台本身要足够专业、强大；第二，产品必须具有开放性和兼容性，以适应企业多组织、小批量、频换型、短周期的制造特点。

在经过一系列考察后，万讯自控发现用友明星产品用友 U8+ "精细管理、敏捷经营" 的理念与自身需求惊人的一致。用友 U8+ 作为一款企业管理解决方案，以集成的信息管理为基础，以规范企业经营、改善经营成果为目标，为成长型企业一站式提供财务、营销、制造、采购、设计、协同、人力等领域数智化升级服务。同时，深入融合云应用，为成长型企业提供基于互联网应用、业务协同、网络交易、智慧运营的全新平台。

于是当年 9 月，万讯自控果断上线用友 U8+，并对 PLM、CRM、BI、HR 等系统进行全面整合，完成了数据的初步打通。

从 CRM 到用友 U8+ 的财务、供应链管理，这些单一的、服务组织内部的管理系统帮助企业解决了不少问题，尤其是单体组织下的会计核算，极大地提升了企业的作战能力。

随着业务的不断成熟和扩展，万讯自控不仅大力发展分、子公司，而且加快了兼并重组的步伐。2010 年上市以后，这种趋势越发明显。万讯自控迅速从原来的单组织企业发展为名副其实的集团型企业。但是这样一来，原来只能服务于单一工厂、单一组织架构的 ERP 系统就无法满足集团企业日益精细化的管理需求了。如何协同生产，如何实现一体化作业，如何实现集团管控，成为当时万讯自控公司亟待解决的问题。

在公司高层领导的主持下，万讯自控开始了第二次重大转型，这次的目标是数智化。他们坚信，只有打通企业端对端的数据通道，实现多组织生产协同、多分支机构的统一管理，才能提升企业执行力，更好地应对当下市场。

基于双方顺利合作的基础，2014 年，万讯自控上线了用友 U9——大中型离散制造企业管理平台，标志着双方合作向前迈进了一步。

用友 U9 以精细化管理、产业链协同与社交化商业，帮助多组织企业（多事业部／多地点／多工厂／多法人）在互联网时代实现商业模式创新、组织变革与管理升级。用友 U9 融合了用友多年的先进开发经验和企业管理软件的普及经验，通过与中国及亚洲地区众多客户的企业经营与管理实践创新的紧密结合，成为全球第一款基于 SOA 云架构的多组织企业互联网应用平台。这款产品能够帮助企业实时连接内外部流程、人员和信息，从而灵活快速地响应各种变化，为企业的高效运营提供有力支持。

万讯自控采用了用友 U9 V2.1 版本，不仅解决了供应链、生产制造、质量、财务、集团管控、销售、人力资源等多组织管理问题，而且很好地应对了产品迭代快、生产周期缩短、小批量生产以及随机插单等生产过程中的各类挑战。

尤其在财务方面，基于用友 U9，万讯自控建立了集团化的管控模式。原来财务单点核算、数据分散、协同较难，现在则集中管理、高效管控和协同运营；原来集团合并报表十分困难，现在则把财务数据合并成规范的集团一套账，快速实现报表汇总。

然而，万讯自控的系统上线过程可谓一波三折。用友依靠专业的服务感动了万讯自控，为整个项目组稳定了军心。这里列举一个令万讯自控记忆犹新的故事，故事要从庞大的数据量说起。

自成立以来，万讯自控积累的基础数据规模很大，再加上不同系统的数据格式不同，因此，从用友 U8+ 向用友 U9 切换的过程十分艰难。项目组边输入、边调整、边测试，虽克服了重重困难，但也足足用了半年之久。

经历过项目实施的专家都知道，数据切换的最大难点不是海量录入，而是格式的转换，因为经常会出现"末点回车"现象。这是程序员的自嘲词，指历尽千辛万苦开发出的一套程序，在最后一个节点按下回车键时突然崩溃，一切又要从头再来。

在用友 U9 上线的过程中，就发生了很多这样的事情。项目组成员经常遇到令人痛不欲生的"末点回车"。比如一个数据包做到最后时，敲下回车键，整个数据包却突然报错，于是只得重头再来。更要命的是，"末点回车"往往很难找到症结在哪，可能是解码程序有问题，也可能是线程不同步，更多时候根本找不到根源，也许重新输入几遍就自然解决了。碰到此类事情的时候，用友会急忙启动应急预案，通过公司内部的"绿色通道"直联总部研发部，按照一级紧急故障上报情况。与此同时，用友会派专家亲自指挥调度、远程操控与现场连线，及时解决问题。

通过这些小事情，用友服务客户的专业性、响应的及时性得到了万讯自控的高度认可。从那以后，双方的合作更加顺畅和紧密了。后来，随着用友产品的不断迭代，万讯自控又将用友 U9 升级到用友 U9 cloud，并伴随着 MES、PLM 的上线，彻底解决了设计制造一体化的问题，由此打造了以用友 U9 cloud 为核心的数智化能力体系，成为制造业数智化转型最炙手可热的云 ERP。通过深度接入用友云平台，用友 U9 cloud 构建了社会化商业架构，连接采购云、营销云、银企直连等，补足除 ERP 管理性能外的社会化商业能力。

让数据成为企业最出色的管理员

由于产品数据更加准确，研发与协同的周期大幅缩短，万讯自控营收实现大幅增长，但管理费用占比反而实现下降。

——万讯自控创始团队

在数智化转型中，该如何衡量价值效益，每家企业参考的管理模型都不相同。万讯自控通过构建集团统一的数智化平台，获得业务、经营、研发等方面效率的全面提升，并实现了业务经营与管理过程的融合统一。

如今，CRM、ERP、OA、MES、PLM 等系统各司其职，让万讯自控实现了企业内跨系统的数据交互和参与控制。而且，用友 U9 cloud 与万讯自控自主研发的 ESIP 平台、数字闹钟的连接，让每天超过 25 万条信息实时交互，近400 个服务同时运行。万讯自控早已把用友 U9 cloud 当成了一个大数据中心，用数据驱动创造了智能制造的新模式。

如果细数用友 U9 cloud 为万讯自控带来的本质改变，以下三点尤为重要。

首先，为企业构建了按单生产的能力。按单生产对离散制造企业的重要性不言而喻，对于自动化仪器仪表行业更是如此。在产品标准、BOM、工艺、交期都不同的前期下，计划排程要求按订单展开，这就需要企业对生产资源灵活调配，生产计划要做到与人、机、料、法、环齐套。这看起来简单，但却成为万讯自控一直要攻克的难点。

这正是用友 U9 cloud 的强项。通过个性化选配、按单计划模块，可完美地匹配万讯自控生产经营所需，实现业务效率、经营效率的全面提升。

其次，用数据提升产品质量。对于所有的工业自动化生产控制来说，核心传感器是处于底层且核心的产品和技术。对于万讯自控而言，除了要具备过硬的产品研发实力，还要以极高的标准不断进行产品迭代，保障产品的竞争力。

想要做到精准迭代，每一个业务环节的数据把控就变得尤为重要，包括产品设计数据的传递、产品质量的把控、生产计划的生成、设备信息与数据的采集、车间工序的生产状况等。

以前，从订单、研发到生产，万讯自控虽应用了 PLM、ERP、MES，但三者之间不兼容，导致数据标准不能统一，而且容易出现较大的数据偏差。这就给生产过程、质量和成本管理埋下了隐患。

通过用友 U9 cloud，万讯自控消除了企业内部的信息孤岛，保证从设计到制造整个数据链条是打通的，数据是可信的。只要有了可信的数据，便能以科学的方式进行数据提炼、分析，优化工艺参数，让产品达到稳定状态。

要让数据成为企业最出色的管理员，只有全面的数智化，才能更精准、更高效地满足客户需求，使其立于市场不败之地。万讯自控表示："用友 U9 cloud 使我们想得到就能做得到，这意味着万迅自控成为受人尊敬的世界级企业的梦想变得不再遥远。"

最后，满足个性化需求。从实际应用的角度出发，用友 U9 cloud 还有一个令万讯自控无法拒绝的理由，就是其强大的开放性。用友 U9 cloud 是一款企业数智制造创新平台，给万讯自控二次开发提供了较大的便利。万讯自控可针对特定的应用场景，自主迭代出更适合的管理方式，这是一个巨大的进步。

比如，企业构建了基于参数的模型，可与 BOM 协同，解决了同一产品类型过多而导致 BOM 数据庞大的难题。同时，还可以通过数学建模得到动态采购交货期，反馈至 MRP 计算物料需求计划，大大提高了周转率。此外，通过引入智能算法，企业可进行管理建模，从而得出有效的经营报告、决策报告或风险预警。

如今，万讯自控已蜕变成自控行业的领先企业，除了扩展产业布局，也将向国际高端市场发起冲锋。中国正处于制造强国战略机遇期。数智化平台就像总指挥部一样，正在为万讯自控开辟出一条创新的发展道路，助力其在国际市场上挺起中国制造业的民族脊梁！

专业引领，成就世界级制造

在转型过程中，万讯自控选择用友作为重要的合作伙伴，基于用友 U9 cloud 搭建了从参数 BI 到 AI 控制的一个整体框架，帮助万讯自控在实现专业化、一致性的价值创造中，掌控每一个关键活动。

——万讯自控创始团队

专业，是万讯自控持续发展的代名词。

作为智能控制领域的开拓者、引领者，万讯自控始终将客户的需求放在第一位，提供专业的技术支持和售后服务，以此赢得市场的信赖和支持。

除了在工业技术方面的专业性，企业在各方面都践行了专业的价值观。为了走好专业化之路，当企业进行第一次信息化变革时，就引入了契合企业业务、技术先进、体系完整、综合能力强的用友 U8+。这不仅是万讯自控在业务和管理方面的主动需求，更是崇尚专业精神的最直接表现。

数智化转型是企业实现高质量发展的路径，是一场结构性、根本性的变革。在这个过程中，全球领先的企业数智化软件与服务提供商可以针对不同能力阶段的企业，提供方法论的指引和最佳实践，可以匹配更合适的转型方案。万讯自控认为，"用友见证了很多企业的数智化转型，各个方面的专业化程度都很高，专业化服务也十分稳健。在这个重要的时间窗口，让专业的人做专业的事，将有助于我们将主要精力放在产品研发和创新上，获得更大的市场影响力"。

2023 年，正值万讯自控应用用友 U9 cloud 的第十年。企业的管理者一直相信自己选择合作伙伴的眼光，也相信用友专业的服务和敬业的精神。万讯自控应始终怀揣着这种信念，与用友一起携手蓬勃向上发展。"当你看待问题的视角发生转变时，就会把不利变成有利，找到峰回路转的契机。"万讯人相信，"未来，双方还将紧密合作，共谋产业的可持续发展。"

选择专业就是选择未来！作为自动化仪表领域的龙头企业，万讯自控还将持续在数智化转型中寻求突破，通过高端、高质量的数智化平台激活发展动力，在百年未有之大变局中加速演进，为成就世界级制造而努力！

34 迈基诺：

一场"人体密码"与"二进制"的隔空交会

【编者按】

用友助力迈基诺的数智化转型与发展，通过用友 U8 cloud 构建集团财务、供应链、生产一体化管理平台，强化企业内部高效协同，实现互相监管、协同作业，利用流程化数据及智能分析提供严谨、可靠的决策依据，使企业效率提升20%，成本核算准确度倍增。

在生物制药行业，迈基诺自成立之初就与用友建立了牢固的伙伴关系，这段合作已经超过了十年，见证了彼此的成长与发展，共赴企业迈向基因的数智化承诺。

"让我们的孩子远离出生缺陷，让亲人远离肿瘤。"这是北京迈基诺基因科技股份有限公司（以下简称"迈基诺"）董事长伍建的初心，也是公司的使命。

伍建，1982年出生，是一位年轻有为的博士，也是迈基诺北京和重庆地区两家公司的董事长兼首席科学家。多年来，主要从事基因芯片研究、新一代基因测序技术、基因捕获技术等研究的他，取得了不小的成就，可以说集各类荣誉于一身，更是在《自然》《科学转化医学》《美国科学院院报》等国际权威杂志发表过多篇论文。

面对这样一位基因领域的权威专家，有人不禁要问，我们和基因的缘分是从什么时候开始的？他会回答，那是从出生就注定了这样一场美妙的相遇。然而，对于基因研究来说，伍建与基因美妙的邂逅是从北京大学开始的。

从在北京大学研究基因芯片时开始接触基因，到后来在哥伦比亚大学师从世界著名的基因专家，学习高通量测序技术开发，多年来，伍建一直都在和基因打交道。后来伍建在约翰·霍普金斯医学院从事博士后研究的四年里所在的团队是第一批做高通量测序应用的，具有独特的技术与设备。"我当时就觉得这是一个难得的创业机会，应当抓住。"前些年，国内在高通量测序方面的研究还处于待开发阶段。

是留在美国追求更优渥的科研资源和薪资待遇，还是回国报效，寻求更广阔的施展天地？是继续在"象牙塔"潜心科研，还是去业界将成果转化应用？抉择后，伍建带着"初生牛犊不怕虎"的精神，将"基因测序"这颗种子播撒在中华大地上，让它逐渐生根发芽。

2011 年，迈基诺成立，寓意为"迈向基因的承诺"。

作为集研发、生产、销售于一体的国家高新技术企业，迈基诺以具有自主知识产权的"GenCap 基因捕获"技术为核心，结合新一代高通量测序技术，开发了 400 余项个性化基因捕获的 LDT（替比夫定）及 IVD（体外诊断）试剂产品。其产品广泛应用于遗传病辅助诊断与筛查、肿瘤用药、微生物鉴别等方向，极大地提升了各系统疾病相关的基因临床检测与科学研究能力。

十几年来，在遗传病诊断赛道，通过公司上上下下的努力，建立了覆盖全国 500 多家医院的产品及服务体系，每年为 5 000 多位医生，30 多万例疑难病患者提供精准的诊断服务。同时，公司还建立了遗传病病例数据库，为出生就存在缺陷而不得不从诊断走向筛查的患者建立了丰富的临床数据资源基础。

当影响力逐渐打开，公司走过了创业阶段进入高速发展期。随着客户订单的增多，企业不仅要抓业务质量，还要强化内部管理和协同。在各种因素的驱动下，一场"基因"与数智化的故事就这样谱写了。

与用友的三次"邂逅"

通过用友 U8 cloud 财务、供应链、生产等管理模块的上线，迈基诺已实现业财互通，促进了财务对业务发挥指导作用，以数据赋能决策。

——迈基诺董事长伍建

基因，是人体的密码，开启了命运之门。而对它的测序，就是对生命完整的"数智化"解读。从这个意义上来说，迈基诺自诞生之日起就是一家"数智化"企业。

伍建说："在企业运营和管理上，我们非常注重数智化能力的建设。不论是遗传病人工智能大数据分析平台，还是基因数据库的建立，我们从业务端打造 SaaS 服务，将数据转化为诊断报告。而在背后，公司还维护着大量的服务器和机房。"

过去两年，迈基诺实现了原有信息化系统的升级，借助用友 U8 cloud，从信息化一步跨入了数智化。究其数智化转型的动因，迈基诺财务经理郭佳锋这样认为：第一，随着业务迅速扩张，企业急需构建一套集团级、规范化的管控平台，支撑战略落地，并满足合规经营的要求；第二，订单的暴增，让企业保交期的压力很大，加之多公司间频繁地购销往来，集团内部不仅要提高执行的效率，更要有效、合理地规划采购及库存，从而提升资金利用效率；第三，企业对精细化核算也提出了更高的要求，比如要符合批次、有效期管理，要按需采购、限额领料、按单核算等；第四，要打破信息孤岛，用数据驱动业务流程，让信息协同的成本降低。

创业之初，迈基诺就使用用友畅捷通 T3，并一路升级，帮助企业实现规范管理、精细理财。

2015 年，随着业务量的直线上升，原有采用线下手工的作业方式显然跟不上企业的发展。因此，迈基诺对数智化的需求越发强烈。"为了让系统支撑业务，我们需要更加专业的管理软件。因此，我们'第二次'与用友携手，选择了用友 U8+。借助此平台，公司一方面可以升级财务管理，让账目更加清晰；另一方面上线供应链和生产管理，梳理采购、库存、销售等业务。"郭佳锋说。

那几年，用友 U8+ 的稳定性、成熟性、易用性让迈基诺的员工用起来十分顺手，业务也有了明显提速。原本以为一切会这样平稳地运行下去，但在需求的驱动下，迈基诺与老朋友用友"第三次"交会了。

2020 年，一场突如其来的新冠肺炎疫情让千行百业的发展停滞。但是，仍有少数行业能够正常运转，甚至是进入快速成长期，这里就包括基因测序。在那个艰难的时期，巨大的核酸检测量让迈基诺专门负责抗疫的分公司数量不断增加。在野蛮式增长的背后，迈基诺内部的生产和业务运营一度有些混乱。

"比如，在财务核算方面，我们一会儿请外援，一会儿找兼职，成本增加了，但最终还是没有解决根本性问题。"伍建知道，问题不在员工，而在管理。作为企业的创始人和掌门人，他希望借此机会，帮助企业重新梳理架构，提升管理和效率。因此，在他的倡导下，企业由原来多个相对独立的业务单元，如财务、业务、生产，转变为由集团公司统一管理，分、子公司业务协作的模式。

在有了清晰的架构后，迈基诺的数智化建设终于提上日程。企业将用友 U8+ 升级为用友 U8 cloud，与最先进的云 ERP 来了一场完美的邂逅。它是服务于成长型集团企业的利器，在市场上已积累了大量的实践，能够帮助迈基诺更好地转型和升级。

事实证明，走这一步是正确的，而且是至关重要的。针对用友 U8 cloud 的多种服务，迈基诺主要应用了财务管理，包括总账、往来管理、资产管理和成本管理；供应链管理，如采购管理、销售管理、库存管理和内部交易；生产管理，如生产计划、需求管理、生产订单和配方管理。

对于上线的具体过程，郭佳锋也认为是十分顺利的："当时，公司不只是提供医疗器械，还提供检测报告。系统上线后，300 多家医院、上百家检测机构，还有来自个人的业务数据都可以自动录入系统，而且互为信息共享。同时，采购的物资管理、供应商管理也全部转化到线上进行，这在很大程度上缓解了业务量激增带来的压力，也让它和财务管理之间对齐。"

从 2021 年开始，双方开始共建流程，梳理业务体系，从调研到具体的实施、测试流程、账套同步，再到后来的十几家企业全部上线，整个历程不到半年，这在很大程度上防止了迈基诺的野蛮式发展。

从"一盘散沙"凝聚成"一盘活棋"

借助用友 U8 cloud，我们实现了购销业务流程协同、公司间交易协同、异构系统数据协同。同时，构建了统一的数字档案、统一的财务标准以及统一的管理维度，从而夯实了迈基诺业务增长的数智基石。

——迈基诺董事长伍建

伍建曾说，迈基诺更新软件的周期，完全取决于业务增长的周期，这话一点不假。对于成长型企业来说，业务是企业从信息化迈向数智化的推手，系统更迭是企业转型升级的必由之路。

上线用友 U8 cloud 以后，迈基诺以财务管理为出发点，将业务从一盘散沙变成了一个整体，由原来的各司其职，到将供应链、采购、销售、生产的整体贯穿，实现了巨大的飞跃。尤其是业务和财务的一一对应，让集团财务报表合并更加简单，更加快捷。

一年多以来，有几个典型的应用价值始终让郭佳锋心潮澎湃。

第一，更灵活的采购模式。由于业务的特殊性，迈基诺每天的采购量很大，但一直采用手工记录。随着业务量越来越大后，数据记录就变得异常混乱，数据质量也不能保证。

一切在有了用友 U8 cloud 以后都变得不一样了。其供应链管理模块中包含品类管理、流程管理、数据分析等功能，可以很好地帮助采购人员按需驱动，完成从请购单、确定货源、选择供应商、采购订单跟踪到物流接收、发票校验、付款的全流程，实现了需求、采购、财务的一体化管理。

"业务人员可以在系统中查看到当前采购业务的进展，财务人员也可以根据应付单了解前端的业务情况，从而实现从前端到后台的流程化管理。而且，系统还提供了灵活的流程定义，可以满足公司的个性化采购需求。更重要的是，根据采购付款计划，系统可自动形成资金计划，让当月的资金计划效率提升三倍以上。"郭佳锋说。

第二，更简单的生产管理也让迈基诺获得了实实在在的好处。在没有上线用友 U8 cloud 的生产管理之前，企业的生产数据全部来源于 LIMS 系统，经过线下加工后，再进行成本核算。这样做不仅效率低，而且也不准确。

上线了用友 U8 cloud 之后，从销售订单开始，系统自动生成生产计划，然后形成生产领料。当领料完成后，生产任务自动关联 BOM，可轻松完成任务下达。在这个过程中，用友 U8 cloud 帮助企业实现了生产限额领料、定额入库，管控投入产出的合理性。

同时，系统帮助企业实时跟踪生产执行情况，从线上品检到产品入库、成本核算，最终到产品出库，掌控了整个生产进度，很好地帮助企业完成了生产成本归集，高效且更加准确。

第三，更统一的内部交易。以往，迈基诺内部分公司之间的交易，在价格上缺少控制，十分混乱。应用用友 U8 cloud 之后，结合集团整体规定，制定了不同交易的结算价格，保障了内部交易的核算口径统一、金额统一，这大大促进了跨组织之间的业务协同，促进了购销协同、计划透明、质量透明、物流透明。

第四，更及时的预警安排。用友 U8 cloud 让迈基诺可以及时了解到企业应付款、存货、请购和销售的情况。比如，应付预警能够有效地下达供应商付款要求，让财务人员按账期向供应商付款，从而做到占用资金最少；订单未到货预警可以提醒采购人员及时跟踪物料在途状态，及时催发货，并与需求部门及时沟通；请购未订货预警可以帮助采购人员在兼顾采购批量、采购政策的同时，及时为业务部门提供所需物料；销售订单确认预警可以提醒库管人员相应的销售业务已生效，需要预备库存，并按要求时间进行发货。

当然，平台应用的最终价值会体现在数据洞察上。因此，第五个关键价值就是更精准的数据洞察。现在，迈基诺各级业务人员都通过数据，让自己的工作更有条理，让自己的岗位为企业创造更大的价值。

比如，在销售业务上，销售订单明细的展现，可以帮助销售人员实时查询销售任务的明细情况，了解自己的业务执行情况，并可根据未收款情况及时向客户催款，在保障了客户满意度的前提下，让公司利益最大化；在财务管理上，财务人员可以自定义查询维度，了解具体的财务状况，如费用分析、收入分析、成本分析等；每月归集成本后，通过产品明细可以清晰地看到当月每个完工产品和在产产品的单位成本及成本构成，及时发现生产中的问题及成本分摊情况，从而优化生产流程，优化成本构成。

目前，基于用友 U8 cloud 财务、供应链、生产管理的整体应用，迈基诺已经基本实现了业财互通，很好地发挥了财务对业务的指导作用，并用数据赋能决策。从数字上看，企业资金计划效率提升三倍以上，呆滞库存降低50%，财务核算准确度提升 50%，成本计划效率提升 100%，内部交易协同效率提升200%。

面对未来，迈基诺将在用友的协助下打造业、财、税、档一体化，实现系统间的数据闭环，保障财税合规，驱动企业高质量发展。同时，企业还将在数据洞察的基础上更进一步，用数据助力管理者决策，提升企业运营效率，降低成本。

数智化要坚守初心

只要坚守初心，以数字化、智能化为驱动力，就能推动企业升级和转型；只有以客户为中心、以质量为基础、以创新为引领，才能不负时光，为人类的健康做出更大贡献。

——迈基诺董事长伍建

不论是基因的数字化，还是管理的数智化，迈基诺让微观世界里分处两个不同赛道的物质在同一空间中交会。

在专业领域，迈基诺擅长利用新技术、新模式，结合公司自主研发的"诺云"云平台，实现了资源系统化管理、信息交互式共享、数据深度性整合。同时，通过开发分子诊断信息化系统及实验一体化设备，大力推动了智能化分子诊断实验室的全面应用。

在数智化领域，迈基诺巧借用友 U8 cloud，将企业打造成一个整体，把前端生产系统 LIMS 中的接单、领用、实验和报告，以及后台 OA 系统的流程管理、报销管理、借款管理全部串联起来，打破信息孤岛，布局一盘大棋。

迈基诺的使命，就是服务社会造福人类健康。700 多人的业务团队，时时刻刻都在产生数据，时时刻刻都在消费数据。用友 U8 cloud 的引入，让企业的数据分析系统与财务系统更好地对接，让医院与自身的资源很好地对接，让行业内的社会化资源相互对接，这也许是迈基诺数智化转型最大的价值和收获。

伍建反复强调，与用友携手让迈基诺管理层和员工都十分欣慰。多年来，用友"用户之友"的企业精神感动着他们。企业要保持初心，数智化也要保持初心。对于迈基诺来说，数智化的初心就是让商业创新，让企业管理更加便捷。

在数智化浪潮中，每一家企业都有自己的成长轨迹，但共同的初心和使命让它们跨越时空，在发展与创新中隔空交会。

35　樱桃鸭：

匠心传承，数智创新让非遗"火"起来

【编者按】

　　樱桃鸭自 2014 年起与用友畅捷通开始合作，从"业财一体化——人财货客协同"的数字化 1.0 阶段起步，发展到当前"智慧生产——产供销全面协同"的数智化 4.0 阶段，经历了从信息化到数智化的全过程，通过"零售＋餐饮＋外卖"复合业态支撑，销售额提升 25.8%，MRP 运算智能采购，减少库存积压和停工待料，成为南京特色食品加工业的领跑者。

　　随着国潮文化的不断兴起和发展，樱桃鸭正迎来新一轮的增长浪潮。未来，樱桃鸭将继续深化与用友畅捷通的合作，不断创新产品与服务以满足顾客新的需求，深入挖掘中华传统美食文化的精髓，让非遗文化薪火相传。

"朱雀桥边野草花，乌衣巷口夕阳斜。旧时王谢堂前燕，飞入寻常百姓家。"

乌衣巷，这条历史极为悠久、极富盛名的古巷，曾经是中国世家大族居住之地，在历经 1 000 多年的岁月洗礼，如今依旧繁华，聚集着各种各样的美味小吃，吸引着如潮的外地游客打卡品尝。

2007 年，南京盐水鸭制作技艺入选首批江苏省非物质文化遗产，成为南京的美食名片。成立于 2002 年的南京樱桃鸭业有限公司（以下简称"樱桃鸭"），则一直视弘扬中华传统美食文化为己任，在传承和创新中不断快速发展，致力于成为能代表"中国鸭都"形象的美食品牌之一，成为南京美食的延续者。

在传承非遗、延续南京传统美食的过程中，樱桃鸭积极拥抱信息技术，十多年来，经历了从信息化到数智化的转型升级，最终成长为南京特色食品加工业的领跑者。

外需不足是内求不够

非遗也需要不断创新并拥抱时尚。作为非遗传承人，必须在传承的同时，借助最新、最好的手段和方法不断创新，积极拥抱国潮的崛起。

——樱桃鸭董事长张建文

在南京人每年吃掉的 1 亿只鸭子中，有 4 000 万只盐水鸭。在众多盐水鸭品牌中，樱桃鸭可谓独树一帜。1864 年，曾国藩犒赏三军，用了水西门外老张家的鸭子，众将士觉得特别好吃，要求曾国藩题几个字，当时桌上摆放着樱桃，曾国藩吃的时候感觉皮白肉嫩，满嘴芳香，于是提笔写下"张氏樱桃鸭，色如白玉，满口留香"。故将其定名为樱桃鸭，一直传承到今天。

从 2002 年创业时只有四个人的小作坊，发展到拥有 300 多名员工的知名食品企业，樱桃鸭不论在品牌知名度，还是在销售规模上均已成长为南京鸭业前三强。除了拥有国内先进的全自动生产线和十万级净化车间，樱桃鸭还专门建设了一座鸭文化馆，在给人们带来美味的同时，为人们普及鸭产业的历史文化，让南京人的盐水鸭手艺在这里得到传承。

商业世界云谲波诡，市场竞争激烈，消费者需求变化快，食品行业尤甚。

正所谓"行有不得，反求诸己"。在樱桃鸭的持续发展过程中，樱桃鸭董事长张建文始终认为，"外需不足是内求不够"。在南京，盐水鸭的消费已经成为一种生活方式，如果客户对产品的购买欲望不强，企业就需要紧紧围绕客户这个中心进行创新，以满足客户不断变化的消费需求，并形成企业自身独特的竞争优势和标签。

为此，樱桃鸭在盐水鸭的基础上又推出了酱鸭、烧鸡等卤味产品，以及鸭血粉丝汤等创新产品。与此同时，樱桃鸭还在持续推动工艺创新，提升高温高压杀菌产品的体验感；并通过优化物流供应链，进一步缩短产品从生产到送达消费者手中的时间。

对于非遗的传承，张建文也有着自己的看法："过去辉煌并不代表现在和未来辉煌，当下，非遗也需要不断创新并拥抱时尚。作为非遗传承人，必须在传承的同时，借助最新、最好的手段和方法不断创新，积极拥抱国潮的崛起。"

在创新中传承非遗技艺

非遗既要传承，更要创新，不仅要体现人们对美好生活的需求，更要具有当今的审美品位。

——樱桃鸭董事长张建文

近年来，随着时代的发展，国潮以其独特的文化审美和艺术风格，成为一股不可抵挡的趋势。我国对非遗的传承和保护也愈加重视。但今时今日早已不同于以往，时代变了，消费人群和消费观念等也都发生了改变。

作为一家集研发、生产、销售于一体的禽肉深加工企业，樱桃鸭在发展壮大的过程中，也充分遵循了这一原则，启动了全方位的创新。

首先是研发生产创新。

一方面，在盐水鸭的制作上，樱桃鸭依然严格遵循传统工艺，确保口味的传承；另一方面，樱桃鸭也在 2011 年新建了标准化、柔性化、自动化、"锁鲜记忆"的禽肉制品生产线，成为"南京市盐水鸭生产示范基地"。

在规模化生产过程中，樱桃鸭积极推进技术的标准化，从鸭子的体重标准到煮鸭环节火候、时间的把控都制定了严格的标准。比如，过去手工制鸭中的煮鸭环节需要不断观察、控制火苗大小才可揣摩温度，如今则采用恒定温度；过去需要根据不同空气温度推测腌制时长，如今只需查看空气温度与腌制时间的对应图表。

其次是营销创新。

在"传统工艺＋现代化生产"的基础上，樱桃鸭也在积极开辟产品营销的多维渠道。尤其在新冠肺炎疫情期间，餐饮企业都受到了不小的冲击，樱桃鸭线下门店也不例外。面对销售业绩的下滑，樱桃鸭迅速调整销售策略，先后在淘宝、天猫、京东开设电商网店，采用线上／线下同步的全渠道营销模式，多通路触达客户，全场景获取流量。

不仅如此，樱桃鸭还积极引入新零售的理念和方法，借助到店客户人脸识别，提升到店客户的消费体验；通过分析不同产品的销售情况，对各个门店进行精准配货，充分满足客户消费需求。比如，在夫子庙店，樱桃鸭通过人脸识别分析到店的年轻女孩较多后，在这个门店增加了很多小袋装即食鸭脖、鸭胗等产品，销量大幅提升。

虽然研发生产创新确保了樱桃鸭的高品质，营销创新帮助樱桃鸭拓宽了销售渠道，提升了销量，但也给樱桃鸭的企业管理带来了更大的挑战。该挑战主要表现在以下四个层面：第一，内部无协同，部门信息壁垒高；第二，线上、线下业务隔离，库存、财务核算信息不统一，作业效率低；第三，门店收银场景单一，收银效率低；第四，生产过程损耗高，产品出厂成本高，终端竞争无优势。

对樱桃鸭来说，是时候推进系统的数智化转型升级了。

从提效到精益的持续升级

随着线下销售渠道的拓展，我们急需一套专业的财务软件，来提升企业管理效能。

——樱桃鸭董事长张建文

于是，在 2014 年，樱桃鸭开始启动数智化建设。

彼时，樱桃鸭刚刚完成现代化生产线的建设，正在步入规模化发展的新阶段。企业数智化是一个长期、复杂、循序渐进的系统工程，在确定战略之后的推进过程中，还需结合企业的实际情况，选择最佳切入点。尤其是考虑到樱桃鸭规模并不大，资源、资金、技术实力相对有限，因此更需要做好取舍，把好钢用在刀刃上。

"当时，我们每个门店的销售额有多少，哪种产品的销售情况最好等，都需要手工来统计，随着线下销售渠道的拓展，我们急需一套专业的财务软件，来提升企业管理效能。"张建文表示。

为此，樱桃鸭决定从财务管理入手，推动数智化建设。事实上，财务管理也的确是企业管理的重中之重。财务是企业中唯一一个具有串联人、财、物、产、供、销等一切价值链条的职能部门，财务工作做好了，管理者就能对企业有一个系统全面的了解，不仅可以合理控制成本，还能掌握企业资金的分配、回笼等，从而大幅提升企业的管理水平。

不过，考虑到企业不仅有财务等管理需求，还需要对生产、销售等进行规范化管理，所以在选型时，樱桃鸭决定选择一个功能全面，且在相关行业拥有成功案例的数智化系统。

而在众多的产品之中，用友畅捷通 T+Cloud 可以全面满足樱桃鸭的这些需求。

T+Cloud 是畅捷通 ERP 系统 T+ 的云端升级版，可以让企业管理者通过个人计算机／手机端随时随地查看财务分析、零售进销存管理、批量订货、生产管理、多门店经营等信息，轻松实现"人财货客数"全要素管理，全链路、全渠道、前后一体的数字化经营。

自 2014 年与用友畅捷通建立合作关系之后，樱桃鸭使用 T+Cloud 至今，数智化建设已经从"业财一体化——人财货客协同"的 1.0 起步阶段，发展到目前"智慧生产——产供销全面协同"的 4.0 阶段。

1.0 阶段的关键词是"提效"。樱桃鸭由手工记账到 T+，达成全流程管控，通过信息化管理打破信息壁垒，让部门间的信息共享，实现了业财一体化，人财货客协同；通过精细化核算，严控损耗，保证利润；借助产购销协同，提高工作和生产效率；利用日清日结，提高资金、库存周转效率。

2.0 阶段的关键词是"在线"。2016 年，樱桃鸭紧跟互联网浪潮，开始探索线上业务，并通过线上、线下业务一体化，实现订单处理集中化，提高接单、发货效率，借助手机一键下单降低错误率；通过自建商城，实现 B 端客户在线化、B 端和 C 端同步运营，进一步扩大企业销售通路。

3.0 阶段的关键词是"数智"。2019 年，樱桃鸭门店加入轻餐饮，通过"零售＋餐饮＋外卖"复合业态的支撑，并借助智慧门店、智慧营销等的应用，提升消费体验，提高复购率、客单价，实现了零售和餐饮的双向引流，门店业绩增长了 25%。

4.0 阶段的关键词是"精益"。2022 年，樱桃鸭新的生产基地建设投产，并不断创新产品，推出鸭血粉丝汤等速食产品。在此过程中，樱桃鸭通过 MRP 运算合理采购，减少库存积压和停工待料，降低了生产成本，通过智慧车间和计件工资提高了工人效率。

为企业创新发展注入新动能

在企业成长过程中，数智化建设给我们的帮助很大。尤其对企业管理者来说，只有及时准确地掌握了一线生产、销售数据，才能有助于做出定相应的企业决策。

——樱桃鸭董事长张建文

从 2014 年至今，樱桃鸭通过与用友畅捷通的合作，已经实现了新零售、新生产、订货商城、财务业务一体化应用等的落地应用。其中，借助新零售应用，樱桃鸭可以实现对到店客流进行日流量、年龄、性别方面的分析，进而开展热销品推荐、精准营销；而借助新生产应用，樱桃鸭降低了生产环节材料使用的误差率，实现了工厂、门店等公司一体化。

张建文表示，企业的发展日新月异，企业的数智化转型永远在路上，只有携手伙伴，共同攻坚克难，才能促使企业持续创新发展。

回顾樱桃鸭数智化转型的历程，张建文认为，在数智化转型过程中首先要坚定信心，企业的决策者要贯彻"一把手工程"，不要怕出错，哪里有问题就解决哪里，只要有坚定的意志，就能将数智化项目持续推进下去。

其次，企业数智化转型不可能一蹴而就，要一步一个脚印，先把不及格的部分变成及格，进而变成良好、优秀。众所周知，企业管理系统在企业中的应用入门容易坚持很难，既然选择了要做，就要持续推进，不断完善。

除此之外，张建文也认为，企业在开展数智化转型时，能够找到一家匹配的合作伙伴是很重要的，不仅产品的功能要全，而且要有行业成功案例。更重要的是，在具体实施过程中，伙伴要能够根据企业需求进行良好的沟通，不断帮助企业解决问题。"我们不怕有问题，就怕问题出来了没人管。在这方面，用友畅捷通不论是在服务响应上还是在专业水平上都非常好。"

进入 2023 年以来，随着旅游业和线下业务的持续回暖，樱桃鸭已经开启了新一轮的业务增长。"接下来，我们一方面将开设更多的线下门店，并进一步扩展线下、线上的销售渠道；另一方面也将围绕消费者需求，不断优化产品和服务体验。"张建文表示。

为了支撑企业的创新发展，樱桃鸭也将继续深化与用友畅捷通的合作，在不断优化系统功能的同时，提升系统应用水平，进而为消费者提供更加方便、快捷的服务。

面对国潮的兴起，企业不仅要以匠心传承非遗，更要借助数智化技术的应用，推动传统文化与潮流生活的全新连接，才能让非遗文化薪火相传。在这一点上，严格遵循顾客第一原则的樱桃鸭，不仅做到了，而且还在以创新的方法挖掘中华传统美食文化的精髓，不断创造优质的新产品，以满足顾客当下和未来的需求。